U0786434

微积分(下册)

(第二版)

郁大刚　陆伟民　主编

科学出版社

北　京

内 容 简 介

本书是编者在总结多年本科数学教学经验，探索民办高等院校、独立学院本科数学教学发展动向，分析同类教材发展趋势，并结合“微积分课程教学基本要求”编写而成的.本书遵循重视基本概念、培养基本能力、力求贴近实际应用的原则，并充分考虑了微积分学课程教学时数减少的趋势，着重突出微积分学的基本思想和基本方法.为了更好地与中学数学教学相衔接，适当编入了一些中学数学的基础内容.

本书分上下两册出版.下册包括多元微分学、二重积分、无穷级数、微分方程与差分方程.书中例题、习题较多，除每节配有习题外，在每章最后都配有适量的总习题.书末附有习题答案与提示.

本书可作为民办高等院校、独立学院经济管理类专业的教材，也可供其他高等院校经管专业的学生使用.

图书在版编目（CIP）数据

微积分.下册/郁大刚，陆伟民主编.—2版.—北京：科学出版社，2017.3
ISBN 978-7-03-051365-6

Ⅰ.①微… Ⅱ.①郁… ②陆… Ⅲ.①微积分-高等学校-教材
Ⅳ.①O172

中国版本图书馆CIP数据核字（2017）第002356号

责任编辑：胡云志 / 责任校对：桂伟利
责任印制：吴兆东 / 封面设计：华路天然工作室

科学出版社出版
北京东黄城根北街16号
邮政编码：100717
http://www.sciencep.com

北京中石油彩色印刷有限责任公司印刷
科学出版社发行 各地新华书店经销
*
2013年1月第 一 版 开本：787×1092 1/16
2017年3月第 二 版 印张：11 1/2
2025年7月第十一次印刷 字数：273 000

定价：35.00元

（如有印装质量问题，我社负责调换）

前　言

当前，民办高校、独立学院大多定位于培养创新应用型本科人才，但民办高校、独立学院往往照搬公立大学成熟的微积分学教材，导致了基础课教育偏离了应用型人才的培养目标，因此通过基础课改革，加强学生实践能力与创新能力的培养，逐步提升办学质量，逐步形成民办高校、独立学院的办学特色已成为此类院校的当务之急.正是在这种形势下，我们在总结多年本科数学教学经验，探索此类院校本科数学教学发展动向，分析同类教材发展趋势基础上编写这本适合民办高校、独立学院文科类本科生各专业使用的微积分学教材.

本套书依据教育部制定的“微积分学课程教学基本要求”编写而成，遵循重视基本概念、培养基本能力、力求贴近实际应用的原则，并充分考虑了微积分学课程教学时数减少的趋势.本书具有以下特色：

(1)突出微积分学的基本思想和基本方法.帮助学生掌握基本概念，了解各部分内容内在联系，在教学理念上不过分强调严密论证.本书有些定理没有给出严格证明，只要求会应用定理.

(2)加强基本能力的培养.本书例题、习题较多，除每节配有习题外，在每章最后都配有适量的总习题，分为(A)(B)两类，其中(A)类为基本题，(B)类习题是提高题，我们将答案附于书后，以帮助学生检测学习效果和巩固相关知识.

本套书分上下两册，上册包括函数与极限导数与微分、微分中值定理与导数应用、不定积分、定积分.上册由沈仙华、蔡剑编写，由沈仙华统稿.下册包括多元微分学、二重积分、无穷级数、微分方程与差分方程.下册由郁大刚，陆伟民编写，由陆伟民统稿.

南京航空航天大学张兴泰教授审阅了本书，提出了许多宝贵意见和建议，作者在编写时参阅了不少现有文献，出版社编辑也做了不少具体工作，谨此表示衷心感谢.

由于我们水平有限，加上时间仓促，书中的疏漏和不足之处难免，肯请同行和广大读者批评指正.

编　者

2016年10月

目　　录

第六章　多元微分学

上册各章研究的函数都是一元函数，它只含有一个自变量.但在实际问题中，往往要考虑因变量和多个自变量的情况，研究对象就变为多元函数，多元函数的许多概念是在一元函数基础上的推广，处理问题的思想方法与一元函数有许多类似之处，但也存在着某些区别.讨论多元函数时以二元函数为主要对象，这主要是由于二元函数的概念和研究方法比较直观，且与其他多元函数区别不大，容易推广.

第一节　空间解析几何简介

一、空间直角坐标系

在平面上，通过建立平面直角坐标系，把平面上的一个点与一对有序实数(x,y)一一对应，即可以用一组由两个实数组成的有序实数来表示平面上一个点的位置.同样，把平面直角坐标系推广到空间直角坐标系，也可以用一组由三个实数组成的有序实数来表示空间一点的位置.

在空间中取定一点O，过O点作三条互相垂直且以O点为原点的数轴Ox,Oy,Oz，称为**坐标轴**，也分别简称为x轴、y轴、z轴，O点称为**坐标原点**，其中三条坐标轴的次序和方向通常按右手系排列(图 6.1)，这样就构成了**空间直角坐标系**$Oxyz$，任意两坐标轴所确定的平面称为**坐标平面**，按坐标轴的名称分别称为xOy面、yOz面和zOx面(或简称为xy面、yz面和zx面)，三个坐标平面将空间分为八个部分，称为八个**卦限**，如图 6.2 所示，在xOy面上方的四个卦限分别是第Ⅰ、Ⅱ、Ⅲ、Ⅳ卦限，在xOy面下方的四个卦限分别是第Ⅴ、Ⅵ、Ⅶ、Ⅷ卦限(图 6.2).

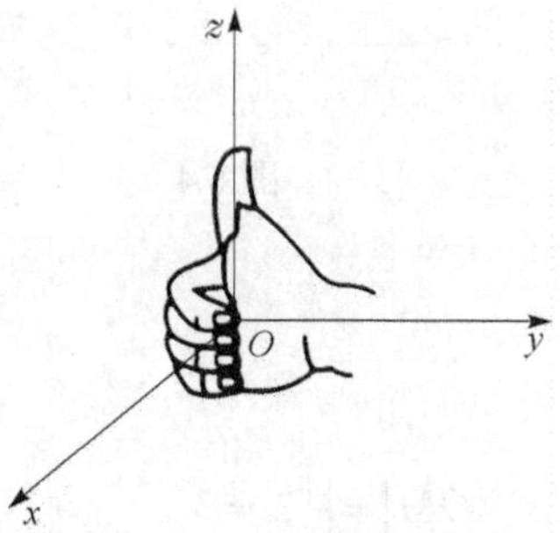

图 6.1

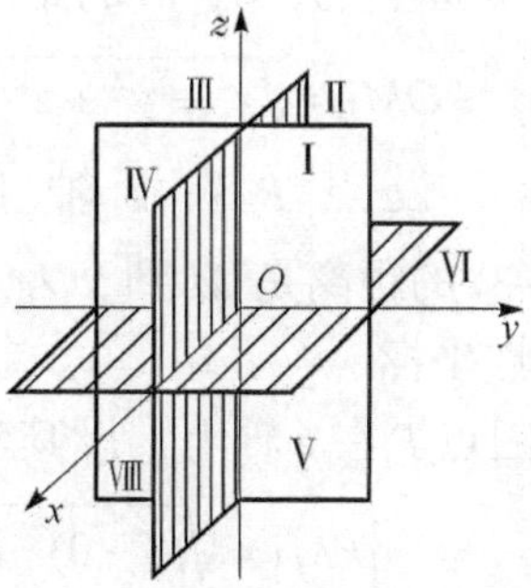

图 6.2

建立了空间直角坐标系后，即可用由三个数字组成的有序数对来表示空间点的位置.

设 M 是空间的一点，过 M 作三个平面分别垂直于三条坐标轴，与三条坐标轴分别交于 P,Q,R 三点，设三点关于所在坐标轴的坐标分别为 x,y,z，这样就由点 M 唯一确定了一个有序数组 (x,y,z)；反之，对于任意一个有序数组 (x,y,z)，在三条坐标轴上分别取点 P,Q,R，使其在各自坐标轴上的坐标分别为 x,y,z，过 P,Q,R 分别作垂直于相应坐标轴的平面，设这三个平面相交于点 M (图 6.3)，于是，一个有序数组 (x,y,z) 就确定了空间唯一的点 M，这样就建立了空间的点 M 与三元有序数组 (x,y,z) 之间的一一对应关系. 三元有序数组 (x,y,z) 称为点 M 的**坐标**，记为 $M(x,y,z)$. x,y,z 分别称为点 M 的 x 坐标(横坐标)、y 坐标(纵坐标)和 z 坐标(竖坐标).

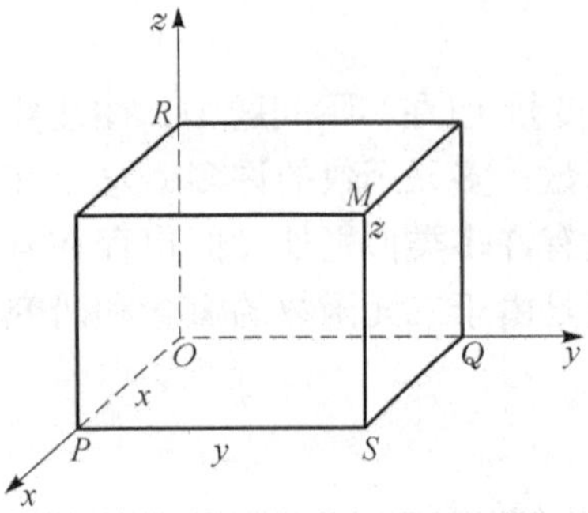

图 6.3

显然，原点 O 的坐标为 $(0,0,0)$；在 x 轴、y 轴、z 轴上的点的坐标分别是 $(x,0,0)$，$(0,y,0)$，$(0,0,z)$；在坐标面 xOy, yOz, zOx 上的点的坐标分别是 $(x,y,0)$，$(0,y,z)$，$(x,0,z)$.在今后的叙述中，常把一个点和表示这个点的坐标对应起来而不加区别.

二、空间两点间距离

设 $M_1(x_1,y_1,z_1)$，$M_2(x_2,y_2,z_2)$ 是空间两点(图 6.4).为求它们之间的距离，过 M_1,M_2 各作与坐标面平行的平面，构成一长方体，且它的各棱与坐标轴平行，则三棱之长分别为 $|x_2-x_1|,|y_2-y_1|,|z_2-z_1|$.所以

$$|M_1M_2|=\sqrt{(x_2-x_1)^2+(y_2-y_1)^2+(z_2-z_1)^2}\ .$$

这就是空间任意两点间的距离公式，它是平面上两点间距离公式的推广.特别地，点 $M(x,y,z)$ 到原点(0，0，0)的距离公式为

$$|OM|=\sqrt{x^2+y^2+z^2}\ .$$

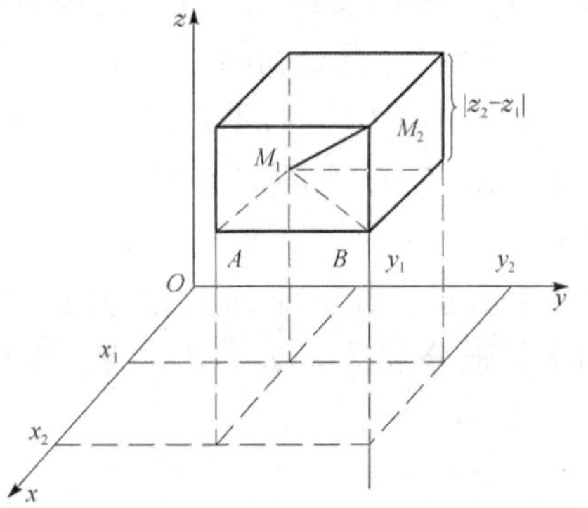

图 6.4

例 1 设点 P 在 z 轴上，它到点 $M(3,\sqrt{2},-3)$ 的距离是 M 到 xOy 平面距离的 2 倍，求 P 点坐标.

解 因点 P 在 z 轴上，设其坐标为 $P(0,0,z)$，则

$$|PM|=\sqrt{(3-0)^2+(\sqrt{2}-0)^2+(-3-z)^2}\ ,\quad |OM|=|-3|=3\ .$$

由 $\sqrt{(3-0)^2+(\sqrt{2}-0)^2+(-3-z)^2}=6$，可解得 $z=2$ 或 $z=-8$，故所求点为 $P(0,0,2)$ 或 $P(0,0,-8)$.

三、平面

可以证明在空间中，三元一次方程 $Ax+By+Cz+D=0$ (A，B，C 不同时为零)表示平面(即满足条件 $Ax+By+Cz+D=0$ 的点 (x,y,z) 都在平面 π 上；平面 π 上的点 (x,y,z) 都满足方程 $Ax+By+Cz+D=0$)．

当 A,B,C,D 都不为零时，该方程也可以化为 $\frac{x}{a}+\frac{y}{b}+\frac{z}{c}=1$，称为平面的截距式方程．其中 a,b,c 分别为平面在 x 轴、y 轴、z 轴上的截距．

当 $D=0$ 时，$Ax+By+Cz=0$ 表示过原点 $(0,0,0)$ 的平面；当 A,B,C 中有一项为零，如当 $C=0$ 时，方程 $Ax+By+D=0$ 表示平行于 z 轴的平面，当 $C=D=0$ 时，方程 $Ax+By=0$ 表示过 z 轴的平面.同理，方程 $By+Cz+D=0$ 表示平行于 x 轴的平面，方程 $By+Cz=0$ 表示过 x 轴的平面；方程 $Ax+Cz+D=0$ 表示平行于 y 轴的平面，方程 $Ax+Cz=0$ 表示过 y 轴的平面.

当 A,B,C 中有两项为零，如，当 $B=C=0$ 时，方程 $Ax+D=0$ 表示平行于 yOz 面的平面，而当 $B=C=D=0$ 时，方程 $x=0$ 就是 yOz 面.同理，方程 $By+D=0$ 表示平行于 xOz 面的平面，方程 $y=0$ 表示 xOz 面；方程 $Cz+D=0$ 表示平行于 xOy 面的平面，方程 $z=0$ 表示 xOy 面.

例 2　指出下列平面的位置特点并作草图.

(1) $x+y-2z=0$；

(2) $3x+y=2$；

(3) $2y-3z=0$；

(4) $y+2=0$；

(5) $x+2y+2z-4=0$．

解　(1) $D=0$，方程中常数项为零，所以平面过坐标原点(图 6.5)．

(2) $C=0$，方程中不含 z 项，故平面平行于 z 轴(图 6.6)．

(3) $A=D=0$，方程中不含 x 项，且常数项为零，因此平面过 x 轴(图 6.7)．

(4) $A=C=0$，方程中既不含 x 项又不含 z 项，因此平面平行于 zOx 面(图 6.8)．

(5) A，B，C，D 都不为零，可化为截距式作出草图(图 6.9)．

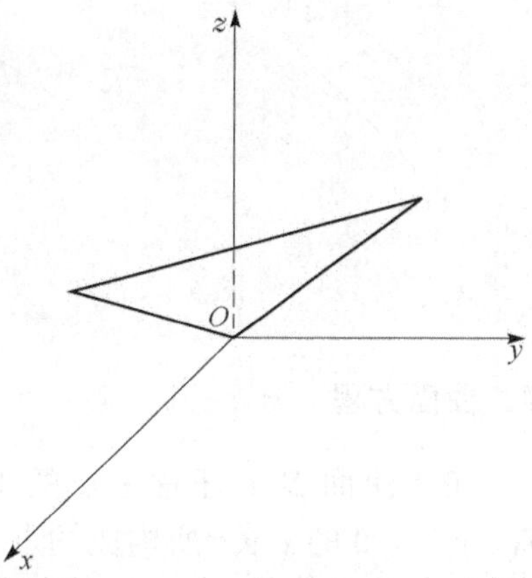

图 6.5

与平面中点到直线的距离公式类似，点 $P_0(x_0,y_0,z_0)$ 到平面 $Ax+By+Cz+D=0$ 的距离公式为

$$\frac{|Ax_0+By_0+Cz_0+D|}{\sqrt{A^2+B^2+C^2}}.$$

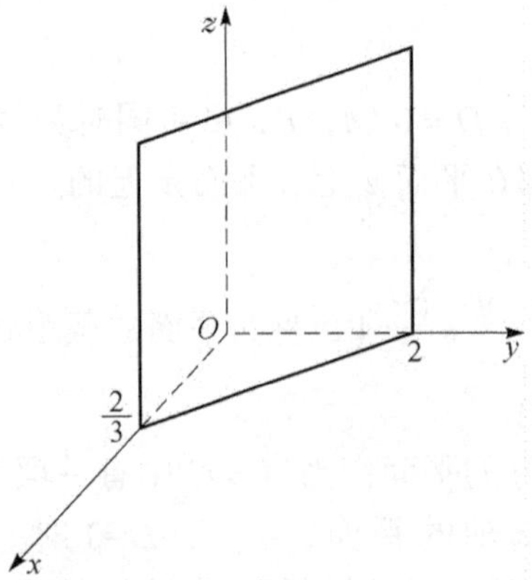

图 6.6

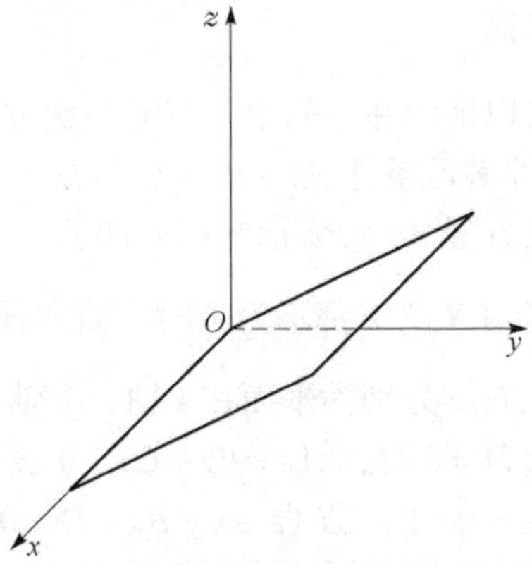

图 6.7

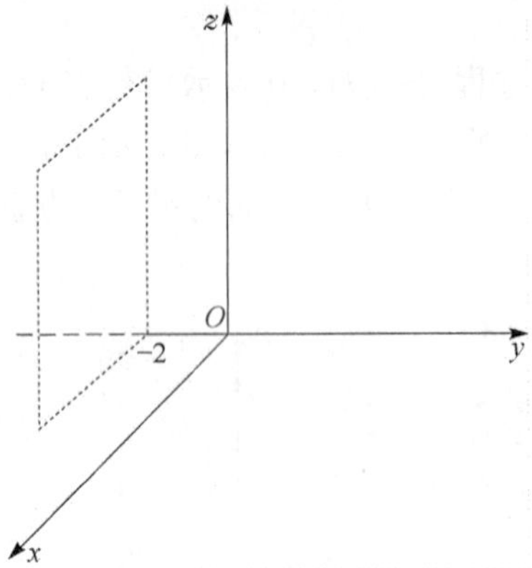

图 6.8

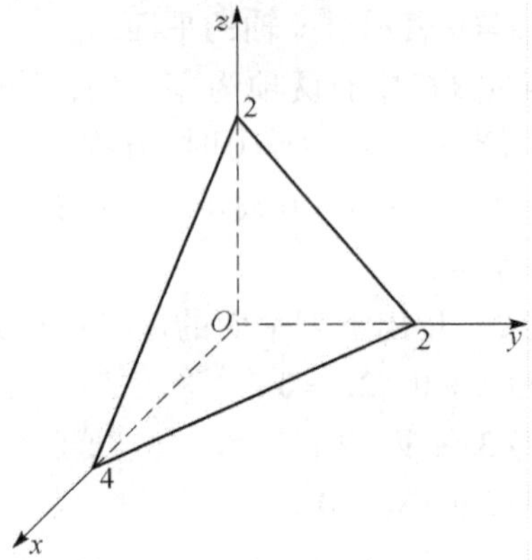

图 6.9

四、曲面方程

如果曲面 Σ 上任意一点的坐标都满足三元方程 $F(x,y,z)=0$；同时，满足方程 $F(x,y,z)=0$ 的 x,y,z 所构成的点 (x,y,z) 都在曲面 Σ 上，我们就把方程 $F(x,y,z)=0$ 称为曲面 Σ 的方程.曲面 Σ 就称为方程 $F(x,y,z)=0$ 的图形.

1. 柱面

平行于定直线 L，并沿曲线 C 移动的直线所形成的曲面称为**柱面**(图 6.10)，定曲线 C 称为柱面的**准线**，动直线称为柱面的**母线**.

下面推导一种特殊柱面的方程,即母线平行于坐标轴的柱面方程.

设柱面的母线平行于 z 轴，准线 C 是 xOy 面上的曲线，其方程为 $F(x,y)=0$，如图 6.11 所示，在柱面上任取一点 $M(x_0,y_0,z_0)$，过 M 作平行于 z 轴的直线，它与 xOy 面交于点 $M_0(x_0,y_0,0)$，因 M_0 必在准线上，故有

$$F(x_0,y_0)=0.$$

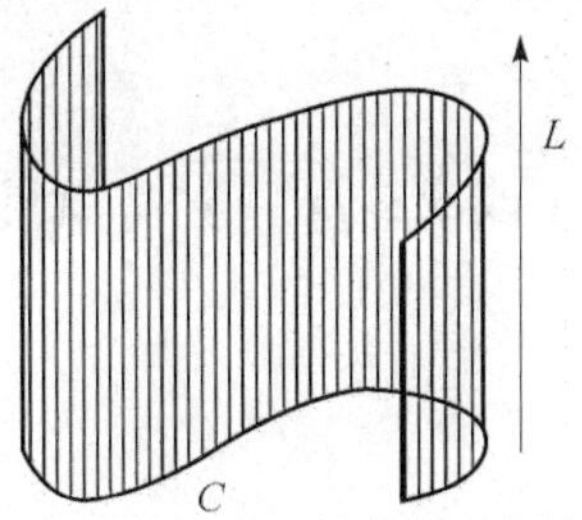

图 6.10

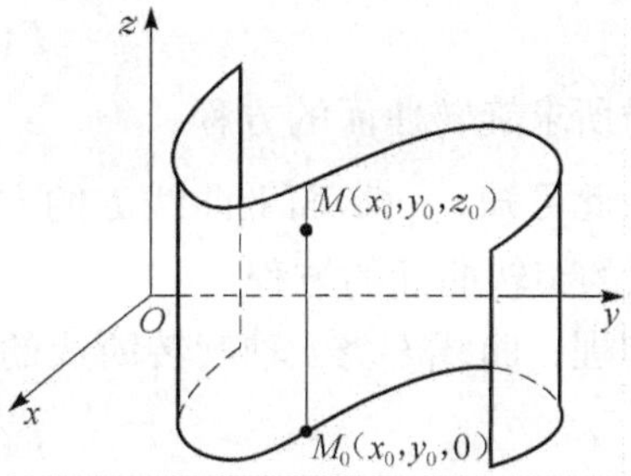

图 6.11

由于点 M 与点 M_0 有相同的横坐标与纵坐标，故 M 点的坐标也必满足方程 $F(x,y)=0$，因此方程

$$F(x,y)=0$$

表示母线平行于 z 轴的柱面.

一般地，只含 x,y 而缺 z 的方程 $F(x,y)=0$，在空间直角坐标系中表示母线平行于 z 轴的柱面.

类似地，只含 x,z 而缺 y 的方程 $G(x,z)=0$ 与只含 y,z 而缺 x 的方程 $H(y,z)=0$ 分别表示母线平行于 y 轴和 x 轴的柱面.

例如，$x^2+y^2=9$ 在 xOy 平面上表示圆，在空间表示母线平行于 z 轴的圆柱面；$y^2=2x$ 在 xOy 平面上表示抛物线，在空间表示抛物柱面.

2. 旋转曲面

由一条平面曲线绕着同一平面内的一条直线旋转一周所成的曲面称为**旋转曲面**，这条直线称为旋转曲面的**轴**，这条平面曲线称为旋转曲面的**母线**.

下面推导以坐标轴为轴的旋转曲面方程.

设在 yOz 面上曲线 L 的方程为

$$F(y,z)=0,$$

将 L 绕 z 轴旋转一周，得到一个以 z 轴为轴的旋转曲面(图 6.12).

设 $M_1(0,y_1,z_1)$ 为曲线 L 上的任一点，那么有

$$F(y_1,z_1)=0.$$

当曲线 L 旋转时，点 M_1 转到 $M(x,y,z)$，这时 $z=z_1$ 保持不变，且点 M 到 z 轴的距离与点 M_1 到 z 轴的距离相同，即

$$d=\sqrt{x^2+y^2}=|y_1|.$$

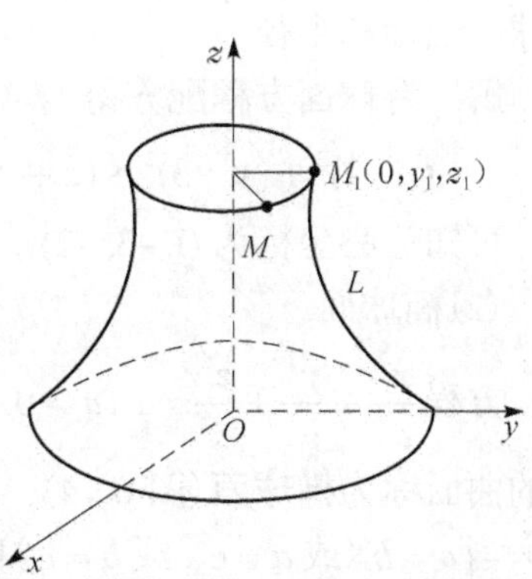

图 6.12

将 $z=z_1$，$y_1=\pm\sqrt{x^2+y^2}$ 代入式 $F(y_1,z_1)$，得

$$F(\pm\sqrt{x^2+y^2}, z)=0.$$

这就是所求旋转曲面的方程.

由此可知，yOz 面上曲线 L 的方程 $F(y,z)=0$ 中将 y 改成 $\pm\sqrt{x^2+y^2}$，就得到曲线 L 绕 z 轴的旋转曲面的方程.

同理，曲线 L 绕 y 轴旋转所成的旋转曲面方程为

$$F(y, \pm\sqrt{x^2+z^2})=0.$$

例 3　求 zOx 平面上抛物线 $z=3x^2$ 绕 z 轴旋转所得的旋转曲面方程.

解　在方程 $z=x^2$ 中，z 不变，将 x^2 换成 x^2+y^2，即

$$z=3x^2+3y^2,$$

上式就是抛物线绕 z 轴旋转所得的旋转曲面方程，这种曲面称为**旋转抛物面**(图 6.13).

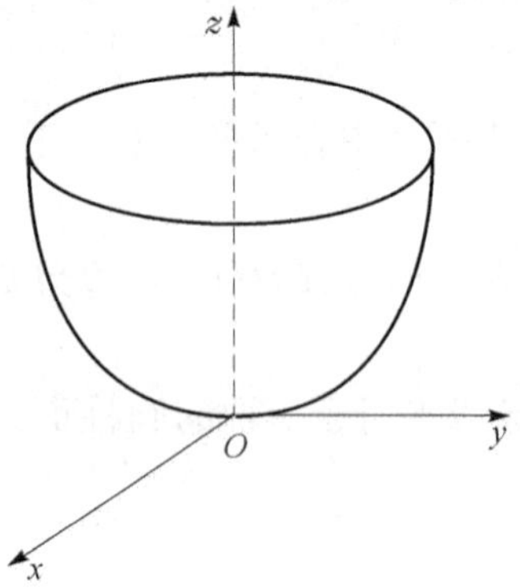

图 6.13

3. 几种常见的二次曲面

通常把三元二次方程 $F(x,y,z)=0$ 所表示的曲面称为二次曲面.当然，平面也称为一次曲面.

(1)球面.

球心在 $M_0(x_0,y_0,z_0)$，半径为 R 的**球面方程为**

$$(x-x_0)^2+(y-y_0)^2+(z-z_0)^2=R^2.$$

当球心在原点时，半径为 R 的球面方程为

$$x^2+y^2+z^2=R^2.$$

该曲面也可以看作是 xOy 面上的圆 $x^2+y^2=R^2$ 绕 x 轴(或 y 轴)旋转而成.

而 $z=\sqrt{R^2-x^2-y^2}$ 表示以原点为圆心，R 为半径的上半球面.

例 4　求 $x^2+y^2+z^2-2x+6y+4z-11=0$ 的球心坐标和半径.

解　将球面方程配方得

$$(x-1)^2+(y+3)^2+(z+2)^2=25.$$

可知球心坐标为 $(1,-3,-2)$，半径为 5.

(2)椭球面.

方程 $\dfrac{x^2}{a^2}+\dfrac{y^2}{b^2}+\dfrac{z^2}{c^2}=1\ (a>0,b>0,c>0)$ 所确定的曲面称为**椭球面**(图 6.14).

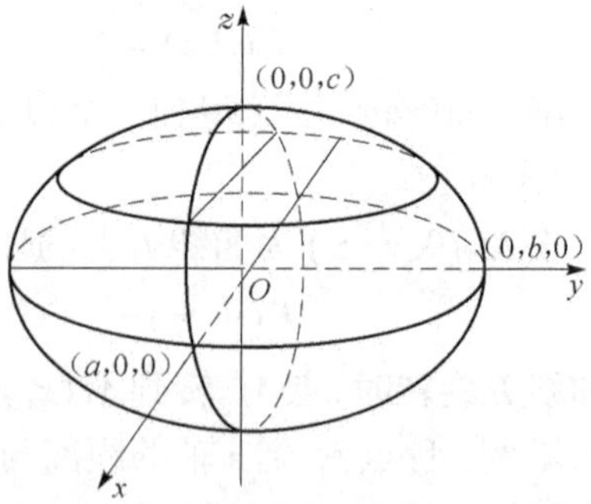

图 6.14

当 $a=b$ (或 $a=c$，或 $b=c$)时称为旋转椭球面；当 $a=b=c$ 时，就是球面.

(3) (椭)圆锥面.

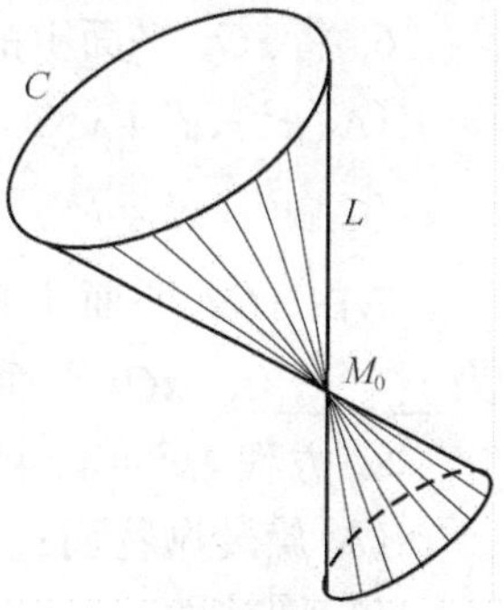

图 6.15

设动直线 L 过定点 M_0，且与定曲线 C（C 不过定点 M_0）相交，该动直线沿 C 移动所生成的曲面称为**锥面**(图 6.15).点 M_0 称为锥面的**顶点**，动直线 L 称为锥面的**母线**，定曲线 C 称为锥面的**准线**.

锥面的顶点与曲面上任何一点的连线全在曲面上.

例如，方程 $z^2 = x^2 + y^2$ 表示顶点在原点的圆锥面(图 6.16)，它也可以看作是 yOz 平面上的直线 $z = y$ 绕 z 轴旋转而成的旋转面；还有 $z = 1 - \sqrt{x^2 + y^2}$ 也是一个常用的锥面(图 6.17).

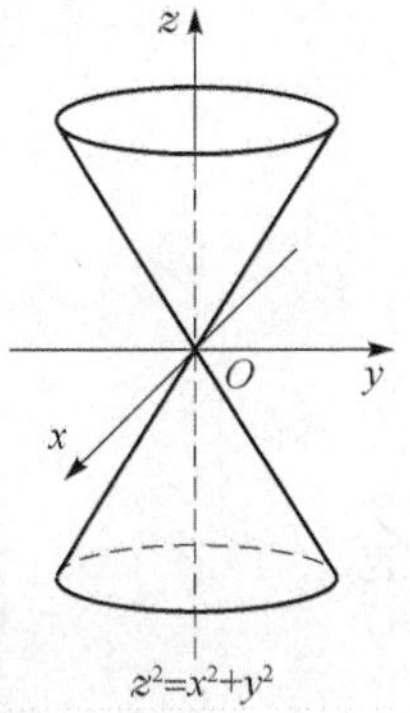

图 6.16

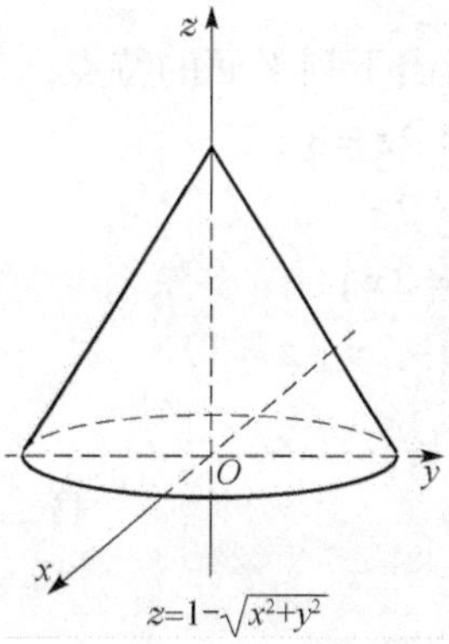

图 6.17

方程 $z^2 = \dfrac{x^2}{4} + \dfrac{y^2}{9}$ 表示顶点在原点的椭圆锥面.

习题 6-1

1. 点 $(2,-3,-7)$ 位于第________卦限；它到原点的距离为________；到 x 轴的距离为________；到 yOz 平面的距离为________；在 zOx 平面上的投影点为________.

2. 点 $(-3,1,5)$ 关于 xOy 平面的对称点为________；关于 y 轴的对称点为________；关于原点的对称点为________.

3. 已知 $M(4,1,7), N(-3,5,0)$，在 y 轴上求一点 P，使得 $|PM|=|PN|$.

4. 下列方程中，表示母线与 y 轴平行的柱面的是(　　).

(A) $y = x^2 + z^2$；　　(B) $x^2 + y^2 + z^2 = 2$；

(C) $x = x^2 - z^2$；　　(D) $x - y + 2z = 0$.

5. 以下表示母线平行于坐标轴的柱面的方程是(　　).

(A) $x^2 + y^2 = 2 - z^2$；　　(B) $2y + y^2 = 2 - z^2$；

(C) $x^2 - y^2 = 2z$；　　(D) $3(x^2 + y^2) = z$.

6. 将 xOy 平面上的直线 $y=x$ 绕 y 轴旋转，所得的旋转曲面方程为(　　).

(A) $x^2=z^2+y^2$；　　(B) $y^2=x^2+z^2$；

(C) $z^2=x^2+y^2$；　　(D) $z=\sqrt{x^2+y^2}$.

7.由 yOz 平面上的曲线 $5z^2=3+y^2$ 绕 y 轴旋转一周，所生成的旋转曲面方程为________； xOz 平面上的曲线 $x^2-3z^2=4$ 绕 x 轴旋转而成的曲面方程为________.

8. 方程 $4x^2+4y+4z^2=5$ 表示的曲面是(　　).

(A)旋转抛物面；　　(B)球面；

(C)圆柱面；　　(D)抛物柱面.

9. 旋转曲面 $x^2+y^2-2z^2=10$ 是由 yOz 平面上曲线________绕________轴旋转而成的.

10. 指出下列平面的特点，并作草图.

(1) $x+2z=3$；

(2) $x=2$；

(3) $y=2x$；

(4) $2x-2y+z=3$.

第二节　多元函数的概念

一、预备知识

1. n 维空间

我们知道，数轴上的点可以与实数建立一一对应关系；在平面上引入直角坐标系后，平面上的点与二元有序数组 (x,y) 有一一对应关系；在空间引入直角坐标系后，空间中的点与三元有序数组 (x,y,z) 一一对应.通常，分别把数轴、平面和空间称为一维空间、二维空间和三维空间.一般地，把 n 元有序数组 $(x_1,x_2,\cdots,x_n)$ 所组成的集合称为 ***n* 维空间**或 ***n* 维向量空间**，记为 $\mathbf{R}^n$，这个集合中的元素 $(x_1,x_2,\cdots,x_n)$ 称为 $\mathbf{R}^n$ 中的点或向量，x_i 称为该点的第 i 个坐标.

设 $P(x_1,x_2,\cdots,x_n)$，$Q(y_1,y_2,\cdots,y_n)$ 是 $\mathbf{R}^n$ 中的两点，我们规定 P，Q 间的距离为

$$\rho(P,Q)=\sqrt{(x_1-y_1)^2+(x_2-y_2)^2+\cdots+(x_n-y_n)^2}.$$

易见，当 $n=1,2,3$ 时，它们分别是我们熟知的数轴上、平面上和空间中两点之间的距离公式.

2. 平面邻域

设点 $P_0(x_0,y_0)$ 是 xOy 平面上的一个点，若 $\delta>0$，则与点 P_0 的距离小于 δ 的点的全体，称为点 P_0 的 δ 邻域，即

$$N(P_0,\delta)=\left\{(x,y)\middle|\sqrt{(x-x_0)^2+(y-y_0)^2}<\delta\right\}.$$

几何上，$N(P_0,\delta)$ 表示一个以 P_0 为圆心，δ 为半径的圆的内部.

与一维的邻域一样，$N(P_0,\delta)=\left\{(x,y)\middle|0<\sqrt{(x-x_0)^2+(y-y_0)^2}<\delta\right\}$ 表示 P_0 的 δ 空心邻域(图 6.18).

平面邻域的概念可以推广到 n 维空间，如三维空间中一点 $P_0(x_0,y_0,z_0)$ 的 δ 邻域为

$$U(P_0,\delta)=\left\{(x,y,z)\middle|\sqrt{(x-x_0)^2+(y-y_0)^2+(z-z_0)^2}<\delta\right\},$$

这是一个以 P_0 为球心，δ 为半径的球的内部；P_0 的 δ 空心邻域为

$$\mathring{U}(P_0,\delta)=\left\{(x,y,z)\middle|0<\sqrt{(x-x_0)^2+(y-y_0)^2+(z-z_0)^2}<\delta\right\}.$$

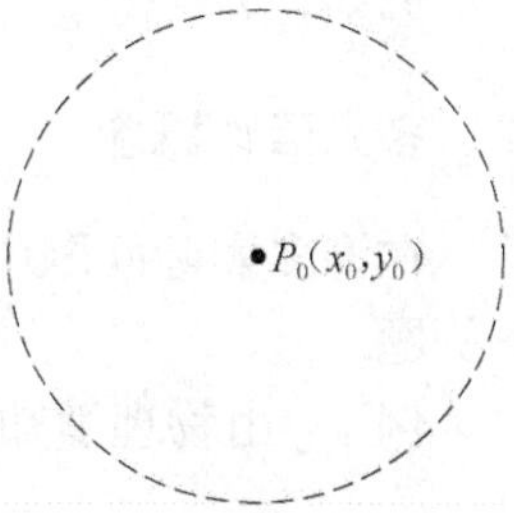

图 6.18

3. 区域

设 E 是平面上的一个点集，P 是平面上的一个点，则

若存在 P 的某个邻域 $U(P,\delta)$，使 $U(P,\delta)\subset E$，则称 P 为 E 的内点；

若存在 M 的某个邻域 $U(N,\delta)$，使 $U(M,\delta)\cap E=\varnothing$，则称 M 为 E 的外点；

若 N 的任意邻域 $U(N,\delta)$ 中既有属于 E 的点，又有不属于 E 的点(N 不一定属于 E)，则称 N 为 E 的边界点(图 6.19)；

若 E 中的每个点都是内点，则称 E 为开集.

E 的边界点的全体称为 E 的边界.

若 E 中的任意两点，都可以用折线连接，且该折线上的点都属于 E，则称 E 是连通的(图 6.20).

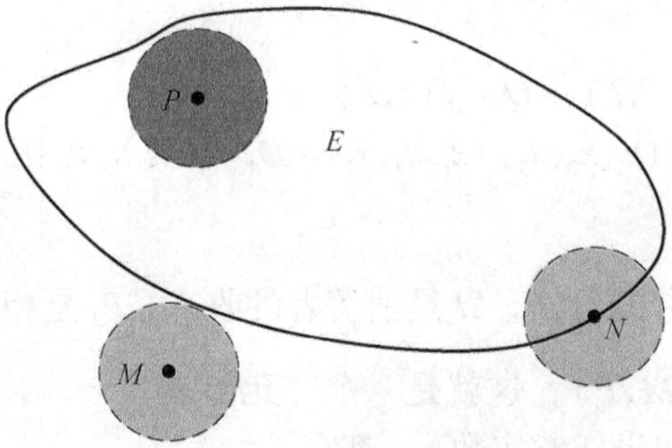

图 6.19

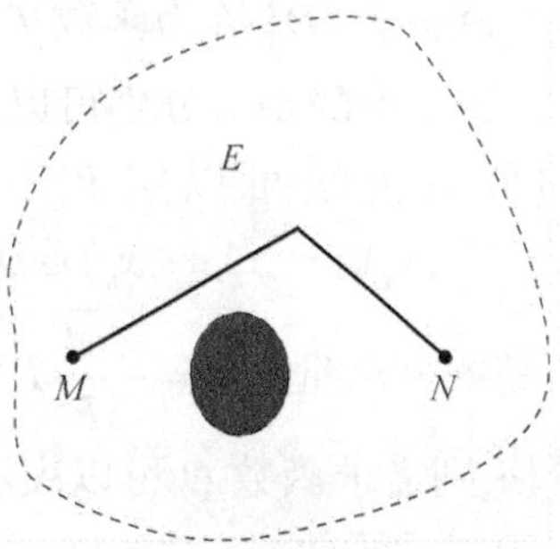

图 6.20

连通的开集称为区域或开区域.

区域和它的边界一起构成的点集称为闭区域.

以平面点集 $E=\left\{(x,y)\middle|1\leqslant x^2+y^2<2\right\}$ 为例：

满足 $1<x^2+y^2<2$ 的所有 (x,y) 都是 E 的内点；满足 $x^2+y^2=1$ 或 $x^2+y^2=2$ 的所有

(x, y) 都是 E 的边界点.

$E_1=\left\{(x, y) \mid x^2+y^2<2\right\}$ 是开集、开区域；$E_2=\left\{(x, y) \mid x^2+y^2 \leqslant 2\right\}$ 是闭区域.

$E_3=\left\{(x, y) \mid x^2+y^2<1\right\} \cup\left\{(x, y) \mid x^2+y^2>2\right\}$ 是开集，但不是开区域.

O 是原点，若存在 $d>0$，使 $E \subset U(O, d)$，则称 E 为有界集；否则 E 是无界集.

例如，$E=\left\{(x, y) \mid 1 \leqslant x^2+y^2<2\right\}$ 是有界集；$E_4=\left\{(x, y) \mid x^2+y^2>2\right\}$ 是无界集.

二、多元函数概念

在许多实际问题中，经常会遇到多个变量之间存在着相互依赖关系的情况，请看以下例题.

例 1　由物理学知道，理想气体的体积 V 与温度 T、压强 P 之间存在着关系：

$$V=\frac{RT}{P} \quad (R \text{ 为常数}).$$

当 (P,T) 在集合 $\{(P,T) \mid P>0, T>T_0\}$ 内取定一点后，V 的值也随之确定.

例 2　设 Z 表示居民人均消费收入，Y 表示国民收入总额，P 表示人口总数，S_1 表示消费率(国民收入总额中用于消费的比例)，S_2 表示居民消费率(消费总额中用于居民消费的比例)，通常 S_1，S_2 是常数，则有

$$Z=S_1 \cdot S_2 \cdot \frac{Y}{P}.$$

抽取上述两个例题的共性，给出二元函数的定义.

定义　设 D 是 xOy 平面上的一个平面非空点集，如果对于 D 内的任意一点 (x, y)，按照某个对应法则 f，都有唯一确定的实数 z 与之对应，则称 f 是定义在 D 上的一个二元函数，记作 $z=f(x, y)$.

其中 x, y 称为自变量，z 称为因变量或函数，D 称为函数 f 的定义域，集合 $\{z \mid z=f(x, y), x, y \in D\}$ 称为函数 f 的值域.

例 1、例 2 中的函数分别可以表示为 $V=f(P, T)$，$Q=f(Y, P)$.

用同样的方法可以定义三元函数 $z=f(x_1, x_2, x_3),(x_1, x_2, x_3) \in D$, 乃至 n 元函数 $z=f(x_1, x_2, \cdots, x_n),(x_1, x_2, \cdots, x_n) \in D$.

某商品的需求量为 $Q=\dfrac{\sqrt{M}}{3P} P_1^{\frac{1}{3}}$，其中 P 是它的价格，M 是消费者的收入，P_1 是相关商品的价格,则需求函数 Q 可以表示成 $Q=f(P, M, P_1)$，这就是一个三元函数.

若对于二元函数 $z=f(x, y)$，$(x, y) \in D$，如果任意实数 t，都有

$$f(tx, ty)=t^k f(x, y),$$

则称 $z=f(x, y)$ 为 k 次齐次函数.例如，$z=\sqrt{x^2+y^2}$ 为一次齐次函数.

三、二元函数的几何意义

设二元函数 $z=f(x, y)$ 的定义域为 D，则对任一点 $P(x, y) \in D$ 有一个 z 与之对应，

当(x,y)取遍D上一切点时，相应地得到一个空间点集：$\{(x,y,z)|z=f(x,y),(x,y)\in D\}$，我们称这个点集为二元函数$z=f(x,y)$的图形(图 6.21)，它通常是一个曲面，它在$xOy$平面上的投影就是函数的定义域$D$.

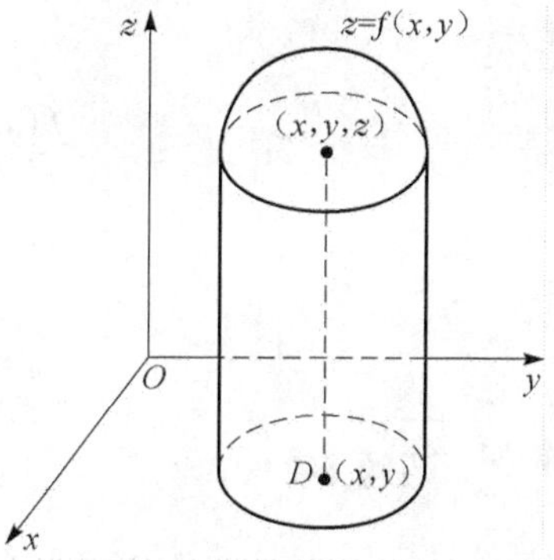

图 6.21

空间的曲面用三元方程表示，也可以用二元函数表示.例如，过三点$A(2,0,0)$，$B(0,3,0)$，$C(0,0,4)$的平面方程为$\frac{x}{2}+\frac{y}{3}+\frac{z}{4}=1$，它在$xOy$平面上的投影区域为整个$xOy$平面.这个平面方程也可改写成二元函数$z=4-2x-\frac{4}{3}y$，定义域为$xOy$平面.

又如球心在原点，半径为r的球面，其方程为$x^2+y^2+z^2=r^2$，它在xOy平面上的投影区域为$x^2+y^2\leqslant r^2$，我们也可用两个二元函数

$$z=\sqrt{r^2-x^2-y^2} \quad 及 \quad z=-\sqrt{r^2-x^2-y^2}$$

来表示这个曲面，而区域$D=\left\{(x,y)\middle|x^2+y^2\leqslant r^2\right\}$就是该函数的定义域.

例 3　求下列函数的定义域，并作出草图.

(1) $z=\arcsin(x+y)$；　　(2) $z=\ln(x^2-y)+\sqrt{4-x^2-y^2}$.

解　(1) $|x+y|\leqslant 1$，即$-1\leqslant x+y\leqslant 1$，$D=\left\{(x,y)\middle|-1\leqslant x+y\leqslant 1\right\}$，如图 6.22 所示.

(2) $\begin{cases}x^2-y>0,\\4-x^2-y^2\geqslant 0,\end{cases}$ 即$\begin{cases}x^2>y,\\x^2+y^2\leqslant 4,\end{cases}$ $D=\left\{(x,y)\middle|x^2>y,x^2+y^2\leqslant 4\right\}$，如图 6.23 所示.

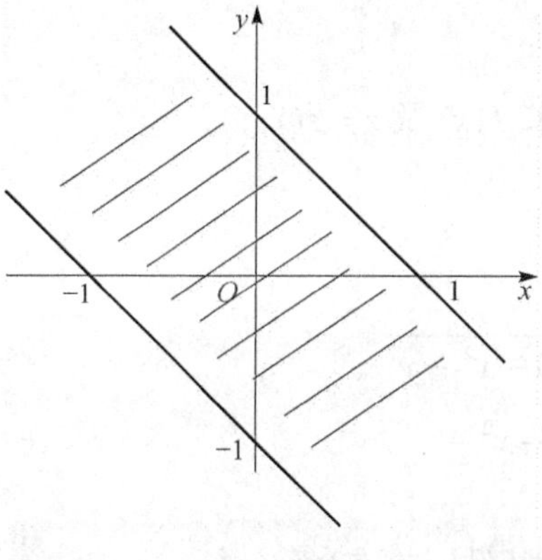

图 6.22

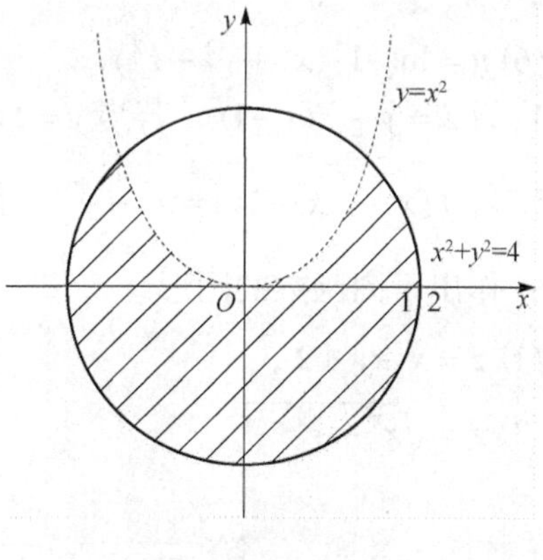

图 6.23

例 4　已知$f(x+y,x-y)=\frac{x^2-y^2}{xy}$，求$f(x,y)$.

解　设$u=x+y,v=x-y$，则$x=\frac{u+v}{2},y=\frac{u-v}{2}$，所以

$$f(u,v)=\frac{\left(\frac{u+v}{2}\right)^2-\left(\frac{u-v}{2}\right)^2}{\left(\frac{u+v}{2}\right)\left(\frac{u-v}{2}\right)}=\frac{4uv}{u^2-v^2},$$

$$f(x,y)=\frac{4xy}{x^2-y^2}.$$

习题 6-2

1. 设 $f(x,y)=\frac{2xy}{x^2+y^2}$，则 $f\left(1,\frac{y}{x}\right)=$________；$f(2x,x-y)=$________.

2. 下列函数中，不是齐次函数的是(　　).

(A) $z=\frac{x+y}{x-y}$；　(B) $z=\sqrt{x^2-2xy}$；　(C) $z=\sqrt{1-x^2-y^2}$；　(D) $z=2x$.

3. 确定下列函数的定义域，并作出定义域的草图：

(1) $z=\ln(1-x+y)+\sqrt{x+2y-1}$；

(2) $z=\frac{1}{\sqrt{x^2+y^2-1}}+\arcsin\frac{x^2+y^2}{4}$；

(3) $z=\sqrt{x^2-y}$；

(4) $z=\sqrt{\sin(x^2+y^2)}$；

(5) $z=\arcsin\frac{y}{x}$；

(6) $u=\ln(-1-x^2+y^2+z^2)$.

4. 设 $z=y+f(x-1)$，若当 $y=1$ 时，$z=x$，求 $f(x)$ 及 $z=z(x,y)$.

5. 若 $f(x+y,x-2y)=x^2-y^2$，求 $f\left(x-y,\frac{y}{x}\right)$.

6. 作出下列函数的图形.

(1) $z=x-y+2$；　(2) $z=\sqrt{1-x^2-y^2}$；

(3) $z=\sqrt{x^2+y^2-1}$；　(4) $z=4-x^2-y^2$.

第三节　二元函数的极限与连续

一、二元函数的极限

我们将一元函数极限的定义加以推广，得到二元函数极限的定义.

定义 1　设函数 $z=f(x,y)$ 在点 $P_0(x_0,y_0)$ 的某一去心邻域内有定义，A 为一常数，如果对于任意的正数 ε，都有正数 δ，使得当 $0<\rho=\sqrt{(x-x_0)^2+(y-y_0)^2}<\delta$ 时，总有

$$|f(x,y)-A|<\varepsilon$$

成立，则称 A 为函数 $f(x,y)$ 当 $(x,y)\to(x_0,y_0)$ 时的极限，记作

$$\lim_{(x,y)\to(x_0,y_0)} f(x,y)=A \text{ 或 } f(x,y)\to A((x,y)\to(x_0,y_0)).$$

类似地，可以定义 n 元函数的极限.习惯上，把二元函数的极限称为**二重极限**，n 元函数的极限称为 **n 重极限**.

例 1　设 $f(x,y)=(x^2+y^2)\sin\dfrac{1}{x^2+y^2}\ (x^2+y^2\neq 0)$，证明：$\lim\limits_{(x,y)\to(0,0)} f(x,y)=0$.

证　因为

$$\left|(x^2+y^2)\sin\frac{1}{x^2+y^2}-0\right|=\left|x^2+y^2\right|\cdot\left|\sin\frac{1}{x^2+y^2}\right|\leqslant x^2+y^2,$$

可见，对 $\forall\varepsilon>0$，取 $\delta=\sqrt{\varepsilon}$，则当

$$0<\sqrt{(x-0)^2+(y-0)^2}<\delta,$$

即 $(x,y)\in\mathring{U}(0,\delta)$ 时，总有

$$\left|(x^2+y^2)\sin\frac{1}{x^2+y^2}-0\right|<\varepsilon$$

成立，所以

$$\lim_{(x,y)\to(0,0)} f(x,y)=0.$$

在一元函数的极限中，$x\to x_0$，表示 x 从 x_0 的左右两边趋向 x_0.而 $(x,y)\to(x_0,y_0)$，是指 $P(x,y)$ 以任何方式趋向 $P_0(x_0,y_0)$.函数 $z=f(x,y)$ 在点 $P_0(x_0,y_0)$ 的二重极限指的是当 $P(x,y)$ 以任意方式趋向 $P_0(x_0,y_0)$ 时，函数 $z=f(x,y)$ 都趋向同一个数值 A.因此，如果 $P(x,y)$ 以某一特殊方式，如沿着一条或几条特定的直线或曲线趋向 $P_0(x_0,y_0)$ 时，即使函数无限接近于某一确定值，仍无法由此断定函数的二重极限存在.但是，如果当 $P(x,y)$ 以不同方式趋向 $P_0(x_0,y_0)$ 时，函数趋向不同的值，那么就可以断定函数在 $P\to P_0$ 时的极限不存在.

例 2　设 $f(x,y)=\dfrac{xy}{x^2+y^2}$，讨论 $\lim\limits_{(x,y)\to(0,0)} f(x,y)$ 是否存在?

分析　当点 $P(x,y)$ 沿 x 轴(即固定 $y=0$)趋向点 $(0,0)$ 时，

$$\lim_{\substack{x\to 0\\(y=0)}} f(x,y)=\lim_{x\to 0} f(x,0)=\lim_{x\to 0}0=0;$$

又当点 $P(x,y)$ 沿 y 轴(即固定 $x=0$)趋向点 $(0,0)$ 时，

$$\lim_{\substack{y\to 0\\(x=0)}} f(x,y)=\lim_{y\to 0} f(0,y)=\lim_{y\to 0}0=0.$$

虽然点 $P(x,y)$ 以上述两种特殊形式(沿 x 轴或沿 y 轴)趋向点 $(0,0)$ 时函数趋于同一常数 0，但是还是无法断定 $\lim\limits_{(x,y)\to(0,0)} f(x,y)$ 是否存在(因为这里 $P(x,y)\to(0,0)$ 的方式仅仅

只是两种，而不是任意方式）.事实上，$\lim\limits_{(x,y)\to(0,0)} f(x,y)$ 并不存在.

解　当点 $M(x,y)$ 沿直线 $y=kx$ 趋向点 $(0,0)$ 时，有

$$\lim_{\substack{x\to 0\\(y=kx)}} f(x,y)=\lim_{x\to 0} f(x,kx)$$

$$=\lim_{x\to 0}\frac{kx^2}{x^2+k^2x^2}=\frac{k}{1+k^2},$$

显然它是随着 k 值的不同而改变的，所以 $\lim\limits_{(x,y)\to(0,0)} f(x,y)$ 不存在.

关于多元函数的极限运算，有与一元函数类似的运算法则. 一元函数极限的有关性质和运算法则，如极限的四则运算法则、复合函数极限的运算法则、夹逼定理等都可以推广到二重极限中来.

例 3　求 $\lim\limits_{(x,y)\to(0,2)}\dfrac{\sin(xy)}{x}$.

解　记 $f(x,y)=\dfrac{\sin(xy)}{x}$，则 $f(x,y)$ 的定义域 $D=\{(x,y)|x\neq 0\}$.

$$\lim_{(x,y)\to(0,2)}\frac{\sin(xy)}{x}=\lim_{xy\to 0}\frac{\sin(xy)}{xy}\cdot\lim_{y\to 2} y=1\times 2=2.$$

例 4　求 $\lim\limits_{\substack{x\to\infty\\y\to\infty}}\dfrac{x+y}{x^2+y^2}$.

解　$0\leqslant\left|\dfrac{x+y}{x^2+y^2}\right|\leqslant\dfrac{|x|+|y|}{x^2+y^2}\leqslant\dfrac{|x|+|y|}{2|xy|}\leqslant\dfrac{1}{|x|}+\dfrac{1}{|y|}$.

当 $x\to\infty, y\to\infty$ 时，$\dfrac{1}{|x|}+\dfrac{1}{|y|}\to 0$.所以

$$\lim_{\substack{x\to\infty\\y\to\infty}}\frac{x+y}{x^2+y^2}=0.$$

二、二元函数的连续性

定义 2　设函数 $z=f(x,y)$ 在点 $P_0(x_0,y_0)$ 的某个邻域内有定义，如果

$$\lim_{(x,y)\to(x_0,y_0)} f(x,y)=f(x_0,y_0),$$

则称函数 $z=f(x,y)$ 在点 $P_0(x_0,y_0)$ 处连续.

若 $f(x,y)$ 在定义域 D 上各点连续，则称 $f(x,y)$ 在 D 上连续，或称它是 D 上的连续函数.

若 $f(x,y)$ 在 P_0 点不连续，则称 P_0 是 $f(x,y)$ 的**间断点**，或称 $f(x,y)$ 在 P_0 间断.

从例 3 可以看出，$(0,2)$ 是函数 $f(x,y)=\dfrac{\sin(xy)}{x}$ 的间断点.事实上，y 轴上的所有点都是函数 $f(x,y)=\dfrac{\sin(xy)}{x}$ 的间断点，这些点连成了一条线，我们称之为间断线.

可以证明：多元连续函数的和、差、积均为连续函数；在分母不为零处，连续函数的商是连续函数；多元连续函数的复合函数也是连续函数.

定义 3　由基本初等函数经过有限次四则运算和有限次复合运算所构成的二元函数称为二元初等函数.

例如，$\dfrac{x^2-y^2}{1+x^2}$，$\arcsin\sqrt{x^2+y^2}$，$e^{x+y}\ln(1+x^2+y^2)$ 等都是二元初等函数.

与一元初等函数类似，一切二元初等函数在其定义域内的任一开区域或闭区域上是连续的.

例 5　求 $\lim\limits_{(x,y)\to(0,1)}\dfrac{x+y}{x-y}$.

解　原式$=\dfrac{0+1}{0-1}=-1$.

$(0,1)$ 是函数 $f(x,y)=\dfrac{x+y}{x-y}$ 的连续点，该点处的极限值就是函数值.

关于二元函数连续性的概念可相应推广到多元函数上去.

与一元连续函数类似，有界闭区域上的二元连续函数有如下几个重要性质.

设 D 为有界闭区域，

(1) 有界性定理：若 $f(x,y)$ 在 D 上连续，则 $f(x,y)$ 在 D 上有界，即存在正数 k，使得 $|f(x,y)|\leqslant k,(x,y)\in D$.

(2) 最大值最小值定理：若 $f(x,y)$ 在 D 上连续，则它在 D 上必定取得最大值和最小值，即至少存在两点 P_1,P_2，使得 D 中的任何一点 P 满足 $f(P_1)\leqslant f(P)\leqslant f(P_2)$.

(3) 介值定理：若 $f(x,y)$ 在 D 上连续，且 m 与 M 分别是 $f(x,y)$ 在 D 上的最小值与最大值，ξ 是 m 与 M 之间的任意数 $(m\leqslant\xi\leqslant M)$，则 $P_0\in D$，得 $f(P_0)=\xi$.

习题 6-3

1. (1) 已知 $\lim\limits_{x\to 0}(x,0)=0$ 及 $\lim\limits_{x\to 0}f\left(x,\dfrac{x^2}{2}\right)=0$，能否断定 $\lim\limits_{(x,y)\to(0,0)}f(x,y)$ 存在？

(2) 已知 $\lim\limits_{x\to 0}f(x,0)=1$ 及 $\lim\limits_{x\to 0}f\left(x,\dfrac{x^2}{2}\right)=0$，能否断定 $\lim\limits_{(x,y)\to(0,0)}f(x,y)$ 不存在？

2. 求下列极限.

(1) $\lim\limits_{(x,y)\to(1,0)}\dfrac{1-xy}{x^2+y^2}$；　(2) $\lim\limits_{(x,y)\to(0,3)}(1-xy)^{\frac{y}{x}}$；

(3) $\lim\limits_{(x,y)\to(1,0)}\dfrac{\ln(x+e^y)}{\sqrt{x^2+y^2}}$；　(4) $\lim\limits_{(x,y)\to(0,0)}\dfrac{xy}{2-\sqrt{xy+4}}$；

(5) $\lim\limits_{\substack{x\to\infty\\ y\to a}}\left(1+\dfrac{1}{x}\right)^{\frac{x^2}{x+y}}$.

3. 证明：当$(x,y)\to(0,0)$时，函数$f(x,y)=\dfrac{x+y}{x-y}$不存在极限.

4. 求下列函数的间断点(线或面).

(1) $z=\dfrac{xy}{x+y}$； (2) $z=\dfrac{x+y}{x^2-2y}$；

(3) $u=\dfrac{x+y+z}{xy-z}$.

5. 设$f(x,y)=\begin{cases}\dfrac{xy}{\sqrt{x^2+y^2}}, & x^2+y^2\neq 0,\\ 0, & x^2+y^2=0,\end{cases}$讨论$f(x,y)$的连续性.

第四节 偏 导 数

一、偏导数的概念和计算

在研究一元函数时，考虑函数的变化率或导数曾是一个非常重要的内容.多元函数的情形比一元函数要复杂，首先考虑二元函数关于其中一个自变量的变化率.

设函数$z=f(x,y)$在点(x_0,y_0)的某个邻域内有定义，当x在x_0取得增量Δx $(\Delta x\neq 0)$，而y在y_0处不变，相应的函数$z=f(x,y)$在(x_0,y_0)处得到一个改变量

$$\Delta_x z=f(x_0+\Delta x,y_0)-f(x_0,y_0)$$

称为函数$z=f(x,y)$在点(x_0,y_0)处对x的偏增量.同理，可以定义函数$z=f(x,y)$在点(x_0,y_0)处对y的偏增量

$$\Delta_y z=f(x_0,y_0+\Delta y)-f(x_0,y_0).$$

而当自变量x,y在x_0,y_0处分别得到增量Δx，Δy时，函数$z=f(x,y)$相应获得的增量

$$\Delta z=f(x_0+\Delta x,y_0+\Delta y)-f(x_0,y_0)$$

称为函数$z=f(x,y)$在点(x_0,y_0)处的全增量.

定义 1 设$z=f(x,y)$是在点$P_0(x_0,y_0)$的某一邻域$U(M_0,\delta)$上有定义的函数，若极限

$$\lim_{\Delta x\to 0}\frac{\Delta_x z}{\Delta x}=\lim_{\Delta x\to 0}\frac{f(x_0+\Delta x,y_0)-f(x_0,y_0)}{\Delta x}$$

存在，则称极限值为函数$z=f(x,y)$在P_0处**对x的偏导数**，记作

$$f_x(x_0,y_0),\ z_x(x_0,y_0) \quad 或 \left.\frac{\partial f}{\partial x}\right|_{P_0},\quad \left.\frac{\partial z}{\partial x}\right|_{P_0}.$$

同样，若极限

$$\lim_{\Delta y\to 0}\frac{\Delta_y z}{\Delta y}=\lim_{\Delta y\to 0}\frac{f(x_0,y_0+\Delta y)-f(x_0,\ y_0)}{\Delta y}$$

存在，则称极限值为函数 $z=f(x,y)$ 在 P_0 处**对 y 的偏导数**，记为

$$f_y(x_0,y_0),\quad z_y(x_0,y_0)\quad 或\left.\frac{\partial f}{\partial y}\right|_{P_0},\quad \left.\frac{\partial z}{\partial y}\right|_{P_0}.$$

若 $z=f(x,y)$ 在 $P_0(x_0,y_0)$ 两个偏导数都存在,则称函数 $z=f(x,y)$ 在 $P_0(x_0,y_0)$ 是可偏导的.

若函数 $z=f(x,y)$ 在某区域上的每一点都有偏导数 $f_x(x,y)$，$f_y(x,y)$，那么一般来说，它们仍是 x,y 的函数,称它们为 $z=f(x,y)$ 的**偏导函数**,或简称**偏导数**,也常记为 $f_x(x,y)$，$f_y(x,y)$ 或 $\frac{\partial z}{\partial x}$，$\frac{\partial z}{\partial y}$ 或 $\frac{\partial f}{\partial x}$，$\frac{\partial f}{\partial y}$ 或 z_x，z_y.

由定义 1 可知，求二元函数 $z=f(x,y)$ 对某一个自变量的偏导数时，可把另一个变量暂时看作常数，所以，求二元函数偏导数在方法上与求一元函数的导数完全相同.

对于二元以上的函数，偏导数的定义和求法与二元函数的情形类似，例如，三元函数 $u=f(x,y,z)$ 在点 (x,y,z) 处对 x,y,z 的偏导数分别为

$$f_x(x,y,z)=\lim_{\Delta x\to 0}\frac{f(x+\Delta x,y,z)-f(x,y,z)}{\Delta x},$$

$$f_y(x,y,z)=\lim_{\Delta y\to 0}\frac{f(x,y+\Delta y,z)-f(x,y,z)}{\Delta y},$$

$$f_z(x,y,z)=\lim_{\Delta z\to 0}\frac{f(x,y,z+\Delta z)-f(x,y,z)}{\Delta z}.$$

例 1　求二元函数 $z=x^y$（$x>0$）的偏导数.

解　对 x 求偏导数时，y 视作常数，故用幂函数求导公式得

$$\frac{\partial z}{\partial x}=yx^{y-1}.$$

对 y 求偏导数时，x 视为常数，故为指数函数求导，得

$$\frac{\partial z}{\partial y}=x^y\ln x.$$

例 2　设 $f(x,y)=\ln\sqrt{x^2+y^2}+\arctan\frac{x}{y}$，求 $f_x(0,1),f_y(0,1)$.

解　因为

$$f_x(x,y)=\frac{1}{2}\frac{2x}{x^2+y^2}+\frac{1}{1+\left(\frac{x}{y}\right)^2}\left(\frac{1}{y}\right)$$

$$=\frac{x}{x^2+y^2}+\frac{y}{x^2+y^2}=\frac{x+y}{x^2+y^2},$$

所以 $f_x(0,1)=1$.

因为

$$f_y(x,y)=\frac{1}{2}\frac{2y}{x^2+y^2}+\frac{1}{1+\left(\frac{x}{y}\right)^2}\left(-\frac{x}{y^2}\right)$$

$$=\frac{y}{x^2+y^2}-\frac{x}{x^2+y^2}=\frac{-x+y}{x^2+y^2}.$$

所以 $f_y(0,1)=1$.

求二元函数 $f(x,y)$ 在定点 (x_0,y_0) 的偏导数，与一元函数一样，可以先求出偏导函数 $f_x(x,y)$ 和 $f_y(x,y)$，然后将 $x=x_0$，$y=y_0$ 代入就得到 $f_x(x_0,y_0)$ 和 $f_y(x_0,y_0)$；也可以先将 $y=y_0$ 代入 $f(x,y)$ 得 $f(x,y_0)$，再求 $f_x(x,y_0)$，最后代入 $x=x_0$ 得 $f_x(x_0,y_0)\cdot f_y(x_0,y_0)$ 也可以同样得到，如例 2 中的求 $f_y(0,1)$ 就适合用这种方法.

先算 $f(0,y)=\ln|y|$，再算 $f_y(0,y)=\frac{1}{y}$，最后 $f_y(0,1)=1$.

例 3 求 $r=\sqrt{x^2+y^2+z^2}$ 的偏导数.

解 $\frac{\partial r}{\partial x}=\frac{2x}{2\sqrt{x^2+y^2+z^2}}=\frac{x}{\sqrt{x^2+y^2+z^2}}=\frac{x}{r}$.

同理：

$$\frac{\partial r}{\partial y}=\frac{2y}{2\sqrt{x^2+y^2+z^2}}=\frac{y}{\sqrt{x^2+y^2+z^2}}=\frac{y}{r};$$

$$\frac{\partial r}{\partial z}=\frac{2z}{2\sqrt{x^2+y^2+z^2}}=\frac{z}{\sqrt{x^2+y^2+z^2}}=\frac{z}{r}.$$

偏导数的记号 $\frac{\partial z}{\partial x}$，$\frac{\partial z}{\partial y}$ 是一个整体记号，不能像一元函数的导数 $\frac{\mathrm{d}y}{\mathrm{d}x}$ 那样看成分子与分母之商，否则会导致运算上的错误.

例 4 $f(x,y)=\begin{cases}\frac{xy}{x^2+y^2}, & x^2+y^2\neq 0,\\ 0, & x^2+y^2=0,\end{cases}$ 求 $f(x,y)$ 在 $(0,0)$ 的偏导数，并讨论函数 $f(x,y)$ 在 $(0,0)$ 处的连续性.

解 类似于一元函数，分段函数求分段点处的偏导数要用定义去做.

$$f_x(0,0)=\lim_{\Delta x\to 0}\frac{f(0+\Delta x,0)-f(0,0)}{\Delta x}=\lim_{\Delta x\to 0}\frac{0-0}{\Delta x}=0,$$

$$f_y(0,0)=\lim_{\Delta y\to 0}\frac{f(0,0+\Delta y)-f(0,0)}{\Delta y}=\lim_{\Delta y\to 0}\frac{0-0}{\Delta y}=0.$$

所以，函数 $f(x,y)$ 在 $(0,0)$ 的偏导数存在，但由第三节例 2 知，$f(x,y)$ 在 $(0,0)$ 处的极限不存在，因而 $f(x,y)$ 在 $(0,0)$ 不连续.

例 4 表明函数 $f(x,y)$ 在点 $(0,0)$ 的偏导数存在，并不能保证函数在该点连续.实际上，偏导数 $f_x(0,0)$ 存在只表明了一元函数 $f(x,0)$ 在 $x=0$ 处是连续的，或者说函数 $f(x,y)$ 沿

x 轴在点 $(0,0)$ 处连续；类似地，偏导数 $f_y(0,0)$ 存在只表明 $f(x,y)$ 沿 y 轴在点 $(0,0)$ 处连续. $f(x,y)$ 在点 $(0,0)$ 处仅沿两个方向连续，这当然不足以保证 $f(x,y)$ 在点 $(0,0)$ 处连续.

例 5　讨论函数 $f(x,y)=\sqrt{x^2+y^2}$ 在点 $(0,0)$ 处是否可导.

解　$f_x(0,0)=\lim\limits_{x\to 0}\dfrac{\sqrt{x^2+0}-0}{x}=\lim\limits_{x\to 0}\dfrac{|x|}{x}$，偏导数不存在；

同理，$f_y(0,0)$ 也不存在.

显然，$f(x,y)=\sqrt{x^2+y^2}$ 在点 $(0,0)$ 处是连续的.所以说，二元函数 $f(x,y)$ 在某一点处连续,也推不出它在该点的偏导数存在.

例 6　设某产品的需求量 Q 是其价格 P 和消费者收入 Y 的函数，即

$$Q=Q(P,Y).$$

当消费者收入 Y 保持不变，需求函数 Q 对价格 P 的偏导数

$$\frac{\partial Q}{\partial P}=\lim_{\Delta P\to 0}\frac{Q(P+\Delta P,Y)-Q(P,Y)}{\Delta P}$$

是需求量 Q 当价格为 P，消费者收入为 Y 时，对价格 P 的变化率；

$$\frac{\partial Q}{\partial Y}=\lim_{\Delta P\to 0}\frac{Q(P,Y+\Delta Y)-Q(P,Y)}{\Delta Y}$$

是需求量 Q 当价格为 P，消费者收入为 Y 时，对消费者收入 Y 的变化率.

$$e_P=\lim_{\Delta P}\frac{\dfrac{\Delta Q}{Q}}{\dfrac{\Delta P}{P}}=\frac{P}{Q}\frac{\partial Q}{\partial P}=\frac{\partial \ln Q}{\partial \ln P}$$

称为需求 Q 对价格 P 的偏弹性，表示当 Y 不变时，需求 Q 随价格 P 的变化而变化的相对速度的大小；

$$e_Y=\lim_{\Delta Y}\frac{\dfrac{\Delta Q}{Q}}{\dfrac{\Delta Y}{Y}}=\frac{Y}{Q}\frac{\partial Q}{\partial Y}=\frac{\partial \ln Q}{\partial \ln Y}$$

称为需求 Q 对消费者收入 Y 的偏弹性，表示当 P 不变时，需求 Q 随消费者收入 Y 的变化而变化的相对速度的大小.

二、偏导数的几何意义

因为偏导数 $f_x(x_0,y_0)$ 等于一元函数 $f(x,y_0)$ 在 x_0 处的导数；偏导数 $f_y(x_0,y_0)$ 等于一元函数 $f(x_0,y)$ 在 y_0 处的导数，所以由一元函数导数的几何意义，可以得到偏导数的几何意义.下面再说得具体一些.

设 $M_0(x_0,y_0,f(x_0,y_0))$ 是曲面 $z=f(x,y)$ 上一点，过 M_0 作平面 $y=y_0$，截此曲面得一曲线，此曲线在 $y=y_0$ 平面上表示为一元函数 $z=f(x,y_0)$，而偏导数 $f_x(x_0,y_0)$ 就是 $\dfrac{\mathrm{d}}{\mathrm{d}x}f(x,y_0)\Big|_{x=x_0}$，所以偏导数 $f_x(x_0,y_0)$ 在几何上表示曲线

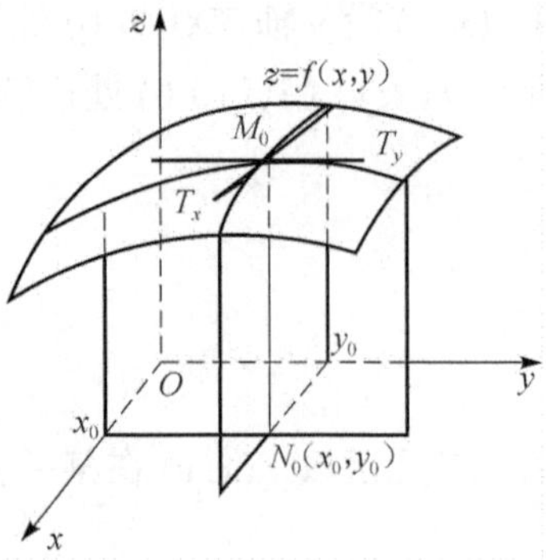

图 6.24

$$\begin{cases} z = f(x,y) \\ y = y_0 \end{cases}$$

在 M_0 处的切线 M_0T_x 对 x 轴的斜率(图 6.24).

同理，$f_y(x_0,y_0)$ 是平面 $x = x_0$ 与曲面 $z = f(x,y)$ 的交线

$$\begin{cases} z = f(x,y) \\ x = x_0 \end{cases}$$

在 M_0 处的切线 M_0T_y 对 y 轴的斜率.

三、高阶偏导数

设函数 $z = f(x,y)$ 在区域 D 内具有偏导数

$$\frac{\partial z}{\partial x} = f_x(x,y)\text{，}\quad \frac{\partial z}{\partial y} = f_y(x,y)\text{.}$$

那么它们在 D 内仍旧是 x,y 的函数，如果 $f_x(x,y)$ 和 $f_y(x,y)$ 关于 x,y 的偏导数也存在，则称这两个偏导函数的偏导数为原来函数 $z = f(x,y)$ 的**二阶偏导数**.依照对变量求导的次序不同而有四个二阶偏导数.

(1) $f(x,y)$ 关于 x 的二阶偏导数 $\dfrac{\partial^2 z}{\partial x^2} = \dfrac{\partial}{\partial x}\left(\dfrac{\partial z}{\partial x}\right)$，记作 $\dfrac{\partial^2 z}{\partial x^2}$，$f_{xx}(x,y)$ 或 z_{xx}；

(2) $f(x,y)$ 关于 x，y 的二阶混合偏导数 $\dfrac{\partial^2 z}{\partial x\partial y} = \dfrac{\partial}{\partial y}\left(\dfrac{\partial z}{\partial x}\right)$，记作 $\dfrac{\partial^2 z}{\partial x\partial y}$，$f_{xy}(x,y)$ 或 z_{xy}；

(3) $f(x,y)$ 关于 y，x 的二阶混合偏导数 $\dfrac{\partial^2 z}{\partial y\partial x} = \dfrac{\partial}{\partial x}\left(\dfrac{\partial z}{\partial y}\right)$，记作 $\dfrac{\partial^2 z}{\partial y\partial x}$，$f_{yx}(x,y)$ 或 z_{yx}；

(4) $f(x,y)$ 关于 y 的二阶偏导数 $\dfrac{\partial^2 z}{\partial y^2} = \dfrac{\partial}{\partial y}\left(\dfrac{\partial z}{\partial y}\right)$，记作 $\dfrac{\partial^2 z}{\partial y^2}$，$f_{yy}(x,y)$ 或 z_{yy}.

如果二阶偏导数的偏导数存在，就称它们是函数 $f(x,y)$ 的**三阶偏导数**，如 $\dfrac{\partial}{\partial x}\left(\dfrac{\partial^2 z}{\partial x\partial y}\right) = \dfrac{\partial^3 z}{\partial x\partial y\partial x}$，$\dfrac{\partial}{\partial y}\left(\dfrac{\partial^2 z}{\partial x^2}\right) = \dfrac{\partial^3 z}{\partial x^2\partial y}$ 等.类似地，可定义四阶、五阶、…以及 n 阶偏导数. 二阶及二阶以上的偏导数统称为**高阶偏导数**.

例 7　求下列各函数的二阶偏导数.

(1) $z = y\ln(x+y)$；

(2) $f(x,y) = \arctan\dfrac{x}{y}$.

解　(1) $\dfrac{\partial z}{\partial x} = \dfrac{y}{x+y}$，$\dfrac{\partial z}{\partial y} = \ln(x+y) + \dfrac{y}{x+y}$，

$$\frac{\partial^2 z}{\partial x^2} = -\frac{y}{(x+y)^2}\text{，}$$

$$\frac{\partial^2 z}{\partial x \partial y}=\frac{x+y-y}{(x+y)^2}=\frac{x}{(x+y)^2},$$

$$\frac{\partial^2 z}{\partial y \partial x}=\frac{1}{x+y}+\frac{-y}{(x+y)^2}=\frac{x}{(x+y)^2},$$

$$\frac{\partial^2 z}{\partial y^2}=\frac{1}{x+y}+\frac{x+y-y}{(x+y)^2}=\frac{2x+y}{(x+y)^2}.$$

(2) $$f_x(x,y)=\frac{1}{1+\left(\frac{x}{y}\right)^2}\left(\frac{1}{y}\right)=\frac{y}{x^2+y^2},$$

$$f_y(x,y)=\frac{1}{1+\left(\frac{x}{y}\right)^2}\left(-\frac{x}{y^2}\right)=-\frac{x}{x^2+y^2},$$

$$f_{xx}(x,y)=-\frac{2xy}{\left(x^2+y^2\right)^2},$$

$$f_{xy}(x,y)=\frac{x^2+y^2-2y^2}{\left(x^2+y^2\right)^2}=\frac{x^2-y^2}{\left(x^2+y^2\right)^2},$$

$$f_{yx}(x,y)=-\frac{x^2+y^2-2x^2}{\left(x^2+y^2\right)^2}=\frac{x^2-y^2}{\left(x^2+y^2\right)^2},$$

$$f_{yy}(x,y)=-\frac{-2xy}{\left(x^2+y^2\right)^2}=\frac{2xy}{\left(x^2+y^2\right)^2}.$$

从例 7 看出，这两个函数关于 x,y 的两个二阶混合偏导数相等，即

$$\frac{\partial^2 z}{\partial x \partial y}=\frac{\partial^2 z}{\partial y \partial x}.$$

这个结论在一定条件下成立.略去证明，直接给出如下定理.

定理　如果函数 $z=f(x,y)$ 的两个二阶混合偏导数 $\frac{\partial^2 z}{\partial x \partial y}$ 及 $\frac{\partial^2 z}{\partial y \partial x}$ 在区域 D 内连续，那么在该区域内这两个二阶混合偏导数必相等. 即**二阶混合偏导数在连续的条件下与求偏导的次序无关**.

上述定理的结论可推广到二阶以上的混合偏导数及二元以上函数的情形.

习题 6-4

1. 求下列函数的偏导数.

(1) $z=\frac{x+y}{x-y}$；　　　　(2) $z=e^{-\frac{x}{y}}$；

(3) $z=\ln\tan\dfrac{x}{y}$；　　(4) $z=\mathrm{e}^{xy}\sin y$；

(5) $z=\ln(x+\sqrt{x^2+y^2})$；　　(6) $z=x\sqrt{y}+\dfrac{y}{\sqrt[3]{x}}$；

(7) $s=\dfrac{v^2-t^2}{2vt}$；　　(8) $z=\dfrac{xy}{2x-3y}$.

2. 求下列函数的偏导数.

(1) $f(x,y,z)=\sin\dfrac{x}{y}\cos\dfrac{y}{z}$；　　(2) $u=\dfrac{1}{\sqrt{x^2+y^2+z^2}}$；

(3) $u=\mathrm{e}^{x(x^2+y^2+z^2)}$；　　(4) $u=x^{y^z}$.

3. 求下列函数在指定点处的偏导数.

(1) $f(x,y)=\mathrm{e}^{3x}\ln(2y)$，求 $f_x(0,1), f_y(0,\mathrm{e}^{-2})$；

(2) $f(x,y)=\arcsin x^2+y$，求 $f_x\left(\dfrac{1}{2},\dfrac{1}{2}\right), f_y\left(\dfrac{1}{2},0\right)$；

(3) $f(x,y)=x+y+(y-1)\arcsin\sqrt[3]{\dfrac{x}{y}}$，求 $f_x\left(\dfrac{1}{2},1\right), f_y\left(\dfrac{1}{8},1\right)$.

4. 求下列函数的二阶偏导数.

(1) $z=\arcsin(xy)$；　　(2) $z=x^y$；

(3) $z=y^{\ln x}$；　　(4) $z=x\ln(xy)$.

5. 已知 $u=\mathrm{e}^{xyz}$，求 $\dfrac{\partial^3 u}{\partial x\partial y\partial z}$.

6. 设 $z=\ln(\mathrm{e}^x+\mathrm{e}^y)$，验证：$\dfrac{\partial^2 z}{\partial x^2}\dfrac{\partial^2 z}{\partial y^2}=\left(\dfrac{\partial^2 z}{\partial x\partial y}\right)^2$.

7. 验证 $u=\sqrt{x^2+y^2+z^2}$ 满足方程 $\dfrac{\partial^2 u}{\partial x^2}+\dfrac{\partial^2 u}{\partial y^2}+\dfrac{\partial^2 u}{\partial z^2}=\dfrac{2}{u}$.

8. $f(x,y)=\begin{cases}x^2+y^2, & xy=0,\\ 1, & xy\neq 0,\end{cases}$ 求 $f(x,y)$ 在 $(0,0)$ 处的偏导数，并讨论函数 $f(x,y)$ 在 $(0,0)$ 处的连续性.

9. 函数 $f(x,y)=\sqrt{x^2+y^4}$ 在点 $(0,0)$ 处是否连续？偏导数是否存在？

第五节　全微分及其应用

一、全微分

在一元函数 $y=f(x)$ 中，微分 $\mathrm{d}y$ 是自变量增量 Δx 的线性函数，且当 $\Delta x\to 0$ 时，$\mathrm{d}y$ 与 Δy 之差是 Δx 的高阶无穷小量.在二元函数中，我们通过以下例题来研究当自变量变化时，函数全增量的变化情况.

例 1　设底半径为 r，高为 h 的圆柱体，当 r 与 h 各有增量 $\Delta r, \Delta h$ 时，求圆柱体的体积 V 的全增量.

解　$\Delta V = \pi(r+\Delta r)^2 \cdot (h+\Delta h) - \pi r^2 h$

$$= 2\pi rh\Delta r + \pi r^2 \Delta h + 2\pi r\Delta r\Delta h + \pi h(\Delta r)^2 + \pi(\Delta r)^2 \Delta h.$$

从例 1 我们看到，当 $|\Delta r|, |\Delta h|$ 很小时，圆柱体积的全增量 ΔV 可用 $2\pi rh\Delta r + \pi r^2 \Delta h$ 来近似表示，它是自变量增量 Δr 与 Δh 的线性函数(这里 r，h 视为常数). 而其余部分当 $(\Delta r, \Delta h) \to (0,0)$ 时是 $\sqrt{(\Delta r)^2 + (\Delta h)^2}$ 的高阶无穷小量，因而

$$\Delta V = 2\pi rh\Delta r + \pi r^2 \Delta h + o(\sqrt{(\Delta r)^2 + (\Delta h)^2}).$$

多元函数全增量的这种局部线性近似性质引出了多元函数的可微性概念.

定义　设函数 $z = f(x,y)$ 在点 $P_0(x_0, y_0)$ 的某邻域内有定义，如果函数在点 $P_0(x_0, y_0)$ 处的全增量

$$\Delta z = f(x_0 + \Delta x, y_0 + \Delta y) - f(x_0, y_0)$$

可表示为

$$\Delta z = A\Delta x + B\Delta y + o(\rho),$$

其中 A, B 是不依赖于 $\Delta x, \Delta y$ 的两个常数(可以与点 $P_0(x_0, y_0)$ 有关)，$\rho = \sqrt{(\Delta x)^2 + (\Delta y)^2}$，则称函数 $z = f(x,y)$ 在 $P_0(x_0, y_0)$ **可微**，并称 $A\Delta x + B\Delta y$ 为函数 $z = f(x,y)$ 在点 $P_0(x_0, y_0)$ 的**全微分**，记作 $\mathrm{d}z$，即

$$\mathrm{d}z = A\Delta x + B\Delta y.$$

习惯上，自变量的增量 $\Delta x, \Delta y$ 常写成 $\mathrm{d}x, \mathrm{d}y$，并分别称为自变量 x, y 的微分，所以 $\mathrm{d}z$ 也常写成

$$\mathrm{d}z = A\mathrm{d}x + B\mathrm{d}y.$$

当函数 $z = f(x,y)$ 在区域 D 内处处可微时，我们称 $z = f(x,y)$ 为 D 内的可微函数.

在全微分的定义中应注意两点：

(1) A, B 是与 $\Delta x, \Delta y$ 无关的量；

(2) $\Delta z - (A\Delta x + B\Delta y) = o(\rho)$.

只有同时满足(1)和(2)，函数才可微，全微分 $\mathrm{d}z = A\Delta x + B\Delta y$.

对于一元函数 $y = f(x)$ 在点 x_0 处可微与 $y = f(x)$ 在点 x_0 处可导是等价的；但对于多元函数，在一点可微与在一点可偏导有以下关系.

定理 1(可微的必要条件)　若 $z = f(x,y)$ 在点 $P_0(x_0, y_0)$ 处可微，则

(1) $f(x,y)$ 在点 $P_0(x_0, y_0)$ 处连续；

(2) $f(x,y)$ 在点 $P_0(x_0, y_0)$ 处存在偏导数.

证　(1) 由于 $z = f(x,y)$ 在点 $P_0(x_0, y_0)$ 可微，即

$$\Delta z = A\Delta x + B\Delta y + o(\rho).$$

令 $\rho \to 0$，得

$$\lim_{\rho \to 0} \Delta z = 0,$$

也即

$$\lim_{\rho \to 0} f(x_0 + \Delta x, y_0 + \Delta y) = f(x_0, y_0),$$

所以 $f(x,y)$ 在点 $P_0(x_0,y_0)$ 处连续.

(2) 在 $\Delta z = A\Delta x + B\Delta y + o(\rho)$ 中，特别取 $\Delta y = 0$，则有

$$f(x_0 + \Delta x, y_0) - f(x_0, y_0) = A\Delta x + o(\Delta x).$$

等式两边同除以 Δx 并令 $\Delta x \to 0$，得

$$\lim_{\Delta x \to 0} \frac{f(x_0 + \Delta x, y_0) - f(x_0, y_0)}{\Delta x} = A,$$

所以 $f(x,y)$ 在 $P_0(x_0,y_0)$ 处对 x 的偏导数存在，且

$$f_x(x_0, y_0) = A.$$

同理可得

$$\lim_{\Delta y \to 0} \frac{f(x_0, y_0 + \Delta y) - f(x_0, y_0)}{\Delta y} = B,$$

即

$$f_y(x_0, y_0) = B.$$

从而 $z = f(x,y)$ 在 $P_0(x_0,y_0)$ 处的全微分 $\mathrm{d}z$ 为

$$\mathrm{d}z = f_x(x_0, y_0)\mathrm{d}x + f_y(x_0, y_0)\mathrm{d}y.$$

定理 1 给出了多元函数在一点可微的必要条件，但这些条件对于保证函数的可微性并不充分，即对多元函数来讲，可偏导不一定可微.

例 2 设 $z = f(x,y) = \begin{cases} \dfrac{xy}{x^2 + y^2}, & x^2 + y^2 \neq 0, \\ 0, & x^2 + y^2 = 0, \end{cases}$ 讨论 $f(x,y)$ 在 $(0,0)$ 处的可微性.

解 在第四节的例 4 中已求得

$$f_x(0,0) = 0, \quad f_y(0,0) = 0,$$

同时由 $f(x,y)$ 的定义，在 $(0,0)$ 处可得

$$\Delta z = f(0 + \Delta x, 0 + \Delta y) - f(0,0) = \frac{\Delta x \Delta y}{(\Delta x)^2 + (\Delta y)^2},$$

$$\frac{\Delta z - \left[f_x(0,0)\Delta x + f_y(0,0)\Delta y \right]}{\rho} = \frac{\Delta x \Delta y}{\left[(\Delta x)^2 + (\Delta y)^2 \right]^{\frac{3}{2}}}.$$

当 $(\Delta x, \Delta y)$ 沿 $\Delta y = k\Delta x (k \neq 0)$ 趋于 $(0,0)$ 时，有

$$\lim_{\substack{\Delta x \to 0 \\ (\Delta y = k\Delta x)}} \frac{\Delta x \Delta y}{\left[(\Delta x)^2 + (\Delta y)^2 \right]^{\frac{3}{2}}} = \lim_{\Delta x \to 0} \frac{k(\Delta x)^2}{(1 + k^2)^{\frac{3}{2}} (\Delta x)^3} = \infty,$$

所以

$$\lim_{\rho\to 0}\frac{\Delta z-\left[f_x(0,0)\Delta x+f_y(0,0)\Delta y\right]}{\rho}$$

不存在,由可微性定义知 $f(x,y)$ 在 $(0,0)$ 处不可微.

在可偏导的前提下,讨论可微性的一般步骤是先求出 $f_x(x_0,y_0)$，$f_y(x_0,y_0)$，然后由极限 $\lim\limits_{\rho\to 0}\dfrac{\Delta z-\left[f_x(x_0,y_0)\Delta x+f_y(x_0,y_0)\Delta y\right]}{\rho}$ 是否趋于零来确定 $\Delta z-\left[f_x(x_0,y_0)\Delta x+f_y(x_0,y_0)\Delta y\right]$ 是否为 $o(\rho)$:若是则可微，且全微分为 $\mathrm{d}z=f_x(x_0,y_0)\Delta x+f_y(x_0,y_0)\Delta y$；若不是 $o(\rho)$, 则 $f(x,y)$ 在 (x_0,y_0) 处不可微.

当然，对例 2 而言，由第三节例 2 可知 $\lim\limits_{(x,y)\to(0,0)}f(x,y)$ 不存在，因此 $f(x,y)$ 在 $(0,0)$ 处不连续.由本节定理 1，即可推知，$f(x,y)$ 在 $(0,0)$ 处不可微.

同时，例 2 表明多元函数在一点处可偏导不能保证在该点处可微.这是多元函数与一元函数的一个不同之处. 由第四节例 5 可知，多元函数在一点处连续也不能保证在该点处可微，但是如果将条件加强为偏导数连续，则函数就必可微了.略去证明，给出以下结论.

定理 2 (可微的充分条件)　函数 $z=f(x,y)$ 在点 $P_0(x_0,y_0)$ 的某邻域内处处可偏导，且偏导数 $f_x(x,y)$ 和 $f_y(x,y)$ 都在 $M_0(x_0,y_0)$ 处连续，则 $z=f(x,y)$ 在点 $P_0(x_0,y_0)$ 可微.

例 3　设 $f(x,y)=\begin{cases}(x^2+y^2)\sin\dfrac{1}{x^2+y^2}, & x^2+y^2\neq 0,\\ 0, & x^2+y^2=0.\end{cases}$

证明　(1) 函数 $f(x,y)$ 在点 $(0,0)$ 的邻域内有偏导数 $f_x(x,y)$，$f_y(x,y)$；

(2) 偏导数 $f_x(x,y)$，$f_y(x,y)$ 在点 $(0,\ 0)$ 处不连续；

(3) 函数 $f(x,y)$ 在点 $(0,0)$ 处可微.

证　(1) 当 $x^2+y^2\neq 0$ 时，有 $f_x(x,y)=2x\sin\dfrac{1}{x^2+y^2}-\dfrac{2x}{x^2+y^2}\cos\dfrac{1}{x^2+y^2}$，

$f_y(x,y)=2y\sin\dfrac{1}{x^2+y^2}-\dfrac{2y}{x^2+y^2}\cos\dfrac{1}{x^2+y^2}$；

当 $x^2+y^2=0$ 时，

$$f_x(0,0)=\lim_{\Delta x\to 0}\frac{f(0+\Delta x,0)-f(0,0)}{\Delta x}=\lim_{\Delta x\to 0}\Delta x\sin\frac{1}{(\Delta x)^2}=0,$$

同理可得 $f_y(0,0)=0$.

所以

$$f_x(x,y)=\begin{cases}2x\sin\dfrac{1}{x^2+y^2}-\dfrac{2x}{x^2+y^2}\cos\dfrac{1}{x^2+y^2}, & x^2+y^2\neq 0,\\ 0, & x^2+y^2=0,\end{cases}$$

$$f_y(x,y)=\begin{cases}2y\sin\dfrac{1}{x^2+y^2}-\dfrac{2y}{x^2+y^2}\cos\dfrac{1}{x^2+y^2}, & x^2+y^2\neq 0,\\ 0, & x^2+y^2=0.\end{cases}$$

(2) 因为 $\lim\limits_{\substack{x\to 0\\ y\to 0}}f_x(x,y)=\lim\limits_{\substack{x\to 0\\ y\to 0}}\left(2x\sin\dfrac{1}{x^2+y^2}-\dfrac{2x}{x^2+y^2}\cos\dfrac{1}{x^2+y^2}\right)$，当点 (x,y) 沿直线 $y=x$ 趋向于点 (0, 0) 时，有

$$\lim_{\substack{x\to 0\\ y=x\to 0}}2x\sin\frac{1}{x^2+y^2}=\lim_{x\to 0}2x\sin\frac{1}{2x^2}=0,$$

$$\lim_{\substack{x\to 0\\ y=x\to 0}}\frac{2x}{x^2+y^2}\cos\frac{1}{x^2+y^2}=\lim_{x\to 0}\frac{1}{x}\cos\frac{1}{2x^2}\ 不存在,$$

所以 $\lim\limits_{\substack{x\to 0\\ y\to 0}}f_x(x,y)$ 不存在，因而 $f_x(x,y)$ 在点 (0, 0) 处不连续.

同理可证，$f_y(x,y)$ 在点 (0, 0) 处不连续.

(3) 因为 $\Delta f=f(0+\Delta x,0+\Delta y)-f(0,0)=[(\Delta x)^2+(\Delta y)^2]\sin\dfrac{1}{(\Delta x)^2+(\Delta y)^2}$，

$$f_x(0,0)=f_y(0,0)=0,$$

$$\lim_{\rho\to 0}\frac{\Delta f-[f_x(x,y)\Delta x+f_y(x,y)\Delta y]}{\rho}=\lim_{\rho\to 0}\frac{[(\Delta x)^2+(\Delta y)^2]\sin\dfrac{1}{(\Delta x)^2+(\Delta y)^2}}{\rho}$$

$$=\lim_{\rho\to 0}\frac{\rho^2\sin\dfrac{1}{\rho^2}}{\rho}=\lim_{\rho\to 0}\rho\sin\frac{1}{\rho^2}=0,$$

所以 $\Delta f=f_x(0,0)\Delta x+f_y(0,0)\Delta y+o(\rho)$，即函数 $f(x,y)$ 在点 (0, 0) 处可微.

归纳以上的讨论，得出以下的关系：

偏导数连续 ⟶ 可微 ⟶ 连续
　　　　　　　　可微 ⟶ 偏导数存在

箭头反向不一定成立.

以上结论可以推广到二元以上的多元函数.例如，如果三元函数

$$u=f(x,y,z)$$

的全微分存在，那么必定有

$$\mathrm{d}u=\frac{\partial u}{\partial x}\mathrm{d}x+\frac{\partial u}{\partial y}\mathrm{d}y+\frac{\partial u}{\partial x}\mathrm{d}z.$$

例 4 求下列各函数的全微分.

(1) $z=\mathrm{e}^{xy}$；

(2) $u = x\arcsin(yz^2)$.

解　(1) $\dfrac{\partial z}{\partial x} = ye^{xy}, \dfrac{\partial z}{\partial y} = xe^{xy}$，且都连续，所以

$$\mathrm{d}z = ye^{xy}\mathrm{d}x + xe^{xy}\mathrm{d}y = e^{xy}(y\mathrm{d}x + x\mathrm{d}y).$$

(2) $\dfrac{\partial u}{\partial x} = \arcsin(yz^2)$，

$$\frac{\partial u}{\partial y} = x\frac{z^2}{\sqrt{1-(yz^2)^2}} = \frac{xz^2}{\sqrt{1-y^2z^4}},$$

$$\frac{\partial u}{\partial z} = x\frac{2yz}{\sqrt{1-(yz^2)^2}} = \frac{2xyz}{\sqrt{1-y^2z^4}}.$$

由于 $\dfrac{\partial u}{\partial x}, \dfrac{\partial u}{\partial y}, \dfrac{\partial u}{\partial z}$ 都连续，所以

$$\mathrm{d}u = \arcsin(yz^2)\mathrm{d}x + \frac{xz^2}{\sqrt{1-y^2z^4}}\mathrm{d}y + \frac{2xyz}{\sqrt{1-y^2z^4}}\mathrm{d}z.$$

例 5　求 $u = xy^2 + yz^2 + zx^2$ 在点(1，−1，1)处的全微分.

解　$\left.\dfrac{\partial u}{\partial x}\right|_{(1,-1,1)} = (y^2 + 2zx)\big|_{(1,-1,1)} = 3$，

$\left.\dfrac{\partial u}{\partial y}\right|_{(1,-1,1)} = (2xy + z^2)\big|_{(1,-1,1)} = -1$，

$\left.\dfrac{\partial u}{\partial z}\right|_{(1,-1,1)} = (2yz + x^2)\big|_{(1,-1,1)} = -1$.

由于偏导数连续，所以全微分存在，且

$$\mathrm{d}u\big|_{(1,-1,1)} = 3\mathrm{d}x - \mathrm{d}y - \mathrm{d}z.$$

与一元函数类似，全微分有以下的运算法则：

(1) $\mathrm{d}[f(x,y) + g(x,y)] = \mathrm{d}f(x,y) + \mathrm{d}g(x,y)$;

(2) $\mathrm{d}[f(x,y)g(x,y)] = g(x,y)\mathrm{d}f(x,y) + f(x,y)\mathrm{d}g(x,y)$;

(3) $\mathrm{d}\left[\dfrac{f(x,y)}{g(x,y)}\right] = \dfrac{g(x,y)\mathrm{d}f(x,y) - f(x,y)\mathrm{d}g(x,y)}{g^2(x,y)}, g(x,y) \neq 0$.

二、全微分在近似计算中的应用

由二元函数的全微分的定义及全微分存在的充分条件可知,当函数 $z = f(x,y)$ 在点 (x,y) 的两个偏导数 $f_x(x,y), f_y(x,y)$ 连续,并且 $|\Delta x|,|\Delta y|$ 较小时,就有近似公式

$$\Delta z \approx \mathrm{d}z = f_x(x,y)\Delta x + f_y(x,y)\Delta y,$$

此公式用于计算函数增量的近似值.上式也可改写为

$$f(x+\Delta x, y+\Delta y) \approx f(x,y) + f_x(x,y)\Delta x + f_y(x,y)\Delta y.$$

此公式用于计算函数值的近似值.

例 6 一圆柱体受压后发生变形，其半径由 20cm 增大到 20.05cm，高度由 100cm 减少到 99cm，求此圆柱体体积变化的近似值.

解 设圆柱体的体积为 $V=\pi R^2 H$, 其改变量为 ΔV,

$$\Delta V \approx \mathrm{d}V=\frac{\partial V}{\partial R}\mathrm{d}R+\frac{\partial V}{\partial H}\mathrm{d}H=2\pi RH\mathrm{d}R+\pi R^2\mathrm{d}H.$$

将 $R=20, \Delta R=0.05, H=100, \Delta H=-1$ 代入上式，即得

$$\begin{aligned}\Delta V \approx \mathrm{d}V &= 2\pi\cdot 20\cdot 100\cdot 0.05+\pi\cdot 20^2\cdot(-1)\\ &=-200\pi\approx -628(\mathrm{cm})^3,\end{aligned}$$

所以，体积约减少了 $628\mathrm{cm}^3$.

例 7 计算 $(1.03)^{1.98}$ 的近似值.

解 选取函数 $z=f(x,y)=x^y$, 令 $x=1, y=2, \Delta x=0.03, \Delta y=-0.02$. 由于

$$f_x(x,y)=yx^{y-1}, \quad f_y(x,y)=x^y\ln x$$

连续，利用近似公式

$$f(x+\Delta x, y+\Delta y)\approx f(x,y)+f_x(x,y)\Delta x+f_y(x,y)\Delta y,$$

得

$$(x+\Delta x)^{y+\Delta y}\approx x^y+yx^{y-1}\Delta x+x^y\ln x\Delta y.$$

将 $x=1, y=2, \Delta x=0.03, \Delta y=-0.02$ 代入上式，得

$$\begin{aligned}(1.03)^{1.98} &\approx 1^2+2\cdot 1^{2-1}\cdot 0.03+1^2\ln 1\cdot(-0.02)\\ &=1+0.06=1.06.\end{aligned}$$

习题 6-5

1. 填空.

(1) $x\mathrm{d}x+y\mathrm{d}y=\mathrm{d}$ ________;　　(2) $y\mathrm{d}x+x\mathrm{d}y=\mathrm{d}$ ________;

(3) $-\dfrac{\ln y}{x^2}\mathrm{d}x+\dfrac{1}{xy}\mathrm{d}y=\mathrm{d}$ ________;　　(4) $\cos(x+y)(\mathrm{d}x+\mathrm{d}y)=\mathrm{d}$ ________.

2. 求下列函数的全微分.

(1) $z=\dfrac{\cos x}{y^2}$;　　(2) $z=x^2\ln(x^2+y^2)$;

(3) $u=x\ln\dfrac{y}{z}$;　　(4) $u=\ln(x^2+y^2+z^2)$.

3. 求下列函数在指定点的全微分.

(1) $z=\dfrac{y}{\sqrt{x^2+y^2}}$, 在 $(1,0)$ 处;

(2) $u=x_1^2+x_2^2+\cdots+x_n^2$, 在 $\left(\dfrac{1}{n},\dfrac{1}{n},\cdots,\dfrac{1}{n}\right)$ 处.

4. 若函数 $z=\dfrac{y}{x}$,

(1)求 $\mathrm{d}z$；

(2)当 $x=2,y=1$ 时，求 $\mathrm{d}z$；

(3)当 $x=2,y=1$，$\Delta x=0.04,\Delta y=-0.2$ $x=2,y=1$ 时，求 Δz 和 $\mathrm{d}z$.

5. 设 $f(x,y)=\begin{cases}\dfrac{xy}{\sqrt{x^2+y^2}}, & x^2+y^2\neq 0\\ 0, & x^2+y^2=0\end{cases}$，讨论 $f(x,y)$ 在 $(0,0)$ 是否可微?

6. 利用全微分求 $\sqrt{1.02^2+2.97^2}$ 近似值.

7. 已知边长为 $x=6\mathrm{m}$ 与 $y=8\mathrm{m}$ 的矩形，当 x 边增加 5cm 而 y 边减少 10cm 时，求这个矩形的对角线长度变化的近似值.

第六节　多元复合函数和隐函数微分法

一、复合函数微分法

我们已学习过一元函数的复合函数求导法则:如果函数 $y=f(u)$ 对 u 可导，$u=\phi(x)$ 对 x 可导，则

$$\frac{\mathrm{d}y}{\mathrm{d}x}=\frac{\mathrm{d}y}{\mathrm{d}u}\cdot\frac{\mathrm{d}u}{\mathrm{d}x}=f'(u)\cdot\varphi'(x).$$

我们称其为链式法则，可以表示为

$$y\to u\to x.$$

多元函数求导问题复杂一些，我们从一种特殊情况开始讨论.

定理 1　设一元函数 $u=\varphi(x)$ 和 $v=\psi(x)$ 在 x 处均可导，二元函数 $z=f(u,v)$ 在 x 的对应点 (u,v) 处可微，则复合函数 $z=f[\varphi(x),\psi(x)]$ 在点 x 处可导，且

$$\frac{\mathrm{d}z}{\mathrm{d}x}=\frac{\partial z}{\partial u}\cdot\frac{\mathrm{d}u}{\mathrm{d}x}+\frac{\partial z}{\partial v}\cdot\frac{\mathrm{d}v}{\mathrm{d}x}.$$

证　当 x 有增量 Δx，则 u,v 有相应的增量 Δu，Δv，从而 $z=f(u,v)$ 有全增量

$$\Delta z=f(u+\Delta u,v+\Delta v)-f(u,v).$$

因为 $z=f(u,v)$ 在点 (u,v) 处可微，则

$$\Delta z=\frac{\partial z}{\partial u}\Delta u+\frac{\partial z}{\partial v}\Delta v+o(\rho),\qquad 其中\ \rho=\sqrt{(\Delta u)^2+(\Delta v)^2}.$$

两边同除以 Δx，得

$$\frac{\Delta z}{\Delta x}=\frac{\partial z}{\partial u}\frac{\Delta u}{\Delta x}+\frac{\partial z}{\partial v}\frac{\Delta v}{\Delta x}+\frac{o(\rho)}{\Delta x}.$$

由于 $u=\varphi(x)$ 和 $v=\psi(x)$ 在 x 处均可导，所以 u 和 v 在 x 处都连续，于是

$$\frac{\rho}{\Delta x}=\sqrt{\left(\frac{\Delta u}{\Delta x}\right)^2+\left(\frac{\Delta v}{\Delta x}\right)^2}\to\sqrt{\left(\frac{\mathrm{d}u}{\mathrm{d}x}\right)^2+\left(\frac{\mathrm{d}v}{\mathrm{d}x}\right)^2},$$

所以

$$\lim_{\Delta x\to 0}\frac{o(\rho)}{\Delta x}=0,$$

得到

$$\begin{aligned}\lim_{\Delta x\to 0}\frac{\Delta z}{\Delta x}&=\lim_{\Delta x\to 0}\left[\frac{\partial z}{\partial u}\frac{\Delta u}{\Delta x}+\frac{\partial z}{\partial v}\frac{\Delta v}{\Delta x}+\frac{o(\rho)}{\Delta x}\right]\\&=\frac{\partial z}{\partial u}\cdot\lim_{\Delta x\to 0}\frac{\Delta u}{\Delta x}+\frac{\partial z}{\partial v}\cdot\lim_{\Delta x\to 0}\frac{\Delta v}{\Delta x}+\lim_{\Delta x\to 0}\frac{o(\rho)}{\Delta x}\\&=\frac{\partial z}{\partial u}\cdot\frac{\mathrm{d}u}{\mathrm{d}x}+\frac{\partial z}{\partial v}\cdot\frac{\mathrm{d}v}{\mathrm{d}x}.\end{aligned}$$

该公式称为**全导数公式**，也可表示为

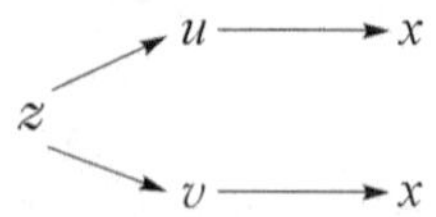

它具有两重含义：第一，表明了函数的复合情况，即 z 是 u,v 的函数，而 u,v 又分别是 t 的函数；第二，由 z 出发顺着箭头通过中间变量到达 x 的链有两条，这表示 z 对 x 的导数是两项之和，而每一条链展示一项，它是函数对该中间变量的偏导数与中间变量对自变量导数的乘积.例如，$\alpha\to u\to x$ 表示 $\frac{\partial z}{\partial u}$ 与 $\frac{\mathrm{d}u}{\mathrm{d}x}$ 的乘积.在复合函数求导时，画出复合函数的链导图，对初学者来说，可使求导过程更直观.

例 1　设 $z=u^v$，$u=\sin 2x$，$v=\sqrt{x-1}$，求全导数 $\frac{\mathrm{d}z}{\mathrm{d}x}$.

解　$$\begin{aligned}\frac{\mathrm{d}z}{\mathrm{d}x}&=\frac{\partial z}{\partial u}\cdot\frac{\mathrm{d}u}{\mathrm{d}x}+\frac{\partial z}{\partial v}\cdot\frac{\mathrm{d}v}{\mathrm{d}x}\\&=v\cdot u^{v-1}\cdot 2\cos 2x+u^v\cdot\ln u\cdot\frac{1}{2\sqrt{x-1}}\\&=\sqrt{x-1}\cdot(\sin 2x)^{\sqrt{x-1}-1}\cdot 2\cos 2x+(\sin 2x)^{\sqrt{x-1}}\cdot\ln(\sin 2x)\cdot\frac{1}{2\sqrt{x-1}}.\end{aligned}$$

上述全导数公式可以推广，当 $z=f(u,v,w)$，$u=u(x),v=v(x),w=w(x)$ 时，根据链式法则可以得到

$$\frac{\mathrm{d}z}{\mathrm{d}x}=\frac{\partial z}{\partial u}\cdot\frac{\mathrm{d}u}{\mathrm{d}x}+\frac{\partial z}{\partial v}\cdot\frac{\mathrm{d}v}{\mathrm{d}x}+\frac{\partial z}{\partial w}\cdot\frac{\mathrm{d}w}{\mathrm{d}x}.$$

更多的中间变量也可以依次类推.

例 2　设 $z=f(x^2,\ln x,\cos 3x)$，f 可微，求 $\frac{\mathrm{d}z}{\mathrm{d}x}$.

解　设 $u=x^2$，$v=\ln x$，$w=\cos 3x$，则

$$\frac{\mathrm{d}z}{\mathrm{d}x}=\frac{\partial z}{\partial u}\cdot\frac{\mathrm{d}u}{\mathrm{d}x}+\frac{\partial z}{\partial v}\cdot\frac{\mathrm{d}v}{\mathrm{d}x}+\frac{\partial z}{\partial w}\cdot\frac{\mathrm{d}w}{\mathrm{d}x}$$
$$=f_u\cdot 2x+f_v\cdot\frac{1}{x}+f_w\cdot(-3\sin 3x)$$
$$=2xf_1+\frac{1}{x}f_2-3\sin 3xf_3.$$

一般地，常用 f_i 表示 z 对第 i $(i=1,2,\cdots)$ 个中间变量的偏导数，有了这种记法，就不一定要明显写出中间变量 u,v,w 了.

定理 2　设 $u=u(x,y),v=v(x,y)$ 在点 (x,y) 处可偏导，而 $z=f(u,v)$ 在相应点 (u,v) 处可微，则复合函数 $z=f[u(x,y),v(x,y)]$ 存在偏导数，且有

$$\frac{\partial z}{\partial x}=\frac{\partial z}{\partial u}\frac{\partial u}{\partial x}+\frac{\partial z}{\partial v}\frac{\partial v}{\partial x}, \tag{1}$$
$$\frac{\partial z}{\partial y}=\frac{\partial z}{\partial u}\frac{\partial u}{\partial y}+\frac{\partial z}{\partial v}\frac{\partial v}{\partial y}. \tag{2}$$

这种复合函数的偏导数的求法与全导数的情况类似，只要注意到在对一个自变量求偏导时，将其他自变量都视为常数即可.这也可表示为

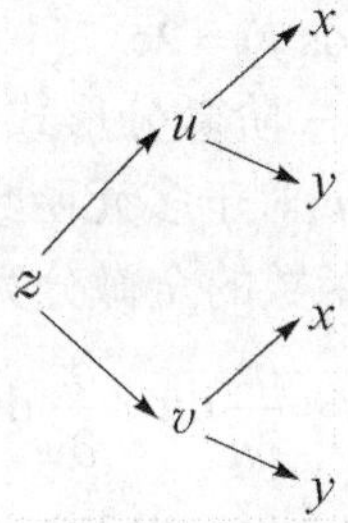

其意义与全导数情形一致，如 z 到 x 的链有两条，即 $\frac{\partial z}{\partial x}$ 为两项之和，$z\to u\to x$ 表示 $\frac{\partial z}{\partial u}\frac{\partial u}{\partial x}$，$z\to v\to x$ 表示 $\frac{\partial z}{\partial v}\frac{\partial v}{\partial x}$，因此 $\frac{\partial z}{\partial x}=\frac{\partial z}{\partial u}\frac{\partial u}{\partial x}+\frac{\partial z}{\partial v}\frac{\partial v}{\partial x}$.上述公式也称为复合函数偏导数的链式法则.

例 3　已知 $z=\mathrm{e}^u\sin v, u=xy, v=x+y$, 求 $\frac{\partial z}{\partial x},\frac{\partial z}{\partial y}$.

解　由复合函数偏导数的链式法则(1)、(2)，有

$$\frac{\partial z}{\partial x}=\frac{\partial z}{\partial u}\frac{\partial u}{\partial x}+\frac{\partial z}{\partial v}\frac{\partial v}{\partial x}$$
$$=\mathrm{e}^u\sin v\cdot y+\mathrm{e}^u\cos v\cdot 1=\mathrm{e}^{xy}\left[y\sin(x+y)+\cos(x+y)\right],$$
$$\frac{\partial z}{\partial y}=\frac{\partial z}{\partial u}\frac{\partial u}{\partial y}+\frac{\partial z}{\partial v}\frac{\partial v}{\partial y}$$
$$=\mathrm{e}^u\sin v\cdot x+\mathrm{e}^u\cos v\cdot 1=\mathrm{e}^{xy}\left[x\sin(x+y)+\cos(x+y)\right].$$

定理 2 中得到的公式同样可以推广，中间变量可以超过两个，自变量也可以不止两个，只要根据链式法则就能列出公式.

例 4 设 $u=f(2x-yz,xz+2y)$，f 可微，求 $\dfrac{\partial u}{\partial x}$，$\dfrac{\partial u}{\partial y}$，$\dfrac{\partial u}{\partial z}$.

解 $\dfrac{\partial u}{\partial x}=2f_1+zf_2$，

$\dfrac{\partial u}{\partial y}=-zf_1+2f_2$，

$\dfrac{\partial u}{\partial z}=-yf_1+xf_2$.

例 5 设 $u=f(x,y,z)=\mathrm{e}^{x^2+y^2+z^2}$，$z=x^2\sin y$，求 $\dfrac{\partial u}{\partial x}$ 和 $\dfrac{\partial u}{\partial y}$.

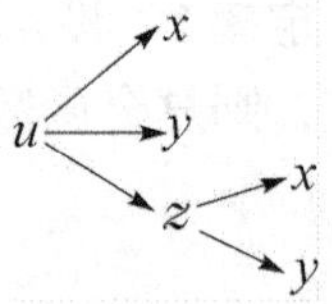

解 函数的复合关系表示为 $\dfrac{\partial u}{\partial x}=\dfrac{\partial f}{\partial x}+\dfrac{\partial f}{\partial z}\cdot\dfrac{\partial z}{\partial x}$

$$=2x\mathrm{e}^{x^2+y^2+z^2}+2z\mathrm{e}^{x^2+y^2+z^2}\cdot 2x\sin y$$

$$=2x\mathrm{e}^{x^2+y^2+z^2}(1+2z\sin y)=2x\mathrm{e}^{x^2+y^2+x^4\sin^2 y}(1+2x^2\sin^2 y).$$

$$\frac{\partial u}{\partial y}=\frac{\partial f}{\partial y}+\frac{\partial f}{\partial z}\cdot\frac{\partial z}{\partial y}=2y\mathrm{e}^{x^2+y^2+z^2}+2z\mathrm{e}^{x^2+y^2+z^2}\cdot x^2\cos y$$

$$=2\mathrm{e}^{x^2+y^2+z^2}(y+zx^2\cos y)=2\mathrm{e}^{x^2+y^2+x^4\sin^2 y}(y+x^4\sin y\cos y).$$

我们知道，一元函数的微分具有一阶微分形式的不变性，即不论 u 是自变量还是中间变量，对 $y=f(u)$ 都有 $\mathrm{d}y=f'(u)\mathrm{d}u$.对于多元函数的全微分，可以证明也有类似性质.

事实上，若设 $z=f(u,v)$，则此函数的全微分为

$$\mathrm{d}z=\frac{\partial z}{\partial u}\mathrm{d}u+\frac{\partial z}{\partial v}\mathrm{d}v.$$

如果 u,v 又是 x,y 的可微函数：$u=u(x,y),v=v(x,y)$，复合函数 $z=f[u(x,y),v(x,y)]$ 的全微分为

$$\mathrm{d}z=\frac{\partial z}{\partial x}\mathrm{d}x+\frac{\partial z}{\partial y}\mathrm{d}y.$$

由于

$$\frac{\partial z}{\partial x}=\frac{\partial z}{\partial u}\frac{\partial u}{\partial x}+\frac{\partial z}{\partial v}\frac{\partial v}{\partial x},$$

$$\frac{\partial z}{\partial y}=\frac{\partial z}{\partial u}\frac{\partial u}{\partial y}+\frac{\partial z}{\partial v}\frac{\partial v}{\partial y},$$

故

$$\mathrm{d}z=\left(\frac{\partial z}{\partial u}\frac{\partial u}{\partial x}+\frac{\partial z}{\partial v}\frac{\partial v}{\partial x}\right)\mathrm{d}x+\left(\frac{\partial z}{\partial u}\frac{\partial u}{\partial y}+\frac{\partial z}{\partial v}\frac{\partial v}{\partial y}\right)\mathrm{d}y$$

$$=\frac{\partial z}{\partial u}\left(\frac{\partial u}{\partial x}\mathrm{d}x+\frac{\partial u}{\partial y}\mathrm{d}y\right)+\frac{\partial z}{\partial v}\left(\frac{\partial v}{\partial x}\mathrm{d}x+\frac{\partial v}{\partial y}\mathrm{d}y\right)$$

$$=\frac{\partial z}{\partial u}\mathrm{d}u+\frac{\partial z}{\partial v}\mathrm{d}v.$$

由此可见，无论 z 是自变量 x,y 的函数或中间变量 u,v 的函数，它的全微分形式是一样的，这个性质称为**全微分形式的不变性**.

利用全微分形式的不变性，可得求复合函数偏导数的另一途径.

例 6　设 $u=f(x,y,t),x=\varphi(s,t)$，$y=\psi(s,t)$，假设 f,φ,ψ 满足运算所需条件. 求 $\dfrac{\partial u}{\partial t},\dfrac{\partial u}{\partial s}$.

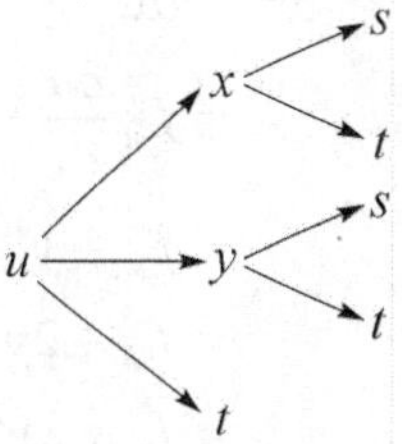

解　方法 1　函数的复合关系可表示为

$$\frac{\partial u}{\partial t}=f_1\frac{\partial \varphi}{\partial t}+f_2\frac{\partial \psi}{\partial t}+f_3=f_1\varphi_2+f_2\psi_2+f_3,$$

$$\frac{\partial u}{\partial s}=f_1\frac{\partial \varphi}{\partial s}+f_2\frac{\partial \varphi}{\partial s}=f_1\varphi_1+f_2\psi_1.$$

注意 $\dfrac{\partial u}{\partial t}$ 与 $\dfrac{\partial f}{\partial t}$ 的不同含义，我们规定：$\dfrac{\partial u}{\partial t}$ 表示 $u=f[\varphi(s,t),\psi(s,t),t]$ 对 t 求偏导数，即将 t 当作自变量；$\dfrac{\partial f}{\partial t}$ 表示 $u=f(x,y,t)$ 对 t 求偏导数，即将 t 看作中间变量.

方法 2　由全微分形式的不变性

$$\begin{aligned}\mathrm{d}u&=f_1\mathrm{d}x+f_2\mathrm{d}y+f_3\mathrm{d}t\\&=f_1(\varphi_1\mathrm{d}s+\varphi_2\mathrm{d}t)+f_2(\psi_1\mathrm{d}s+\psi_2\mathrm{d}t)+f_3\mathrm{d}t\\&=(f_1\varphi_2+f_2\psi_2+f_3)\mathrm{d}t+(f_1\varphi_1+f_2\psi_1)\mathrm{d}s\\&=\frac{\partial u}{\partial t}\mathrm{d}t+\frac{\partial u}{\partial s}\mathrm{d}s,\end{aligned}$$

从而

$$\frac{\partial u}{\partial t}=f_1\varphi_2+f_2\psi_2+f_3,$$

$$\frac{\partial u}{\partial s}=f_1\varphi_1+f_2\psi_1.$$

例 7　设 $z=xyf(x\sin y,y-3x)$，f 可微，求 $\mathrm{d}z$.

解　先求出 $\dfrac{\partial z}{\partial x},\dfrac{\partial z}{\partial y}$，但这不是一个纯粹的复合函数，最外层的运算是乘法.

$$\frac{\partial z}{\partial x}=y\cdot f+xy(f_1\cdot\sin y-3f_2),$$

$$\frac{\partial z}{\partial y}=x\cdot f+xy(x\cos y\cdot f_1+f_2).$$

由于 $\dfrac{\partial z}{\partial x}$，$\dfrac{\partial z}{\partial y}$ 都连续，所以

$$\mathrm{d}z=\left[y\cdot f+xy(f_1\cdot\sin y-3f_2)\right]\mathrm{d}x+\left[x\cdot f+xy(x\cos y\cdot f_1+f_2)\right]\mathrm{d}y.$$

例 8　设 $z=f(x-y,\ xy^2)$，f 有二阶连续偏导数，求 $\dfrac{\partial z}{\partial x}$，$\dfrac{\partial^2 z}{\partial x^2}$，$\dfrac{\partial^2 z}{\partial x\partial y}$.

解 设$u=x-y$，$v=xy^2$，则$z=f(u,v)$,

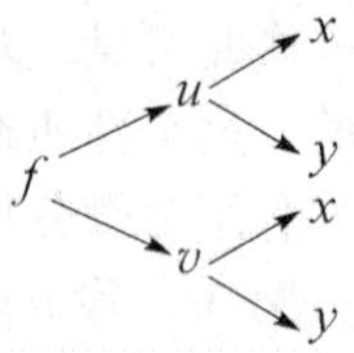

$$\frac{\partial z}{\partial x}=f_u\frac{\partial u}{\partial x}+f_v\frac{\partial v}{\partial x}=f_u+y^2f_v,$$

$$\frac{\partial^2 z}{\partial x^2}=\frac{\partial}{\partial x}(f_u+y^2f_v)=\frac{\partial f_u}{\partial x}+y^2\frac{\partial f_v}{\partial x}$$

$$=f_{uu}\frac{\partial u}{\partial x}+f_{uv}\frac{\partial v}{\partial x}+y^2\left(f_{vu}\frac{\partial u}{\partial x}+f_{vv}\frac{\partial v}{\partial x}\right)$$

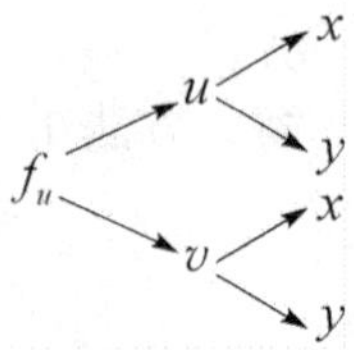

$$=f_{uu}+y^2f_{uv}+y^2(f_{vu}+y^2f_{vv})$$

$$=f_{uu}+2y^2f_{uv}+y^4f_{vv}$$

$$=f_{11}+2y^2f_{12}+y^4f_{22},$$

$$\frac{\partial^2 z}{\partial x\partial y}=\frac{\partial}{\partial y}(f_u+y^2f_v)=\frac{\partial f_u}{\partial y}+y^2\frac{\partial f_v}{\partial y}+2yf_v$$

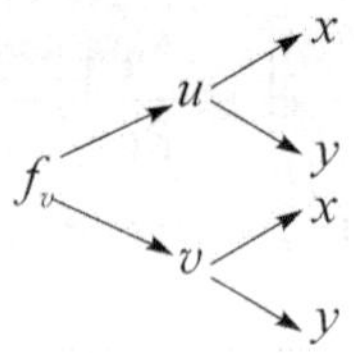

$$=f_{uu}\frac{\partial u}{\partial y}+f_{uv}\frac{\partial v}{\partial y}+y^2\left[f_{vu}\frac{\partial u}{\partial y}+f_{vv}\frac{\partial v}{\partial y}\right]+2yf_v$$

$$=-f_{uu}+f_{uv}\cdot 2xy+y^2[f_{uv}(-1)+f_{vv}\cdot 2xy]+2yf_v$$

$$=-f_{uu}+(2xy-y^2)f_{uv}+2xy^3f_{vv}+2yf_v$$

$$=-f_{11}+(2xy-y^2)f_{12}+2xy^3f_{22}+2yf_2.$$

其中由于f具有二阶连续偏导数，所以$f_{12}=f_{21}$.

因为抽象符号f_u、f_v（应写成$f_u(u,v),f_v(u,v)$）仍具有f的复合结构，即f是以u、v为中间变量，以x,y为自变量的函数，则f_1、f_2仍是以u、v为中间变量，以x、y为自变量的函数.

例 9 设函数$z=f\left(xy,\dfrac{x}{y}\right)+g\left(\dfrac{y}{x}\right)$，其中$f$具有二阶连续偏导数，$g$具有二阶连续导数，求$\dfrac{\partial^2 z}{\partial x\partial y}$.

解 $\dfrac{\partial z}{\partial x}=y\cdot f_1+\dfrac{1}{y}f_2-\dfrac{y}{x^2}g'$,

$$\frac{\partial z}{\partial y}=x\cdot f_1-\frac{x}{y^2}f_2+\frac{1}{x}g',$$

$$\frac{\partial^2 z}{\partial x\partial y}=f_1+y\left(x\cdot f_{11}-\frac{x}{y^2}f_{12}\right)-\frac{1}{y^2}\cdot f_2+\frac{1}{y}\left(x\cdot f_{21}-\frac{x}{y^2}f_{22}\right)-\frac{1}{x^2}\cdot g'-\frac{y}{x^3}\cdot g''$$

$$=f_1+xy\cdot f_{11}-\frac{1}{y^2}\cdot f_2-\frac{x}{y^3}f_{22}-\frac{1}{x^2}\cdot g'-\frac{y}{x^3}\cdot g''.$$

二、隐函数微分法

在上册中已经提出了隐函数的概念，即函数$y=f(x)$由方程

$$F(x,y)=0$$

确定，假设$F(x,y)$偏导数连续，在等式$F(x,f(x))\equiv 0$的两边对x求导，利用链式法则得

$$F_x+F_y\frac{\mathrm{d}y}{\mathrm{d}x}=0.$$

由于F_y连续，且$F_y(x_0,y_0)\neq 0$，所以存在点$M_0(x_0,y_0)$的某邻域,在该邻域内,$F_y\neq 0$.于是有

$$\frac{\mathrm{d}y}{\mathrm{d}x}=-\frac{F_x}{F_y}.$$

得到以下定理.

定理 3（隐函数存在定理 1）　设函数$F(x,y)$在点$M_0(x_0,y_0)$的某一邻域内具有连续的偏导数$F_x(x,y)$，$F_y(x,y)$，且

$$F(x_0,y_0)=0,\quad F_y(x_0,y_0)\neq 0,$$

则由方程$F(x,y)=0$,可在点$M_0(x_0,y_0)$的某一邻域内唯一确定一个可导且具有连续导数的函数$y=f(x)$,它满足条件$y_0=f(x_0)$,且有

$$\frac{\mathrm{d}y}{\mathrm{d}x}=-\frac{F_x}{F_y}. \tag{3}$$

证明从略.

上述公式称为**隐函数求导公式**.它与上册中介绍的求导方法不同，这里的F是关于x、y的二元函数，所以计算F_x时将y当作常数；同时，计算F_y时将x当作常数.

例 10　求由方程$x^2+y^2-1=0$所确定的隐函数$y=f(x)$的一阶与二阶导数.

解　设$F(x,y)=x^2+y^2-1$,则$F_x=2x,F_y=2y$,由公式(3)得

$$\frac{\mathrm{d}y}{\mathrm{d}x}=-\frac{x}{y}.$$

注意上式中y是x的函数，再次对x求导得

$$\begin{aligned}\frac{\mathrm{d}^2y}{\mathrm{d}x^2}&=-\frac{y-xy'}{y^2}=-\frac{y-x\left(-\dfrac{x}{y}\right)}{y^2}\\&=-\frac{y^2+x^2}{y^3}=-\frac{1}{y^3}.\end{aligned}$$

定理 3 可以推广到多个变量的情形，当二元函数$z=z(x,y)$由方程$F(x,y,z)=0$确定时，有如下定理：

定理 4（隐函数存在定理 2）　设函数$F(x,y,z)$在点$M_0(x_0,y_0,z_0)$的某一邻域内具有连续的偏导数F_x,F_y,F_z，且

$$F(x_0,y_0,z_0)=0,\quad F_z(x_0,y_0,z_0)\neq 0,$$

则方程$F(x,y,z)=0$在点$M_0(x_0,y_0,z_0)$的某一邻域内能唯一确定一个具有连续偏导数的函数$z=z(x,y)$,它满足条件$z_0=z(x_0,y_0)$，且有

$$\frac{\partial z}{\partial x}=-\frac{F_x}{F_z}, \quad \frac{\partial z}{\partial y}=-\frac{F_y}{F_z}.$$

类似地，定理 4 可推广到由 $n+1$ 元方程 $F(x_1,x_2,\cdots,x_n,u)=0$,确定 n 元隐函数 $u=f(x_1,x_2,\cdots,x_n)$ 的存在性与求偏导数的公式

$$\frac{\partial u}{\partial x_i}=-\frac{F_{x_i}}{F_u} \quad (i=1,2,\cdots,n).$$

例 11 设 $z=z(x,y)$ 是由方程 $ze^z=xe^x+ye^y$ 确定的隐函数，求 $\frac{\partial z}{\partial x}$， $\frac{\partial z}{\partial y}$.

解 设 $F(x,y,z)=xe^x+ye^y-ze^z$,

$$F_x=(1+x)e^x, \quad F_y=(1+y)e^y, \quad F_z=-(1+z)e^z,$$

$$\frac{\partial z}{\partial x}=-\frac{F_x}{F_z}=\frac{(1+x)e^x}{(1+z)e^z}, \quad \frac{\partial z}{\partial y}=-\frac{F_y}{F_z}=\frac{(1+y)e^y}{(1+z)e^z}.$$

由方程 $F(x,y,z)=0$ 所确定的二元隐函数 $z=z(x,y)$ 的偏导数 $\frac{\partial z}{\partial x}$ 、 $\frac{\partial z}{\partial y}$ 有多种求法,除了利用隐函数求偏导公式外,还可直接用复合函数求偏导的方法.在方程 $ze^z=xe^x+ye^y$ 两边对 x 求偏导数得

$$\frac{\partial z}{\partial x}e^z+ze^z\frac{\partial z}{\partial x}=e^x+xe^x,$$

即

$$(1+z)e^z\frac{\partial z}{\partial x}=(1+x)e^x,$$

于是

$$\frac{\partial z}{\partial x}=\frac{(1+x)e^x}{(1+z)e^z}.$$

此外,利用全微分形式不变性求隐函数的偏导数也是常用的方法,在方程 $ze^z=xe^x+ye^y$ 两边求全微分得

$$(1+z)e^z dz=(1+x)e^x dx+(1+y)e^y dy,$$

于是

$$dz=\frac{(1+x)e^x}{(1+z)e^z}dx+\frac{(1+y)e^y}{(1+z)e^z}dy,$$

由一阶全微分形式的不变性得

$$\frac{\partial z}{\partial x}=\frac{(1+x)e^x}{(1+z)e^z}.$$

例 12 设 $z=z(x,y)$ 是由方程 $F(xy,z-2x)=0$ 确定的隐函数,其中 F 具有一阶连续偏导数，求 $x\frac{\partial z}{\partial x}-y\frac{\partial z}{\partial y}$.

解　对方程两边求全微分

$$F_1\cdot \mathrm{d}(xy)+F_2\cdot \mathrm{d}(z-2x)=0,$$

整理得

$$F_1\cdot(x\mathrm{d}y+y\mathrm{d}x)+F_2\cdot(\mathrm{d}z-2\mathrm{d}x)=0.$$

从中解出

$$\mathrm{d}z=-\frac{yF_1-2F_2}{F_2}\mathrm{d}x-\frac{xF_1}{F_2}\mathrm{d}y.$$

所以有

$$\frac{\partial z}{\partial x}=-\frac{yF_1-2F_2}{F_2},\quad \frac{\partial z}{\partial y}=-\frac{xF_1}{F_2},$$

则

$$x\frac{\partial z}{\partial x}-y\frac{\partial z}{\partial y}=-\frac{yF_1-2F_2}{F_2}x+\frac{xF_1}{F_2}y=2x.$$

例 13　设函数 $u=f(x,y,z)$ 有连续的一阶偏导数，又函数 $y=y(x)$ 和 $z=z(x)$ 分别由 $\mathrm{e}^{xy}-xy=2$ 和 $\mathrm{e}^x=\int_0^{x-z}\frac{\sin t}{t}\mathrm{d}t$ 确定，求 $\frac{\mathrm{d}u}{\mathrm{d}x}$.

解　设 $F(x,y)=\mathrm{e}^{xy}-xy-2$, $G(x,z)=\mathrm{e}^x-\int_0^{x-z}\frac{\sin t}{t}\mathrm{d}t$,于是有

$$F_x=y\mathrm{e}^{xy}-y=y(\mathrm{e}^{xy}-1),\quad G_x=\mathrm{e}^x-\frac{\sin(x-z)}{x-z},$$

$$F_y=x\mathrm{e}^{xy}-x=x(\mathrm{e}^{xy}-1),\quad G_z=\frac{\sin(x-z)}{x-z}.$$

得到

$$\frac{\mathrm{d}y}{\mathrm{d}x}=-\frac{F_x}{F_y}=-\frac{y(\mathrm{e}^{xy}-1)}{x(\mathrm{e}^{xy}-1)}=-\frac{y}{x},\quad \frac{\mathrm{d}z}{\mathrm{d}x}=-\frac{G_x}{G_z}=1-\frac{(x-z)\mathrm{e}^x}{\sin(x-z)},$$

所以

$$\begin{aligned}\frac{\mathrm{d}u}{\mathrm{d}x}&=f_1+f_2\cdot\frac{\mathrm{d}y}{\mathrm{d}x}+f_3\cdot\frac{\mathrm{d}z}{\mathrm{d}x}\\&=f_1-\frac{y}{x}f_2+\left[1-\frac{(x-z)\mathrm{e}^x}{\sin(x-z)}\right]f_3.\end{aligned}$$

隐函数不仅产生于单个方程，也可以产生于方程组之中，对方程组情形下确定的隐函数的求导(或求偏导)方法，这里仅举例说明.

例 14　设 $y=y(x),z=z(x)$ 由方程组

$$\begin{cases}x^2+y^2-z=0,\\x^2+2y^2+3z^2=20\end{cases}$$

确定，求 $\frac{\mathrm{d}y}{\mathrm{d}x},\frac{\mathrm{d}z}{\mathrm{d}x}$.

解 将方程组两边全微分

$$\begin{cases}2x\mathrm{d}x+2y\mathrm{d}y-\mathrm{d}z=0,\\ x\mathrm{d}x+2y\mathrm{d}y+3z\mathrm{d}z=0\end{cases}$$

分别消去 $\mathrm{d}y$ 和 $\mathrm{d}x$，得

$$x\mathrm{d}x-(1+3z)\mathrm{d}z=0 \quad 和 \quad (6xz+x)\mathrm{d}x+2y(3z+1)\mathrm{d}y=0,$$

所以有

$$\frac{\mathrm{d}y}{\mathrm{d}x}=-\frac{x(6z+1)}{2y(3z+1)},\quad \frac{\mathrm{d}z}{\mathrm{d}x}=\frac{x}{3z+1}.$$

本例也可以求出 $\frac{\mathrm{d}x}{\mathrm{d}z},\frac{\mathrm{d}y}{\mathrm{d}z}$.

例 15 设 $u=u(x,y),v=v(x,y)$ 由方程组

$$\begin{cases}xu-yv=0,\\ yu+xv=1\end{cases}$$

所确定，求 $\frac{\partial u}{\partial x},\frac{\partial u}{\partial y},\frac{\partial v}{\partial x},\frac{\partial v}{\partial y}$.

解 将方程组两边对 x 求偏导数，得

$$\begin{cases}u+x\frac{\partial u}{\partial x}-y\frac{\partial v}{\partial x}=0,\\ y\frac{\partial u}{\partial x}+v+x\frac{\partial v}{\partial x}=0,\end{cases}$$

即

$$\begin{cases}x\frac{\partial u}{\partial x}-y\frac{\partial v}{\partial x}=-u,\\ y\frac{\partial u}{\partial x}+x\frac{\partial v}{\partial x}=-v,\end{cases}$$

由此解出 $\frac{\partial u}{\partial x}$、$\frac{\partial v}{\partial x}$，得

$$\frac{\partial u}{\partial x}=-\frac{xu+yv}{x^2+y^2},\quad \frac{\partial v}{\partial x}=\frac{yu-xv}{x^2+y^2}.$$

用类似方法可求得

$$\frac{\partial u}{\partial y}=\frac{xv-yu}{x^2+y^2},\quad \frac{\partial v}{\partial y}=-\frac{xu+yv}{x^2+y^2}.$$

例 16 设二元函数 $z=z(x,y)$ 由方程 $x^2+y^2+z^2-4z=0$ 确定，求 $\frac{\partial^2 z}{\partial x\partial y}$.

解 设 $F=x^2+y^2+z^2-4z$, 因为

$$F_x = 2x,\quad F_y = 2y,\quad F_z = 2z-4,$$

所以

$$\frac{\partial z}{\partial x} = -\frac{2x}{2z-4} = \frac{x}{2-z},\quad \frac{\partial z}{\partial y} = -\frac{2y}{2z-4} = \frac{y}{2-z},$$

$$\frac{\partial^2 z}{\partial x \partial y} = \frac{\partial}{\partial y}\left(\frac{\partial z}{\partial x}\right) = \frac{x}{(2-z)^2}\cdot\frac{\partial z}{\partial y} = \frac{xy}{(2-z)^3}.$$

习题 6-6

1. 求下列函数的全导数.

(1) $z=\dfrac{x}{y}, x=\sin 2t, y=\mathrm{e}^{-3t}$；

(2) $z=\mathrm{e}^x-2y, x=\sin t, y=t^3$.

2. 求下列复合函数的一阶偏导数.

(1) $z=u^2v-uv^2, u=x\cos y, v=x\sin y$；

(2) $z=(2x+y)^{2x+y}$；

(3) $z=f(x^2-y^2,\mathrm{e}^{xy})$ (其中 f 可微)；

(4) $u=f(xy,y-z,z-2x)$ (其中 f 可微)；

(5) $z=xyf\left(\dfrac{x}{y},\dfrac{y}{x}\right)$ (其中 f 可微).

3. 验证下列各式.

(1)若 $z=\varphi(x^2+y^2)$，则 $y\dfrac{\partial z}{\partial x}-x\dfrac{\partial z}{\partial y}=0$；

(2)若 $z=F\left(\dfrac{y}{x}\right)$，则 $x\dfrac{\partial z}{\partial x}+y\dfrac{\partial z}{\partial y}=0$；

(3)若 $z=\dfrac{y^2}{3x}+\varphi(xy)$，则 $x^2\dfrac{\partial z}{\partial x}-xy\dfrac{\partial z}{\partial y}+y^2=0$；

(4)若 $y=\varphi(x+at)+\psi(x-at)$，则 $\dfrac{\partial^2 y}{\partial t^2}=a^2\dfrac{\partial^2 y}{\partial x^2}$；

(5)设 $z=xy+xF(u)$，而 $u=\dfrac{y}{x}$，$F(u)$ 为可导函数，则 $x\dfrac{\partial z}{\partial x}+y\dfrac{\partial z}{\partial y}=z+xy$.

4. 一个圆锥体，如果它的高以10cm/s 的速率减少，底半径以5cm/s 的速率增加，试求当高为100cm、底半径为50cm 时，其体积的变化率.

5. 设函数 $z=\dfrac{y^2}{2x}+\varphi(xy)$，其中 φ 可微，求 $\mathrm{d}z$.

6. 设 $u=\ln r, r=\sqrt{x^2+y^2+z^2}$，证明：

$$\frac{\partial^2 u}{\partial x^2}+\frac{\partial^2 u}{\partial y^2}+\frac{\partial^2 u}{\partial z^2}=\frac{1}{r^2}.$$

7. 设 $\sin y + e^x - xy^2 = 0$ 求 $\dfrac{dy}{dx}$.

8. 在下列各题中求 $\dfrac{\partial z}{\partial x}, \dfrac{\partial z}{\partial y}$：

(1) $x^3 + y^3 + z^3 - 3xyz - 4 = 0$；　　(2) $x + 2y + z - 2\sqrt{xyz} = 0$；

(3) $z^2 y - xz^3 = 1$；(4) $z = z(x, y)$ 由方程 $z = f(x + y, z + y)$ 确定(其中 f 可微).

9. 求由下列方程确定的隐函数 $z = z(x, y)$ 的全微分.

(1) $2xz - 2xyz + \ln(xyz) = 0$；

(2) $f(x + xy + xyz) = 0$，其中 f 可微且 $f' \neq 0$；

(3) $f(x, xy, xyz) = 0$，其中 f 可微.

10. 已知 $u = xy^2 z^3$：

(1) 若 $z = z(x, y)$ 是由方程 $x^2 + y^2 + z^2 - 3xyz = 0$ 所确定的隐函数，求 $\left.\dfrac{\partial u}{\partial x}\right|_{(1,1,1)}$；

(2) 若 $y = y(x)$，$z = z(x)$ 分别由方程 $x = \int_0^y \sin t^2 dt$，$x^2 + z^2 = 9$ 所确定，求 $\dfrac{du}{dx}$.

11. 设 $u = f(x, y, z)$，$z = z(x, y)$ 由方程 $z^5 - 5xy + 5z = 1$ 确定，其中 f 有一阶连续偏导数，求 $\dfrac{\partial u}{\partial x}$.

12. (1) 设 $\dfrac{x}{z} = \ln\dfrac{z}{y}$，求 $\dfrac{\partial z}{\partial x}, \dfrac{\partial z}{\partial y}, \dfrac{\partial^2 z}{\partial x \partial y}$；

(2) 设方程 $x + y - z = e^z$ 确定了 $z = z(x, y)$，求 $\dfrac{\partial^2 z}{\partial x \partial y}$；

(3) 设函数 $z = z(x, y)$ 由方程 $e^z - xyz = 0$，求 $\dfrac{\partial^2 z}{\partial x^2}$.

13. 求下列函数的二阶偏导数 $\dfrac{\partial^2 z}{\partial x \partial y}$，其中 f 有二阶连续偏导数.

(1) $z = f(xy, y)$；　　(2) $z = f(x^2 + y^2)$；

(3) $z = f(xy, x + y)$；　　(4) $z = f(e^x \sin y, x^2 + y^2)$.

14. 设 $z = z(x, y)$ 由下列方程确定，求 $\dfrac{\partial^2 z}{\partial x \partial y}$.

(1) $z - 2xz + y = 0$；　　(2) $x^2 + y^2 + z^2 = 4z$；

(3) $e^z = x - y^2 + z$.

15. 设 $w = f(x + y + z,\ xyz)$，f 具有二阶连续偏导数，求 $\dfrac{\partial w}{\partial x}$ 及 $\dfrac{\partial^2 w}{\partial x \partial z}$.

16. 求下列方程组确定的隐函数的导数或偏导数.

(1) $\begin{cases} x + y + z = 0, \\ x^2 + y^2 + z^2 = 1, \end{cases}$ 求 $\dfrac{dy}{dx}, \dfrac{dz}{dx}$；　　(2) $\begin{cases} xy^2 + v^2 - u^2 = 0, \\ x^2 + y^2 - uv = 0, \end{cases}$ 求 $\dfrac{\partial u}{\partial x}, \dfrac{\partial v}{\partial x}$.

第七节　多元函数的极值

在实际问题中，经常遇到多元函数的最大、最小值问题,与一元函数类似,多元函数的最大、最小值与极大、极小值有着密切联系.下面我们以二元函数为例来讨论多元函数的极值、最值问题.

一、极值

定义　设函数 $z=f(x,y)$ 在点 (x_0,y_0) 的某邻域内有定义. 如果对于该邻域内异于点 (x_0,y_0) 的任一点 (x,y)，都有

$$f(x,y)<f(x_0,y_0),$$

则称函数 $f(x,y)$ 在点 (x_0,y_0) 有**极大值** $f(x_0,y_0)$，点 (x_0,y_0) 称为 $f(x,y)$ 的**极大值点**.如果对于该邻域内异于点 (x_0,y_0) 的任一点 (x,y)，都有

$$f(x,y)>f(x_0,y_0),$$

则称函数 $f(x,y)$ 在点 (x_0,y_0) 有**极小值** $f(x_0,y_0)$，点 (x_0,y_0) 称为 $f(x,y)$ 的**极小值点**.

极大值、极小值统称为**极值**，使函数取得极值的点统称为**极值点**.

例如，函数 $f(x,y)=x^2+y^2$ 在点 $(0,0)$ 处有极小值 $f(0,0)=0$，如图 6.25 所示.

函数 $f(x,y)=\sqrt{a^2-x^2-y^2}$ 在点 $(0,0)$ 处有极大值 $f(0,0)=a$（图 6.26）.

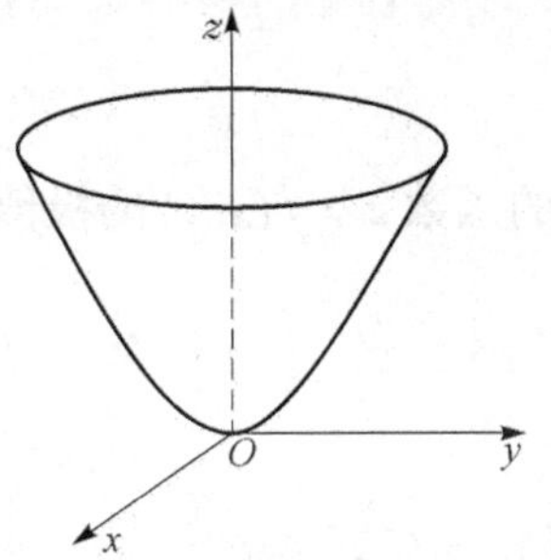

图 6.25

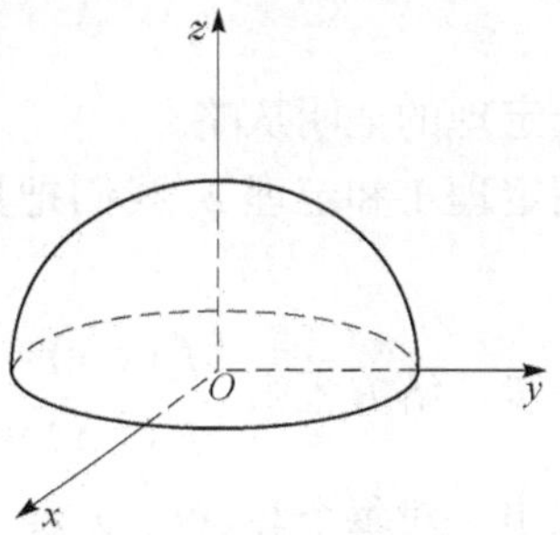

图 6.26

若函数 $z=f(x,y)$ 在点 (x_0,y_0) 处取得极值，固定 $y=y_0$ 不动，可以看出，函数 $z=f(x,y_0)$ 在点 $x=x_0$ 处取得极值；同理，固定 $x=x_0$ 不动，函数 $z=f(x_0,y)$ 在点 $y=y_0$ 处取得极值.所以，有如下结论：

定理 1（可微函数极值存在的必要条件）　设可微函数 $z=f(x,y)$ 在点 (x_0,y_0) 有极值，则必有

$$f_x(x_0,y_0)=0,\quad f_y(x_0,y_0)=0.$$

我们把使 $f_x(x,y)=0, f_y(x,y)=0$ 同时成立的点称为函数 $z=f(x,y)$ 的**驻点**.定理 1 指出可微函数的极值点一定是驻点;反之，函数的驻点却不一定是函数的极值点.例如，函数

$z = xy$,(0,0)是它的驻点,而(0,0)不是其极值点，因为在(0,0)的任一邻域内既有使函数值大于零的点(在一、三象限)又有使函数值小于零的点(在二、四象限)，因而 $z(0,0)=0$ 既不是函数的极大值，也不是极小值，故(0,0)不是极值点.

同时应当注意，极值点也未必是驻点，如 $z=f(x,y)=\sqrt{x^2+y^2}$ 在(0，0)处取极值 $z(0,0)=0$ ，但(0,0)点不是驻点，因为在(0,0)处偏导数 $f_x(0,0), f_y(0,0)$ 不存在.

由上面的讨论可知，与一元函数一样，二元函数 $f(x,y)$ 的**可能极值点为驻点与偏导数不存在的点**.下面给出判定二元函数的驻点是否为极值点的充分条件.

定理 2(二元函数极值存在的充分条件)　设函数 $z=f(x,y)$ 在点 (x_0,y_0) 的某邻域内具有一阶及二阶连续偏导数，又 $f_x(x_0,y_0)=0, f_y(x_0,y_0)=0$ ，记作

$$A=f_{xx}(x_0,y_0),\quad B=f_{xy}(x_0,y_0),\quad C=f_{yy}(x_0,y_0),$$

则 $f(x,y)$ 在点 (x_0y_0) 处是否取得极值的条件如下.

(1) 当 $\Delta=\begin{vmatrix}A & B\\ B & C\end{vmatrix}=AC-B^2>0$ 时，(x_0y_0) 为函数 f 的极值点，且当 $A>0$ (或 $C>0$)时, $f(x_0,y_0)$ 是极小值，当 $A<0$ (或 $C>0$)时，$f(x_0,y_0)$ 是极大值;

(2) 当 $\Delta=\begin{vmatrix}A & B\\ B & C\end{vmatrix}=AC-B^2<0$ 时，(x_0,y_0) 不是函数 f 的极值点;

(3) 当 $\Delta=\begin{vmatrix}A & B\\ B & C\end{vmatrix}=AC-B^2=0$ 时，不能判定 (x_0y_0) 是否是函数 f 的极值点，要另作讨论.

这个定理的证明从略.

利用定理 1 和定理 2, 我们把具有二阶连续偏导数的函数 $z=f(x,y)$ 的极值求法叙述如下:

第一步，解方程组 $\begin{cases}f_x(x,y)=0\\ f_y(x,y)=0\end{cases}$ 求出一切驻点;

第二步，对每个驻点 (x_0y_0) ，求出二阶偏导数的值 A,B,C ;

第三步，写出 $\begin{vmatrix}A & B\\ B & C\end{vmatrix}$ 的符号，按定理 2 判定 $f(x_0,y_0)$ 是否为极值，是极大值还是极小值，并算出极值.

例 1　求函数 $z=x^3-4x^2+2xy-y^2$ 的极值.

解　由方程组

$$\begin{cases}\dfrac{\partial z}{\partial x}=3x^2-8x+2y=0,\\ \dfrac{\partial z}{\partial y}=2x-2y=0,\end{cases}$$

解得函数的驻点为(0,0)及(2,2).又 $z_{xx}=6x-8, z_{xy}=2, z_{yy}=-2$ ，列表讨论如下:

驻点	A	B	C	$AC-B^2$	结论
(0,0)	−8	2	−2	12	(0,0)为极大值点
(2,2)	4	2	−2	−12	(2,2)不是极值点

所以，函数有极大值 $z(0,0)=0$

二、最大值和最小值

由连续函数的性质可知，有界闭区域上的连续函数必有最大值和最小值，而最大、最小值的点不外乎是区域内可能的极值点(驻点或偏导数不存在的点)或区域的边界点．因而求多元函数在有界闭区域上的最值时，只要求出函数在区域内可能取得极值的点的函数值以及函数在区域边界上的最值，对这些值进行比较，其中最大者就是所求的最大值，最小者就是所求的最小值．

例 2　求函数 $z=x^2+y^2$ 在圆域 $D=\{(x,y)\,|\,(x-\sqrt{2})^2+(y-\sqrt{2})^2\leqslant 9\}$ 上的最大值和最小值．

解　先求函数 $z=x^2+y^2$ 在圆域 D 内的驻点．由

$$\begin{cases}\dfrac{\partial z}{\partial x}=2x=0,\\[2mm] \dfrac{\partial z}{\partial y}=2y=0\end{cases}\quad \text{得驻点}(0,0).$$

在圆周 $(x-\sqrt{2})^2+(y-\sqrt{2})^2=9$ 上，将圆周的参数方程

$$\begin{cases}x=\sqrt{2}+3\cos t,\\ y=\sqrt{2}+3\sin t,\end{cases}\quad 0\leqslant t\leqslant 2\pi$$

代入 $z=x^2+y^2$，得

$$\begin{aligned}z&=(\sqrt{2}+3\cos t)^2+(\sqrt{2}+3\sin t)^2\\&=13+6\sqrt{2}(\sin t+\cos t)\\&=13+12\sin\left(t+\frac{\pi}{4}\right).\end{aligned}$$

所以，在圆周 $(x-\sqrt{2})^2+(y-\sqrt{2})^2=9$ 上，$1\leqslant z\leqslant 25$，于是函数 $z=x^2+y^2$ 的最大值为 $z\left(\dfrac{5}{2}\sqrt{2},\dfrac{5}{2}\sqrt{2}\right)=25$，最小值为 $z(0,0)=0$．

例 3　造一个长方体的无盖水槽，已知侧面造价为每平方米 6 元，底面造价为每平方米 18 元，总预算 216 元，问长宽高各为多少时，水槽容积最大?

解　设水槽长、宽、高分别为 x,y,h，根据总预算，有

$$6\cdot 2(x+y)h+18xy=216,$$

即 $h=\dfrac{36-3xy}{2(x+y)}$，代入体积公式得

$$v = xyh = \frac{36xy - 3x^2y^2}{2(x+y)} \quad (x>0, y>0).$$

v 分别对 x, y 求偏导，得

$$\begin{cases} \dfrac{\partial v}{\partial x} = \dfrac{3}{2} \cdot \dfrac{12y^2 - x^2y^2 - 2xy^3}{(x+y)^2} = 0, \\ \dfrac{\partial v}{\partial x} = \dfrac{3}{2} \cdot \dfrac{12x^2 - x^2y^2 - 2x^3y}{(x+y)^2} = 0, \end{cases}$$

得唯一驻点 $(2,2)$.

根据题意，水槽容积一定有最大值，且一定在区域 $\{(x,y)|x>0, y>0\}$ 内部取得，而容积函数在该区域内部只有一个可能的极值点 $(2,2)$，故可以断定当 $x=y=2, h=3$ 时，容积有最大值.

三、条件极值

对自变量仅仅限制在函数的定义域内，此外无其他约束条件的极值问题，称为**无条件极值**.但在实际问题中，常会遇到另一类的极值问题，即对函数的自变量还有附加条件.如上面的例 3 中，表示容积的算式 xyh 中的自变量 x, y, h 并不能自由变化，而是受到了条件“总预算 216 元”的约束，像这类对自变量有附加条件的极值问题称为**条件极值**.

对于有些条件极值，可利用附加条件(也称约束条件)化为无条件极值，如上述容积问题，可由条件 $6 \cdot 2(x+y)h + 18xy = 216$，将 h 表示成 x, y 的函数

$$h = \frac{36 - 3xy}{2(x+y)},$$

再把它代入 $v = xyh$ 中.于是问题就化为求二元函数

$$v = xyh = \frac{36xy - 3x^2y^2}{2(x+y)}$$

的无条件极值.

但在很多情况下，将条件极值化为无条件极值往往比较复杂或者化成的无条件极值求导烦琐，难以解出驻点.因此，下面介绍一种直接计算条件极值的**拉格朗日乘数法**.

设 $f(x,y,z)$ 和 $\varphi(x,y,z)$ 在所考虑的区域内具有连续的一阶偏导数，且 $\varphi_z \neq 0$.由方程 $\varphi(x,y,z)=0$ 所确定的隐函数为 $z = z(x,y)$，则

$$\frac{\partial z}{\partial x} = -\frac{\varphi_x}{\varphi_z}, \quad \frac{\partial z}{\partial y} = -\frac{\varphi_y}{\varphi_z},$$

将 $z = z(x,y)$ 代入 $u = f(x,y,z)$，得 $u = f(x,y,z(x,y))$.

$$\frac{\partial u}{\partial x} = f_x + f_z \cdot \frac{\partial z}{\partial x} = f_x - \frac{f_z}{\varphi_z} \cdot \varphi_x, \quad \frac{\partial u}{\partial y} = f_y + f_z \cdot \frac{\partial z}{\partial y} = f_y - \frac{f_z}{\varphi_z} \cdot \varphi_y.$$

由极值存在的必要条件得

$$\begin{cases} f_x - \dfrac{f_z}{\varphi_z} \cdot \varphi_x = 0, \\ f_y - \dfrac{f_z}{\varphi_z} \cdot \varphi_y = 0, \\ \varphi(x,y,z) = 0. \end{cases}$$

解此方程组，得可能极值点(x_0, y_0, z_0).

令$-\dfrac{f_z}{\varphi_z} = \lambda$，上述方程组改写为$\begin{cases} f_x + \lambda\varphi_x = 0, \\ f_y + \lambda\varphi_y = 0, \\ f_z + \lambda\varphi_z = 0, \\ \varphi(x,y,z) = 0. \end{cases}$

从这个方程组解出x_0, y_0, z_0，λ，其中(x_0, y_0, z_0)即为可能的极值点.这种方法叫做**拉格朗日乘数法**.$F(x,y,z,\lambda) = f(x,y,z) + \lambda\varphi(x,y,z)$称为**拉格朗日函数**，数$\lambda$称为**拉格朗日乘数**.

具体步骤：

拉格朗日乘数法　求目标函数$u = f(x,y,z)$在约束条件$\varphi(x,y,z) = 0$下的可能极值点，先构造辅助函数

$$F(x,y,z,\lambda) = f(x,y,z) + \lambda\varphi(x,y,z),$$

其中λ为某一常数；求其对x,y,z的一阶偏导数，并使之为零，然后与约束条件联立，得方程组

$$\begin{cases} F_x(x,y,z,\lambda) = f_x(x,y,z) + \lambda\varphi_x(x,y,z) = 0, \\ F_y(x,y,z,\lambda) = f_y(x,y,z) + \lambda\varphi_y(x,y,z) = 0, \\ F_z(x,y,z,\lambda) = f_z(x,y,z) + \lambda\varphi_z(x,y,z) = 0, \\ \varphi(x,y,z,\lambda) = 0. \end{cases}$$

由方程组解出x_0, y_0, z_0及λ,则其中(x_0, y_0, z_0)就是函数$u = f(x,y,z)$在约束条件$\varphi(x,y,z) = 0$下的驻点.

由拉格朗日乘数法求出的驻点并不能保证是极值点，若由问题的实际意义知必存在条件极值，且只有唯一的驻点，则该驻点即为所求的极值点.

拉格朗日乘数法可推广到自变量多于三个而约束条件多于一个的情形.

例 4　用拉格朗日乘数法计算例 3.

解　先将约束条件$6 \cdot 2(x+y)h + 18xy = 216$改写为

$$2xh + 2yh + 3xy - 36 = 0,$$

写出拉格朗日函数

$$F(x,y,h,\lambda) = xyh + \lambda(2xh + 2yh + 3xy - 36),$$

再分别对x,y,h,λ求导，得

$$\begin{cases} yh+2\lambda h+3y\lambda=0, \\ xh+2\lambda h+3x\lambda=0, \\ xy+2x\lambda+2y\lambda=0, \\ 2xh+2yh+3xy-36=0, \end{cases}$$ 解得唯一驻点 $$\begin{cases} x=2, \\ y=2, \\ h=3, \\ \lambda=-\dfrac{1}{2}. \end{cases}$$

根据题意，水槽容积一定有最大值，且一定在区域$\{(x,y)|x>0,y>0\}$内取得，而容积函数在该区域内部只有一个可能的极值点$(2,2)$，故可以断定当$x=y=2,h=3$时，容积有最大值.

例 5　某厂生产两种产品的产量分别为x和y，总成本函数(单位：万元)为

$$C(x,y)=8x^2-xy+12y^3.$$

两种产品限额(单位：吨)为$x+y=42$.问两种产品各生产多少时总成本最低？最低成本是多少？

解　根据题意求函数$C(x,y)=8x^2-xy+12y^3$在条件$x+y=42$下的最小值.

设$F(x,y,\lambda)=8x^2-xy+12y^3+\lambda(x+y-42)$，则

$$\begin{cases} 16x-y+\lambda=0, \\ -x+24y+\lambda=0, \\ x+y-42, \end{cases}$$

解得唯一驻点$(25,17)$.

由问题的实际意义知道函数有最小值，即最小成本.所以两种产品产量分别为 25 吨和 17 吨时，总成本最低，最低成本为 8043 万元.

例 6　在旋转椭球面$2x^2+y^2+z^2=1$上，求距离平面$2x+y-z=6$的最近点和最远点.

解　设(x,y,z)为旋转椭球面$2x^2+y^2+z^2=1$上的任意一点，则该点到平面$2x+y-z=6$的距离$d=\dfrac{|2x+y-z-6|}{\sqrt{6}}$.

原问题等价于求$f(x,y,z)=6d^2=(2x+y-z-6)^2$在条件$2x^2+y^2+z^2=1$下的极值.

构造函数$F(x,y,z,\lambda)=(2x+y-z-6)^2+\lambda(2x^2+y^2+z^2-1)$，令

$$\begin{cases} F_x=4(2x+y-z-6)+4\lambda x=0, \\ F_y=2(2x+y-z-6)+2\lambda y=0, \\ F_z=-2(2x+y-z-6)+2\lambda z=0, \\ F_\lambda=2x^2+y^2+z^2-1=0, \end{cases}$$

求得驻点$\left(\pm\dfrac{1}{2},\pm\dfrac{1}{2},\mp\dfrac{1}{2}\right)$，此时相应的距离为

$$d_1=\frac{1}{\sqrt{6}}\left|2\cdot\frac{1}{2}+\frac{1}{2}-\left(-\frac{1}{2}\right)-6\right|=\frac{2}{3}\sqrt{6},$$

$$d_2=\frac{1}{\sqrt{6}}\left|2\cdot\left(-\frac{1}{2}\right)+\cdot\left(-\frac{1}{2}\right)-\frac{1}{2}-6\right|=\frac{4}{3}\sqrt{6}\,.$$

由于驻点只有两个，且最近点与最远点存在，故得最近点为$\left(\frac{1}{2},\frac{1}{2},-\frac{1}{2}\right)$，最近距离为$\frac{2}{3}\sqrt{6}$；最远点为$\left(-\frac{1}{2},-\frac{1}{2},\frac{1}{2}\right)$，最远距离为$\frac{4}{3}\sqrt{6}$.

四、最小二乘法

某些实际问题，常常需要根据两个变量的若干组数据来找出这两个变量的近似的函数关系式，通常把这样得到的函数表达式称为经验公式.经验公式建立后，可以把生产或经济活动中得到的经验提高到理论上加以分析，并据此对生产或经济活动进行预测.

下面介绍一种常用的建立经验公式的方法.

设有n组数据$(x_1,y_1),(x_2,y_2),\cdots,(x_n,y_n)$，它们大致分布在一条直线上(图 6.27)，可以看作x与y是线性关系，寻找一条直线的方程，作为表示x与y之间线性关系的经验公式.

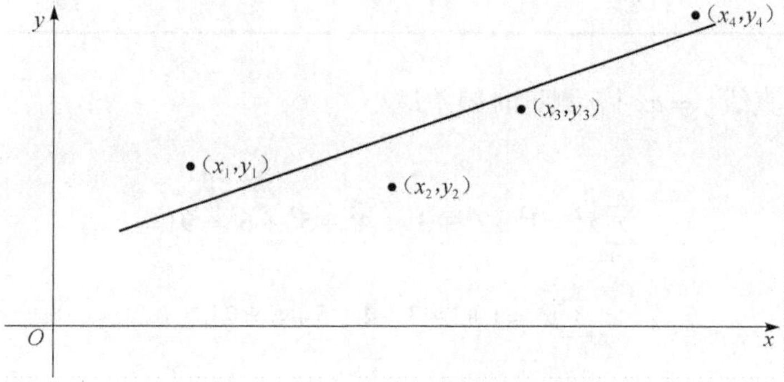

图 6.27

设所求的直线是$y=ax+b$，要使所有点到直线偏差的绝对值的和最小，用所有点到直线的偏差平方和最小来替代，即求函数

$$f(a,b)=\sum_{i=1}^{n}(ax_i+b-y_i)^2$$

的最小值，由二元函数极值的求法

将

$$\begin{cases}f_a=\sum\limits_{i=1}^{n}2x_i(ax_i+b-y_i)=0,\\ f_b=\sum\limits_{i=1}^{n}2(ax_i+b-y_i)=0,\end{cases}$$

整理得

$$\begin{cases}\left(\sum_{i=1}^{n}x_i^2\right)a+\left(\sum_{i=1}^{n}x_i\right)b=\sum_{i=1}^{n}x_iy_i,\\ \left(\sum_{i=1}^{n}x_i\right)a+nb=\sum_{i=1}^{n}y_i.\end{cases}$$

可以解出唯一驻点 (a,b).

又 $A=2\sum\limits_{i-1}^{n}x_i^2$, $B=\sum\limits_{i-1}^{n}x_i$, $C=2n$,

$$AC-B^2=4\left[n\sum_{i-1}^{n}x_i^2-\left(\sum_{i-1}^{n}x_i\right)^2\right]>0,\quad A>0,$$

所以在 (a,b) 处有最小值 $f(a,b)$.

这种根据偏差的平方和为最小的条件来确定常数 a,b 的方法叫做最小二乘法.

例 7 某次实验测得 6 组数据，列表如下：

x_i	1	2	3	4	5	6
y_i	2.2	2.8	4.1	5	5.9	7

求 a,b，使直线 $y=ax+b$ 测量时偏差最小.

解 由于

$$\sum_{i=1}^{6}x_i^2=1^2+2^2+3^2+4^2+5^2+6^2=91,$$

$$\sum_{i=1}^{6}x_i=1+2+3+4+5+6=21,$$

$$\sum_{i=1}^{6}x_iy_i=1\times2.2+2\times2.8+3\times4.1+4\times5+5\times5.9+6\times7=111.6,$$

$$\sum_{i=1}^{6}y_i=2.2+2.8+4.1+5+5.9+7=27,$$

所以有方程组

$$\begin{cases}91a+21b=111.6,\\21a+6b=27,\end{cases}\text{解得}\begin{cases}a=0.9777,\\b=1.080,\end{cases}\text{故所求直线为}$$

$$y=0.9777x+1.080.$$

习题 6-7

1. 求下列函数的极值.

(1) $z=1-\sqrt{x^2+y^2}$;

(2) $z=e^{2x}(x+y^2+2y)$;

(3) $f(x,y)=4(y-x)-x^2-y^2$.

2. 求下列函数在指定条件下的极值.

(1) $z=xy$, 若 $x+y=1$;

(2) $u=x-2y+2z$, 若 $x^2+y^2+z^2=1$.

3. 求抛物线 $y=x^2$ 与直线 $x-y-2=0$ 之间的最短距离.

4. 在半径为 a 的半球内，求体积最大的内接长方体的边长.

5. 设有一块宽 24cm 的薄铁皮，要把它的两边折起，做成一个横截面为等腰梯形的水槽，问 x 和倾角 α 为多少时(见图)，水槽的截面积最大.

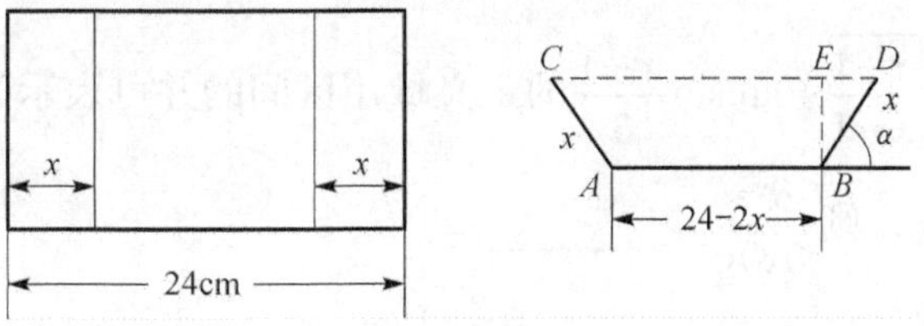

第 5 题图

6. 将周长为 $2p$ 的矩形绕它的一边旋转而成一个圆柱体，问矩形的边长各为多少时，圆柱体的体积最大?

7. 设生产某种产品必须投入两种要素，x、y 分别为两种要素的投入量，Q 为产出量，若产出函数 $Q=2x^\alpha y^\beta$，其中 α,β 为两个正常数，且 $\alpha+\beta=1$. 假设两种要素的价格分别为 p 和 q，试问，当产出量为 12 时，两要素各投入多少可以使得投入总费用最小?

8. 求 $f(x,y)=3x^2+3y^2-2x^3$ 在区域 D：$x^2+y^2\leqslant 2$ 上的最大值与最小值.

9. 求曲面 $\Sigma: x^2+2y^2+4z^2=1$ 与平面 $\pi: x+y+z=\sqrt{7}$ 之间的最短距离.

10. 某公司可通过电台及报纸两种方式做销售某商品的广告，据统计资料，销售收入 R (万元)与电台广告费 x_1 (万元)及报纸广告费 x_2 (万元)之间有如下经验公式：$R(x_1,x_2)=15+14x_1+32x_2-8x_1x_2-2x_1^2-10x_2^2$，求：

(1)在广告费用不限的情况下，求最优广告策略；

(2)提供的广告费用为 1.5 万元，求相应的最优广告策略.

11. 某厂生产甲、乙两种产品，产量分别为 x,y 时，投资分别为 $\sqrt{x},\sqrt{y}$，销售收入为 $3x+4y$，设该厂总投资为 A，问如何分配这笔投资可使总收入最大?

12. 用最小二乘法建立 x 与 y 的经验公式 $y=ax+b$，x_i 与 y_i 之列表如下：

x_i	10	20	30	40	50	60
y_i	150	100	40	0	−60	−100

总 习 题 六

(A)

1. 点$(x,2,-3)$在第Ⅵ(六)卦限，该点到点$(2,2+\sqrt{7},0)$的距离为5，则$x=$________.

2. 点$P(1,-2,-3)$在第________卦限，P点关于yOz平面的对称点是________.

3. 将曲线$\begin{cases}3x^2+5y^2=1\\ z=0\end{cases}$绕$x$轴旋转一周所得的曲面方程为________.

4. 函数$f(x)=\sqrt{\dfrac{x+1}{x-1}}+\arcsin\dfrac{x+1}{3}$的定义域用区间的并可表示为________.

5. 若$z=x^2\cos y$，则$\dfrac{\partial^2 z}{\partial x\partial y}=$________.

6. 若函数$z=f(xe^y,ye^x)$可微，则$\dfrac{\partial z}{\partial x}=$________.

7. 函数$z=x^2y+\dfrac{y}{x}$在点$(1,1)$处的全微分$dz\big|_{(1,1)}=$________.

8. 函数$u=e^{x+y^2+z^3}$在点$M(1,1,1)$处的全微分$du\big|_M=$________.

9. 若函数$z=z(x,y)$，由方程$F(2x+y,yz)=0$确定，且F可微，则$\dfrac{\partial z}{\partial x}=$________.

10. 二元函数$f(x,y)=\sqrt{x^2+y^2-2}\cdot\ln(y-x)$的定义域为(　　).

(A) $x^2+y^2>2,y\geqslant x$；　　(B) $x^2+y^2\geqslant 2,y>x$；

(C) $x^2+y^2>2,y>x$；　　(D) $x^2+y^2\geqslant 2,y\geqslant x$.

11. 若$f(x,y)=3x+2y$，则$f(xy,f(x,y))=$(　　).

(A) $3xy+6x$；　　(B) $6x+4y$；

(C) $3xy+6x+4y$；　　(D) $3xy+4y$.

12. 若$z=f(x,y)$在点P处可微，则偏导数$\dfrac{\partial z}{\partial x}$和$\dfrac{\partial z}{\partial y}$在点$P$处(　　).

(A)一定连续；　(B)不一定连续；　(C)一定不连续；　(D)不一定存在.

13. 设$z=\ln(\sqrt{x}+\sqrt{y})$，则$x\dfrac{\partial z}{\partial x}+y\dfrac{\partial z}{\partial y}$等于(　　).

(A) 1；　(B) -1；　(C) $\dfrac{1}{2}$；　(D) $-\dfrac{1}{2}$.

14. 若$f(x,y)=e^{2x}\sin y$，则$\dfrac{\partial^{100} f}{\partial x^{49}\partial y^{51}}\Big|_{(0,0)}$等于(　　).

(A) -2^{49}；　(B) 2^{49}；　(C) 0；　(D) 2^{100}.

(B)

1. 讨论函数 $f(x,y)=\begin{cases}\dfrac{\sqrt{|xy|}}{x^2+y^2}\sin(x^2+y^2), & x^2+y^2\neq 0,\\ 0, & x^2+y^2=0\end{cases}$ 在 $(0,0)$ 处是否连续，偏导数是否存在，是否可微.

2. 设 f 可微，$z=\dfrac{x}{f(x^2-y^2)}$，证明 $y\dfrac{\partial z}{\partial x}+x\dfrac{\partial z}{\partial y}=\dfrac{yz}{x}$.

3. 设 $z=x^3f\left(xy,\dfrac{y}{x}\right)$，$f$ 具有连续的二阶偏导数，求 $\dfrac{\partial z}{\partial y}$，$\dfrac{\partial^2 z}{\partial y^2}$，$\dfrac{\partial^2 z}{\partial x\partial y}$.

4. 设 $f(x,y)$ 在 $(1,1)$ 处可微，且 $f(1,1)=1$，$f_x(1,1)=a$，$f_y(1,1)=b$. 令 $\varphi(x)=f\{x,f[x,f(x,x)]\}$，求 $\varphi'(1)$.

5. 设 $u=u(x)$ 由方程组 $\begin{cases}u=f(x,y),\\ g(x,y,z)=0\\ h(x,z)=0\end{cases}$ 确定，其中 f,g,h 可微，且 $\dfrac{\partial h}{\partial z}\neq 0,\dfrac{\partial g}{\partial y}\neq 0$，求 $\dfrac{\mathrm{d}u}{\mathrm{d}x}$.

6. (1) 求函数 $f(x,y,z)=\ln x+\ln y+3\ln z$ 在球面 $x^2+y^2+z^2=5r^2(r>0)$ 上的最大值;

(2) 证明对任何正数 a,b,c, 有 $abc^3\leqslant 27\left(\dfrac{a+b+c}{5}\right)^5$.

7. 求曲线 $9x^2+4y^2=72$ 在第一象限内的一点,使在该点所作的切线与原曲线及坐标轴在第一象限所围成图形的面积最小?

第七章　二 重 积 分

第一节　二重积分的概念与性质

一、引例

设有一立体Ω，它的底是xOy面上的有界闭区域D，侧面是以D的边界曲线为准线而母线平行于z轴的柱面，它的顶是曲面$z=f(x,y)$，$f(x,y)\geqslant 0$且在D上连续.这种立体称为**曲顶柱体**.试求该曲顶柱体的体积(图 7.1).

当$f(x,y)=h$（h为常数,$h>0$）时，即为平顶柱体，其体积$V=$高$\times$底面积$=h\times\sigma$，其中σ是有界闭区域D的面积.

若柱体的顶是曲面，它的高$f(x,y)$在D上是变量，其体积就不能用上面的公式来计算.我们可仿照求曲边梯形面积的思路，把D分成许多小区域，由于$f(x,y)$在D上连续，它在每个小区域上的变化很小，因而相应每个小区域上的小曲顶柱体的体积就可用平顶柱体的体积来近似代替，且区域D分割得越细，近似值的精度就越高.于是，通过求和、取极限就能算得整个曲顶柱体的体积.具体做法如下.

(1) 分割.将区域D任意分成n个子域：$\Delta\sigma_1,\Delta\sigma_2,\cdots,\Delta\sigma_n$.同时以$\Delta\sigma_i\ (i=1,2,\cdots,n)$表示第$i$个子域的面积.然后以每个子域的边界曲线为准线，作母线于平行z轴的柱面，这些柱面就把原来的曲顶柱体分成n个小的曲顶柱体.

(2) 近似.取$\forall(\xi_i,\eta_i)\in\Delta\sigma_i\ (i=1,2,\cdots,n)$，用以$f(\xi_i,\eta_i)$为高，$\Delta\sigma_i$为底的平顶柱体的体积$f(\xi_i,\eta_i)\ \Delta\sigma_i$近似代替第$i$个小曲顶柱体的体积(图 7.2)，即

$$\Delta V_i\approx f(\xi_i,\eta_i)\Delta\sigma_i(i=1,2,\cdots,n).$$

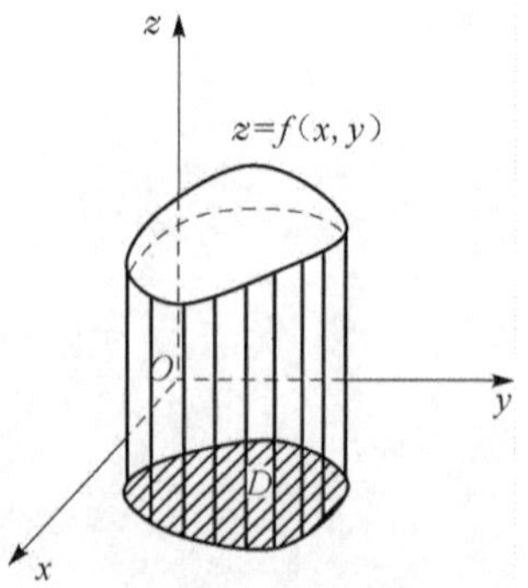

图 7.1

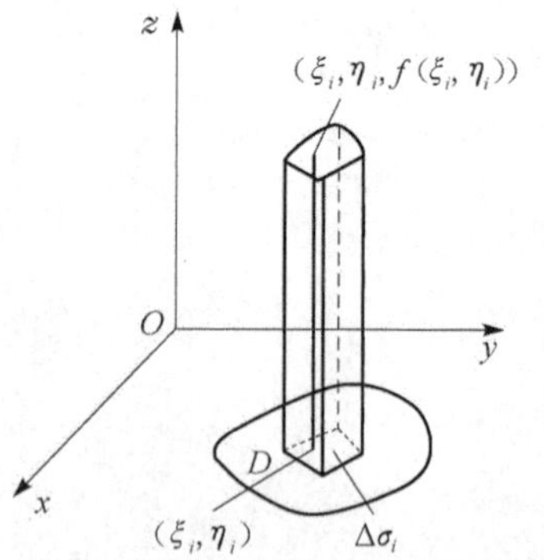

图 7.2

(3) 求和.将这 n 个小平顶柱体的体积相加，得到原曲顶柱体体积的近似值，即

$$V=\sum_{i=1}^{n}\Delta V_i \approx \sum_{i=1}^{n} f(\xi_i,\eta_i)\Delta\sigma_i .$$

(4) 取极限.显然，当 D 分割得越来越细时，$\sum_{i=1}^{n} f(\xi_i,\eta_i)\Delta\sigma_i$ 就越来越接近于曲顶柱体 Ω 的体积 V .设 $d=\max\limits_{1\leqslant i\leqslant n}\{\Delta\sigma_i\text{的直径}\}$，当 $d\to 0$ 时上面和式的极限如果存在就是曲顶柱体的体积，即

$$V=\lim_{d\to 0}\sum_{i=1}^{n} f(\xi_i,\eta_i)\Delta\sigma_i .$$

在实际生活中，许多几何量和物理量都可以表示为以上和式的极限，如果略去问题的实际意义，只注意解决问题的数学方法，就得到二重积分的概念.

二、二重积分的定义

定义　设 $f(x,y)$ 是有界闭区域 D 上的有界函数.将闭区域 D 任意分成 n 个小闭区域: $\Delta\sigma_i\ (i=1,\ 2,\ 3,\ \cdots,n)$，并以 $\Delta\sigma_i$ 表示第 i 个小闭区域的面积. $\forall(\xi_i,\eta_i)\in\Delta\sigma_i$，作和式

$$\sum_{i=1}^{n} f(\xi_i,\eta_i)\Delta\sigma_i .$$

若当各小闭区域的最大直径 $d\to 0$ 时，和式的极限

$$\lim_{d\to 0}\sum_{i=1}^{n} f(\xi_i,\eta_i)\Delta\sigma_i$$

存在，则称此极限为 $f(x,y)$ 在闭区域 D 上的二重积分，记作 $\iint\limits_D f(x,y)\mathrm{d}\sigma$，即

$$\iint\limits_D f(x,y)\mathrm{d}\sigma=\lim_{d\to 0}\sum_{i=1}^{n} f(\xi_i,\eta_i)\Delta\sigma_i ,$$

其中 $\iint$ 称为二重积分号，D 称为积分区域，$f(x,y)$ 称为被积函数，$f(x,y)\mathrm{d}\sigma$ 称为被积表达式，$\mathrm{d}\sigma$ 称为面积元素，x与y 称为积分变量，$\sum_{i=1}^{n} f(\xi_i,\eta_i)\Delta\sigma_i$ 称为积分和.

若函数 $f(x,y)$ 在有界闭区域 D 上连续，则二重积分 $\iint\limits_D f(x,y)\mathrm{d}\sigma$ 必定存在，这时也称 $f(x,y)$ 在 D 上可积.

在直角坐标系中，由于常用平行于坐标轴的直线对 D 进行分割，于是割成的小区域面积可以表示为

$$\Delta\sigma_i=\Delta x_i\Delta y_i\quad(i=1,2,\cdots,n),$$

取极限后的面积元素

$$\mathrm{d}\sigma=\mathrm{d}x\mathrm{d}y .$$

在直角坐标系中，二重积分可以记为

$$\iint_D f(x,y)\mathrm{d}\sigma=\iint_D f(x,y)\mathrm{d}x\mathrm{d}y .$$

由二重积分的定义，当 $z=f(x,y)\geqslant 0$ 时，$\iint\limits_D f(x,y)\mathrm{d}\sigma$ 就表示以 D 为底，$z=f(x,y)$ 为顶的曲顶柱体的体积，这就是二重积分的几何意义.

例 1　计算下列二重积分.

(1) $\iint\limits_D(1-x-y)\mathrm{d}x\mathrm{d}y$，其中 D 由 $x+y=1$ 及 x 轴、y 轴围成；

(2) $\iint\limits_D\sqrt{R^2-x^2-y^2}\mathrm{d}x\mathrm{d}y$，$D=\left\{(x,y)\middle|x^2+y^2\leqslant R^2\right\}$.

解　(1) 由二重积分的几何意义，这是以平面 $x+y+z=1$ 为顶，D 为底的锥体的体积(图 7.3)，

$$\iint_D(1-x-y)\mathrm{d}x\mathrm{d}y=\frac{1}{6}.$$

(2) 由二重积分的几何意义，这是以上半球面 $z=\sqrt{R^2-x^2-y^2}$ 为顶，$x^2+y^2\leqslant R^2$ 为底的曲顶柱体体积(图 7.4)，即半球的体积

$$\iint_D\sqrt{R^2-x^2-y^2}\mathrm{d}x\mathrm{d}y=\frac{2}{3}\pi R^3 .$$

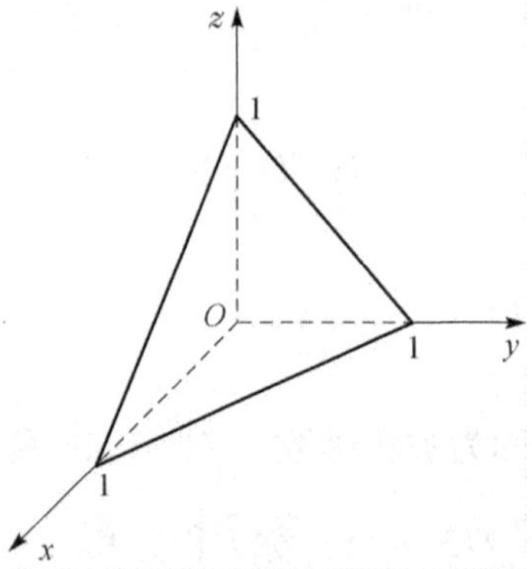

图 7.3

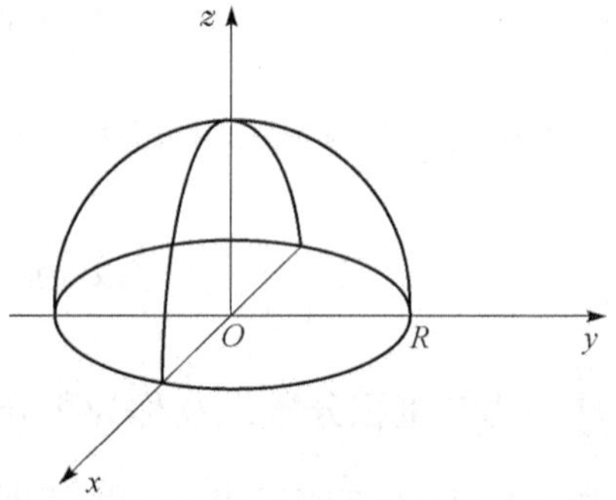

图 7.4

例 2　试用二重积分表示由椭圆抛物面 $z=2x^2+y^2$，抛物柱面 $y=x^2$ 及平面 $y=4$，$z=0$ 所围成的曲顶柱体(图 7.5)的体积 V.

解

$$V=\iint_D(2x^2+y^2)\,\mathrm{d}\sigma ,$$

其中 D 由 $y=x^2$ 与 $y=4$ 围成.

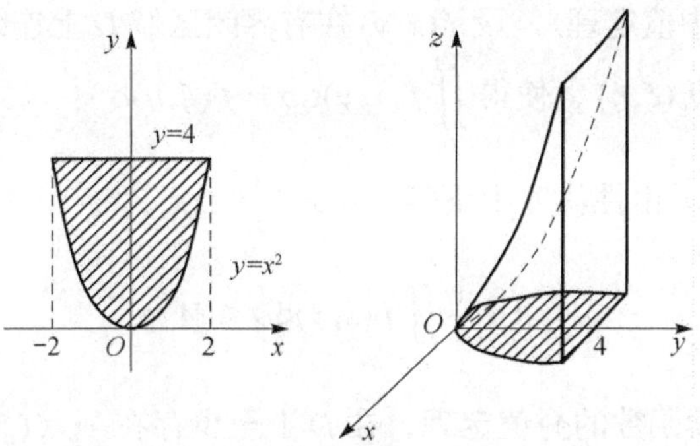

图 7.5

三、二重积分的性质

二重积分有与定积分类似的性质.

性质 1　$\iint\limits_D kf(x,y)\mathrm{d}\sigma = k\iint\limits_D f(x,y)\mathrm{d}\sigma$（$k$ 为常数）.

性质 2　$\iint\limits_D [f(x,y)\pm g(x,y)]\mathrm{d}\sigma = \iint\limits_D f(x,y)\mathrm{d}\sigma \pm \iint\limits_D g(x,y)\mathrm{d}\sigma$.

性质 3　若 $D_1 \cup D_2 = D$，$D_1 \cap D_2 = \phi$，则

$$\iint\limits_D f(x,y)\mathrm{d}\sigma = \iint\limits_{D_1} f(x,y)\mathrm{d}\sigma + \iint\limits_{D_2} f(x,y)\mathrm{d}\sigma .$$

性质 4　若在 D 上 $f(x,\ y)=1$，且 D 的面积为 σ，则 $\iint\limits_D \mathrm{d}\sigma = \sigma$.

性质 5　若在 D 上 $f(x,\ y)\leqslant g(x,\ y)$，则 $\iint\limits_D f(x,y)\mathrm{d}\sigma \leqslant \iint\limits_D g(x,y)\mathrm{d}\sigma$.

因为

$$-|f(x,\ y)| \leqslant f(x,\ y) \leqslant |f(x,\ y)|,$$

所以

$$-\iint\limits_D |f(x,y)|\mathrm{d}\sigma \leqslant \iint\limits_D f(x,y)\mathrm{d}\sigma \leqslant \iint\limits_D |f(x,y)|\mathrm{d}\sigma ,$$

即得如下结论.

推论　$\left|\iint\limits_D f(x,y)\mathrm{d}\sigma\right| \leqslant \iint\limits_D |f(x,y)|\mathrm{d}\sigma$.

性质 6　若 M 和 m 分别为 $f(x,y)$ 在闭区域 D 上的最大值和最小值，σ 为 D 的面积，则 $m\sigma \leqslant \iint\limits_D f(x,y)\mathrm{d}\sigma \leqslant M\sigma$.

性质 6 称为估值定理.

性质 7(二重积分中值定理)　设 $f(x,y)$ 在有界闭区域 D 上连续，记 σ 为 D 的面积，则在 D 上至少存在一点 (ξ,η)，使得 $\iint\limits_D f(x,y)\mathrm{d}\sigma = f(\xi,\eta)\sigma$.

证　显然 $\sigma \neq 0$ 时，由性质 6 中不等式 $m\sigma \leqslant \iint\limits_D f(x,y)\mathrm{d}\sigma \leqslant M\sigma$ 得

$$m \leqslant \frac{1}{\sigma}\iint\limits_D f(x,y)\mathrm{d}\sigma \leqslant M .$$

根据闭区域上连续函数的介值定理，在 D 上至少存在一点 (ξ,η)，使得 $\frac{1}{\sigma}\iint\limits_D f(x,y)\mathrm{d}\sigma = f(\xi,\eta)$，从而 $\iint\limits_D f(x,y)\mathrm{d}\sigma = f(\xi,\eta)\sigma$.

通常称 $f(\xi,\eta)$ 为 $f(x,y)$ 在区域 D 上的**平均值**.

例 3　比较二重积分

$$\iint\limits_D \ln(x+y)\mathrm{d}\sigma \quad 与 \quad \iint\limits_D [\ln(x+y)]^2\mathrm{d}\sigma$$

的大小，其中 D 是由直线 $x+y=2, x=1$ 及 x 轴围成的.

解　如图 7.6 所示，因为 $1 \leqslant x+y \leqslant 2 < \mathrm{e}$，所以 $0 \leqslant \ln(x+y) < 1$，于是 $\ln(x+y) > [\ln(x+y)]^2$，即

$$\iint\limits_D \ln(x+y)\mathrm{d}\sigma > \iint\limits_D [\ln(x+y)]^2\mathrm{d}\sigma .$$

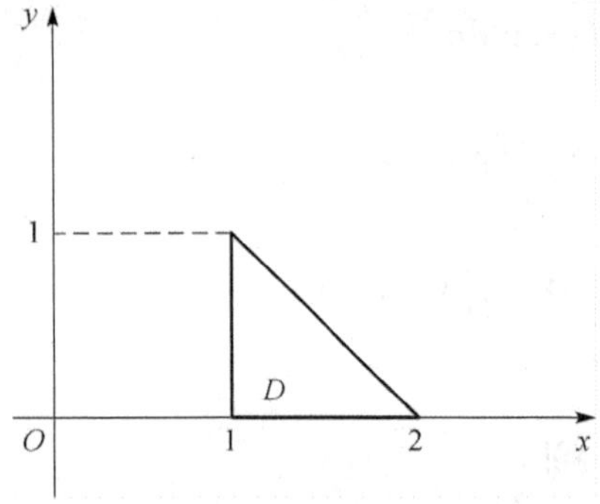

图 7.6

例 4　估计 $\iint\limits_D (x^2+y^2)\mathrm{d}x\mathrm{d}y$ 的值，其中 $D=\{(x,y)\,|\,(x-\sqrt{2})^2+(y-\sqrt{2})^2 \leqslant 9\}$.

解　由第六章第七节例 2 可知，函数 $Z=x^2+y^2$ 在 D 上的最大值为 25，最小值为 0，D 的面积为 9π，所以

$$0 \leqslant \iint\limits_D (x^2+y^2)\mathrm{d}x\mathrm{d}y \leqslant 225\pi .$$

习题 7-1

1. 利用二重积分的几何意义求下列积分值.

(1) $\iint\limits_D 4\left(1-\frac{x}{3}-\frac{y}{5}\right)\mathrm{d}x\mathrm{d}y$，其中 D 由 $\frac{x}{3}+\frac{y}{5}=1$ 及 x 轴、y 轴围成；

(2) $\iint\limits_D 2\mathrm{d}\sigma$，其中 D 由 $x+y=2, y=x$ 及 x 轴围成；

(3) $\iint\limits_D \sqrt{x^2+y^2}\mathrm{d}\sigma$，$D=\{(x,y)\,|\,x^2+y^2 \leqslant 1\}$.

2. 在下列不同区域内，比较 $\iint\limits_D (x+y)\mathrm{d}\sigma$ 与 $\iint\limits_D (x+y)^2\mathrm{d}\sigma$ 的大小.

(1) D 由 x 轴、y 轴及 $x+y=1$ 围成；

(2) D 由以 (3,3) 为圆心，$\sqrt{3}$ 为半径的圆围成.

3. 利用估值定理证明下列各题.

(1) 设 $D=\{(x,y)|0\leqslant x\leqslant 1, 0\leqslant y\leqslant 1\}$，则 $0\leqslant \iint\limits_D xy(x+y)\mathrm{d}\sigma \leqslant 2$；

(2) 设 $D=\{(x,y)|0\leqslant x\leqslant \pi, 0\leqslant y\leqslant \pi\}$，则 $0\leqslant \iint\limits_D \sin^2 x\sin^2 y\mathrm{d}\sigma \leqslant \pi^2$.

第二节　二重积分的计算

一、直角坐标系下二重积分的计算

当 $f(x,y)\geqslant 0$ 时，$\iint\limits_D f(x,y)\mathrm{d}\sigma$ 的值等于以 D 为底，以曲面 $z=f(x,y)$ 为顶的曲顶柱体的体积.而平行截面面积为已知的立体的体积又可以用定积分来计算，这就启示我们可以用二重积分的几何意义来寻求二重积分的计算方法.

我们将一类区域称为 x-型区域：穿过 D 内部且平行于 y 轴的直线与 D 的边界相交不多于两点. 它可以用如下的不等式组表示

$$D:\ \begin{cases} a\leqslant x\leqslant b, \\ \varphi_1(x)\leqslant y\leqslant \varphi_2(x), \end{cases} \qquad \text{其中 } \varphi_1(x)\in C[a,b],\ \varphi_2(x)\in C[a,b].$$

图 7.7 所示的积分区域称为 x-型区域.

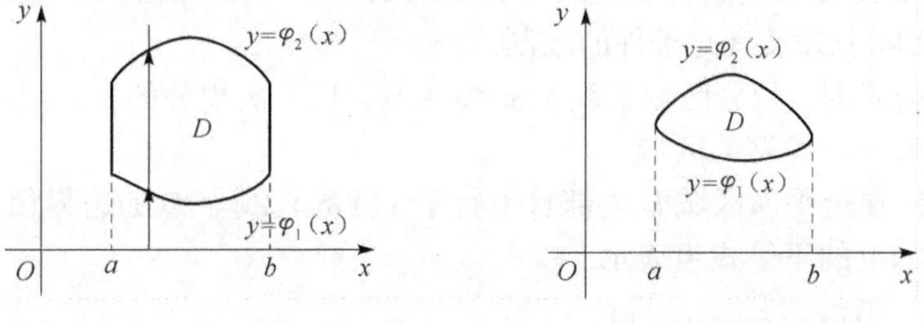

图 7.7

下面用切片法来计算二重积分 $\iint\limits_D f(x,y)\mathrm{d}\sigma$ 所表示的柱体的体积.

过 $[a,b]$ 上一点 x_0，作与 yOz 平面平行的平面 $x=x_0$，此平面与曲顶柱体相交所得的截面是一个以区间 $[\varphi_1(x_0),\varphi_2(x_0)]$ 为底，曲线 $z=f(x_0,y)$ 为曲边的曲边梯形，其截面面积 (图 7.8) 为 $A(x_0)=\int_{\varphi_1(x_0)}^{\varphi_2(x_0)} f(x_0,y)\mathrm{d}y$.

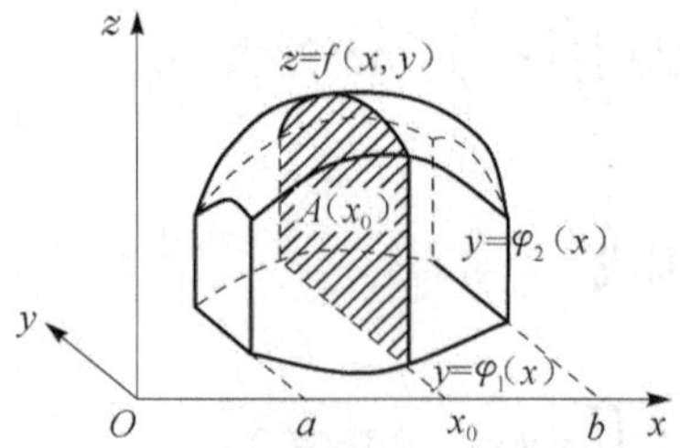

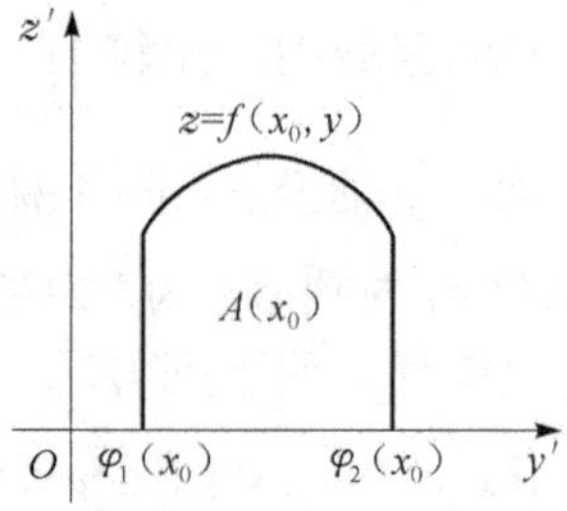

图 7.8

一般地，过区间$[a,b]$上任一点 x 且平行于 yOz 平面的平面，与曲顶柱体相交所得截面的面积为 $A(x)=\int_{\varphi_1(x)}^{\varphi_2(x)} f(x,y)\mathrm{d}y$.

应用计算平行截面面积为已知的立体体积的方法，得曲顶柱体的体积为

$$V=\int_a^b A(x)\mathrm{d}x=\int_a^b\left[\int_{\varphi_1(x)}^{\varphi_2(x)} f(x,y)\mathrm{d}y\right]\mathrm{d}x ,$$

故

$$\iint_D f(x,y)\mathrm{d}\sigma=\int_a^b\left[\int_{\varphi_1(x)}^{\varphi_2(x)} f(x,y)\mathrm{d}y\right]\mathrm{d}x .$$

上式右端的积分称为先对 y 后对 x 的**二次积分**，就是先将 x 看作常数，则 $f(x,y)$ 看作只是 y 的函数，对 y 计算从 $\varphi_1(x)$ 到 $\varphi_2(x)$ 的定积分；然后把算得的结果(常数或 x 的函数)再对 x 计算在区间$[a, b]$上的定积分.这个公式常记作

$$\iint_D f(x,y)\mathrm{d}\sigma=\int_a^b \mathrm{d}x\int_{\varphi_1(x)}^{\varphi_2(x)} f(x,y)\mathrm{d}y .$$

这就是把二重积分化为先对 y 后对 x 的**二次积分**(**或累次积分**)的公式.在上式中，我们把对 y 的积分称为内积分，把对 x 的积分称为外积分.在上述讨论中，我们假定 $f(x,y)\geqslant 0$ ，实际上并没有此条件的限制.

应用上述公式时，积分区域必须是 x-型区域，且二次积分的积分限都是从小到大.

我们再看另一种类型的区域.

y-型区域：穿过平面区域 D 内部且平行于 x 轴的直线与 D 的边界相交不多于两点.

它可以用如下的不等式组表示:

$$D:\ \begin{cases}\psi_1(y)\leqslant x\leqslant\psi_2(y),\\ c\leqslant y\leqslant d,\end{cases}\quad \text{其中}\ \psi_1(y)\in C[c,d]，\ \psi_2(y)\in C[c,d].$$

图 7.9 所示的积分区域称为 y-**型区域**. 类似可得，二重积分

$$\iint_D f(x,y)\mathrm{d}\sigma=\int_c^d \mathrm{d}y\int_{\psi_1(y)}^{\psi_2(y)} f(x,y)\mathrm{d}x .$$

上式右端的积分称为先对 x 后对 y 的二次积分公式.对 x 的积分称为内积分，把对 y 的积分称为外积分.

用上述公式时，积分区域必须是 y-型区域，且二次积分的积分限都是从小到大.

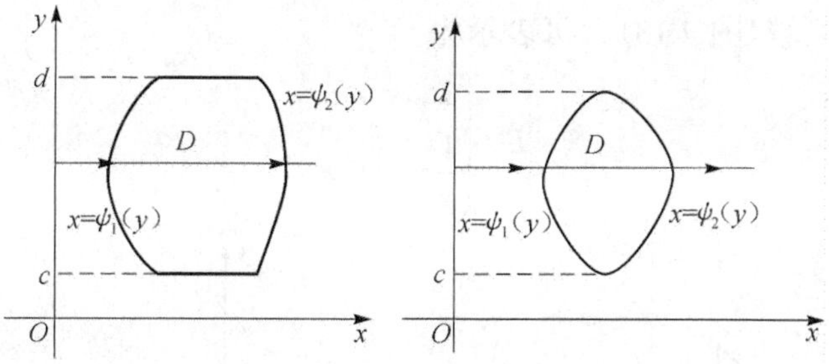

图 7.9

如果积分区域既不是 x-型区域也不是 y-型区域，即当平行于坐标轴的直线与 D 的边界曲线的交点多于两点时，一般可把 D 分成几个子区域，分别按 x-型或 y-型区域计算，然后再根据区域可加性得到在整个区域 D 上的二重积分，但希望子区域的块数尽可能少.

例如，在图 7.10 中，把 D 分成三部分，它们都可以看作 x-型区域.

例 1 将下列积分区域 D 用不等式组表示.

(1) $D=\{(x,y)\,\|x|\leqslant 1,|y|\leqslant 1\}$；

(2) D 由直线 $y=1$， $x=2$ 及 $y=x$ 围成；

(3) D 由 $y=x, y=\dfrac{1}{x}$ 及 $x=2$ 围成；

(4) D 由 $y^2=x$ 和 $y=x-2$ 围成；

(5) $D=\{(x,y)\,\|x|+|y|\leqslant 1\}$.

解 (1) D 既是 x-型区域又是 y-型区域(图 7.11)，可表示为

$$D:\begin{cases}-1\leqslant x\leqslant 1,\\-1\leqslant y\leqslant 1.\end{cases}$$

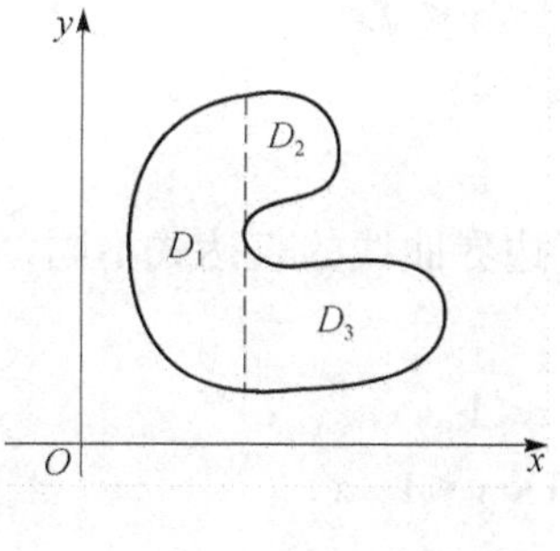

图 7.10

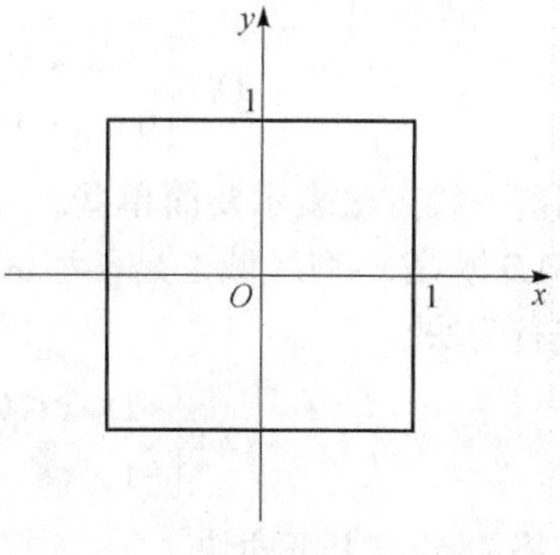

图 7.11

(2) D 既是 x-型区域又是 y-型区域(图 7.12)，可表示为

$$D:\begin{cases}1\leqslant x\leqslant 2,\\1\leqslant y\leqslant x,\end{cases}\text{或}\ D:\begin{cases}1\leqslant y\leqslant 2,\\y\leqslant x\leqslant 2.\end{cases}$$

(3) D 是 x -型区域(图 7.13)，可表示为

$$D:\begin{cases}1\leqslant x\leqslant 2,\\ \dfrac{1}{x}\leqslant y\leqslant x.\end{cases}$$

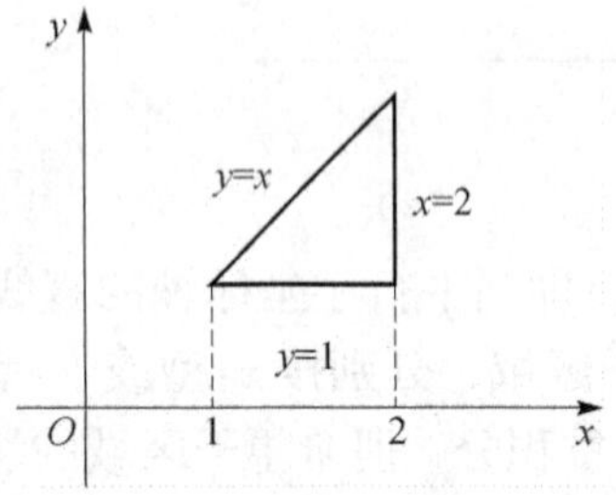

图 7.12

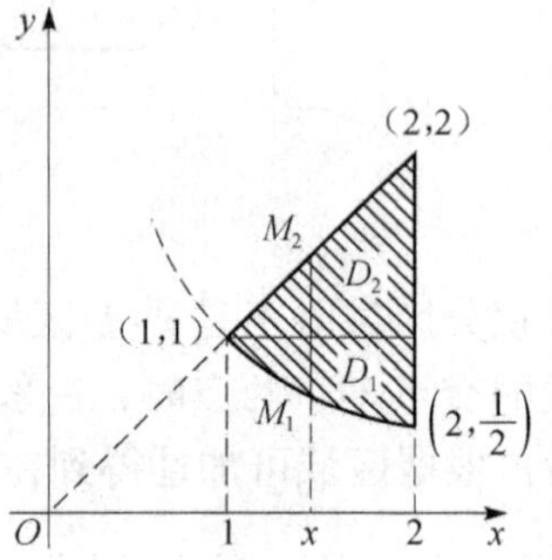

图 7.13

如果固定 y，先表示 x 会变成

$$D_1:\begin{cases}\dfrac{1}{2}\leqslant y\leqslant 1,\\ \dfrac{1}{y}\leqslant x\leqslant 2\end{cases}\text{及}D_2:\begin{cases}1\leqslant y\leqslant 2,\\ y\leqslant x\leqslant 2.\end{cases}$$

用前一种方法表示要简单些.

(4) D 是 y -型区域(图 7.14)，可表示为

$$D:\begin{cases}-1\leqslant y\leqslant 2,\\ y^2\leqslant x\leqslant y+2.\end{cases}$$

也可以固定 x，先表示 y：

$$D_1:\begin{cases}-\sqrt{x}\leqslant y\leqslant \sqrt{x},\\ 0\leqslant x\leqslant 1\end{cases}\text{及}D_2:\begin{cases}x-2\leqslant y\leqslant \sqrt{x},\\ 1\leqslant x\leqslant 4.\end{cases}$$

用前一种方法表示要简单些.

(5) D 既是 x -型区域也是 y-型区域(图 7.15)，由于边界曲线的表达式不同，可以将 D 分成左右两块：

$$D_1:\begin{cases}-1\leqslant x\leqslant 0,\\ -1-x\leqslant y\leqslant 1+x\end{cases}\text{及}D_2:\begin{cases}0\leqslant x\leqslant 1,\\ x-1\leqslant y\leqslant 1-x.\end{cases}$$

或将 D 分成上下两块：

$$D_3:\begin{cases}-1\leqslant y\leqslant 0,\\ -1-y\leqslant x\leqslant 1+y\end{cases}\text{及}D_4:\begin{cases}0\leqslant y\leqslant 1,\\ y-1\leqslant x\leqslant 1-y.\end{cases}$$

但不要将 D 分成四块来表示.

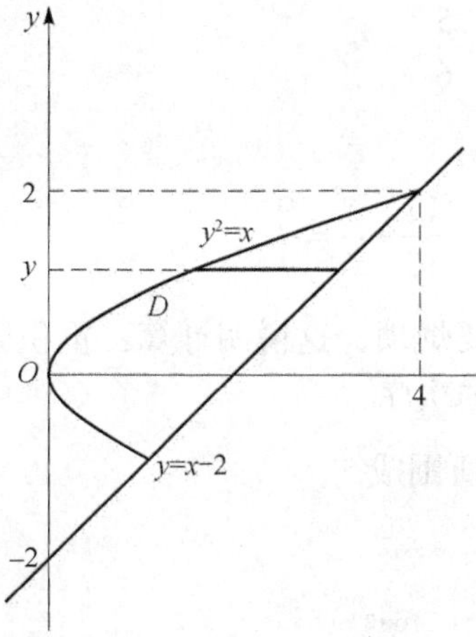

图 7.14

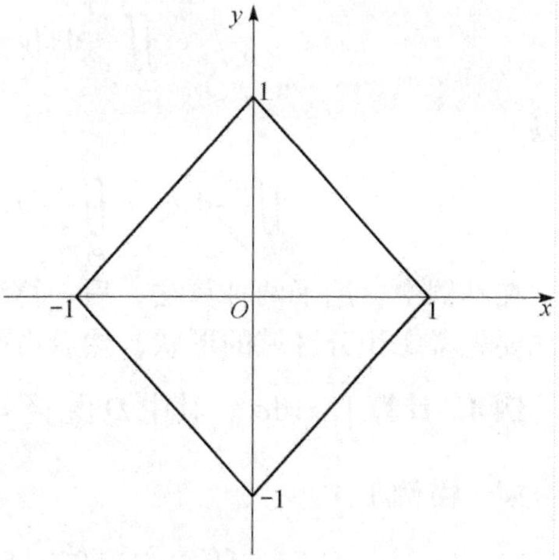

图 7.15

例 2　计算 $\iint\limits_D xy\mathrm{d}\sigma$，其中 D 是由直线 $y=1$，$x=2$ 及 $y=x$ 所围成的闭区域.

解　由例 1(2)

$$\iint\limits_D xy\mathrm{d}\sigma=\int_1^2\mathrm{d}x\int_1^x xy\mathrm{d}y$$

$$=\int_1^2\left[x\cdot\frac{y^2}{2}\right]_1^x\mathrm{d}x=\int_1^2\left[\frac{x^3}{2}-\frac{x}{2}\right]\mathrm{d}x$$

$$=\left[\frac{x^4}{8}-\frac{x^2}{4}\right]_1^2=\frac{9}{8},$$

或

$$\iint\limits_D xy\mathrm{d}\sigma\int_1^2\mathrm{d}y\int_y^2 xy\mathrm{d}x=\int_1^2\left[y\cdot\frac{x^2}{2}\right]_y^2\mathrm{d}y=\int_1^2\left[2\mathrm{y}-\frac{y^3}{2}\right]\mathrm{d}y=\left[y^2-\frac{y^4}{8}\right]_1^2=\frac{9}{8}.$$

例 3　计算积分 $\iint\limits_D\frac{x^2}{y^2}\mathrm{d}x\mathrm{d}y$，其中 D 是由曲线 $xy=1$ 及 $y=x,x=2$ 围成的区域.

解　由例 1(3)

$$\iint\limits_D\frac{x^2}{y^2}\mathrm{d}x\mathrm{d}y=\int_1^2 x^2\mathrm{d}x\int_{\frac{1}{x}}^x\frac{1}{y^2}\mathrm{d}y$$

$$=\int_1^2(x^3-x)\mathrm{d}x=\frac{9}{4}.$$

如果将二重积分化成先对 x 后对 y 的二次积分，这时平行于 x 轴的直线与 D 的左边界的交点所在曲线方程的形式不同，所以要把 D 分成 D_1 和 D_2 两部分(图 7.13).由于

$$\iint\limits_{D_1}\frac{x^2}{y^2}\mathrm{d}x\mathrm{d}y=\int_{\frac{1}{2}}^1\mathrm{d}y\int_{\frac{1}{y}}^2\frac{x^2}{y^2}\mathrm{d}x=\frac{17}{12},$$

$$\iint\limits_{D_2}\frac{x^2}{y^2}\mathrm{d}x\mathrm{d}y=\int_1^2\mathrm{d}y\int_y^2\frac{x^2}{y^2}\mathrm{d}x=\frac{5}{6},$$

所以

$$\iint\limits_{D}\frac{x^2}{y^2}\mathrm{d}x\mathrm{d}y=\iint\limits_{D_1}\frac{x^2}{y^2}\mathrm{d}x\mathrm{d}y+\iint\limits_{D_2}\frac{x^2}{y^2}\mathrm{d}x\mathrm{d}y=\frac{17}{12}+\frac{5}{6}=\frac{9}{4}.$$

在本例中，用了两种算法，后一算法比前一算法要烦琐，这说明计算二重积分时，往往要先考虑积分区域的形状，然后再确定二次积分的次序.

例 4　计算 $\iint\limits_{D}xy\mathrm{d}\sigma$，其中 D 由 $y^2=x$ 和 $y=x-2$ 所围成.

解　由例 1(4)

$$\begin{aligned}\iint\limits_{D}xy\mathrm{d}\sigma&=\int_{-1}^2\mathrm{d}y\int_{y^2}^{y+2}xy\mathrm{d}x=\int_{-1}^2\left[\frac{1}{2}yx^2\right]_{y^2}^{y+2}\mathrm{d}y\\&=\frac{1}{2}\int_{-1}^2[y(y+2)^2-y^5]\mathrm{d}y\\&=\frac{1}{2}\left[\frac{y^4}{4}+\frac{4y^3}{3}+2y^2-\frac{y^6}{6}\right]_{-1}^2=5\frac{5}{8},\end{aligned}$$

或

$$\iint\limits_{D}xy\mathrm{d}\sigma=\iint\limits_{D_1}xy\mathrm{d}\sigma+\iint\limits_{D_2}xy\mathrm{d}\sigma=\int_0^1\mathrm{d}x\int_{-\sqrt{x}}^{\sqrt{x}}xy\mathrm{d}y+\int_1^4\mathrm{d}x\int_{x-2}^{\sqrt{x}}xy\mathrm{d}y=5\frac{5}{8}.$$

例 5　$\iint\limits_{D}\mathrm{e}^{-y^2}\mathrm{d}\sigma$，其中 D 是由直线 $y=x$，$y=1$ 和 y 轴所围成的.

解　D 既是 x-型区域又是 y-型区域(图 7.16)，但若先积 y 后积 x，得 $\iint\limits_{D}\mathrm{e}^{-y^2}\mathrm{d}\sigma=\int_0^1\mathrm{d}x\int_x^1\mathrm{e}^{-y^2}\mathrm{d}y$.因为 e^{-y^2} 的原函数不是初等函数，则无法计算积分的值，故只能按先积 x 后积 y 的次序进行计算.

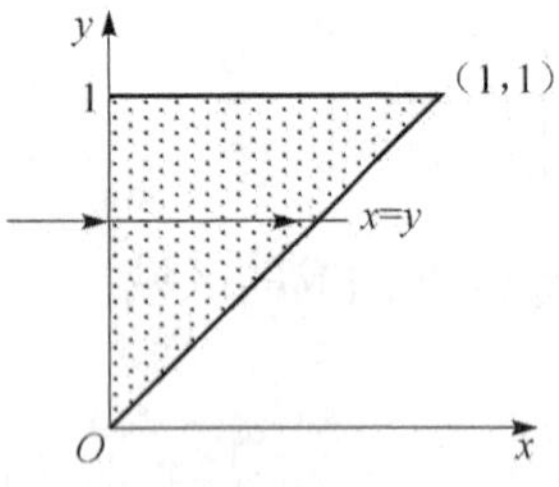

图 7.16

$$\iint\limits_{D}\mathrm{e}^{-y^2}\mathrm{d}\sigma=\int_0^1\mathrm{d}y\int_0^y\mathrm{e}^{-y^2}\mathrm{d}x=\int_0^1y\mathrm{e}^{-y^2}\mathrm{d}y=\frac{-1}{2}\mathrm{e}^{-y^2}\Big|_0^1=\frac{1}{2}(1-\mathrm{e}^{-1}).$$

积分次序的选择原则:

(1)第一原则——**函数优先原则**:必须保证各层积分的原函数能够求出.

(2)第二原则——**区域优先原则**:若积分区域是 x-型(或 y-型)则先对 y(或 x)积分.

(3)第三原则——**最少分块原则**:若积分区域既是 x-型又是 y-型且满足第一原则时，要使积分分块最少.

例 6　交换下列二次积分的积分次序.

(1) $\int_0^1 dx\int_{x^2}^{x} f(x,y)dy$；

(2) $\int_0^4 dy\int_{-\sqrt{y}}^{2-y} f(x,y)dx$.

解　(1) $D:\begin{cases}0\leqslant x\leqslant 1,\\ x^2\leqslant y\leqslant x,\end{cases}$ 此时固定 x 先对 y 积分，由此画出 D 的图形(图 7.17)，可知 D 既是 x-型区域又是 y-型区域，再列出固定 y 先对 x 积分的不等式组

$$D:\begin{cases}0\leqslant y\leqslant 1,\\ y\leqslant x\leqslant \sqrt{y},\end{cases}$$

所以

$$\int_0^1 dx\int_{x^2}^{x} f(x,y)dy=\int_0^1 dy\int_{y}^{\sqrt{y}} f(x,y)dx.$$

(2) $D:\begin{cases}0\leqslant y\leqslant 4,\\ -\sqrt{y}\leqslant x\leqslant 2-y,\end{cases}$ 固定 y 先对 x 积分，由此画出 D 的图形(图 7.18)，这是 y-型区域，则

$$D_1:\begin{cases}-2\leqslant x\leqslant 0,\\ x^2\leqslant y\leqslant 2-x,\end{cases} 及 D_2:\begin{cases}0\leqslant x\leqslant 2,\\ 0\leqslant y\leqslant 2-x,\end{cases}$$

所以

$$\int_0^4 dy\int_{-\sqrt{y}}^{2-y} f(x,y)dx=\int_{-2}^0 dx\int_{x^2}^{2-x} f(x,y)dy+\int_0^2 dx\int_0^{2-x} f(x,y)dy.$$

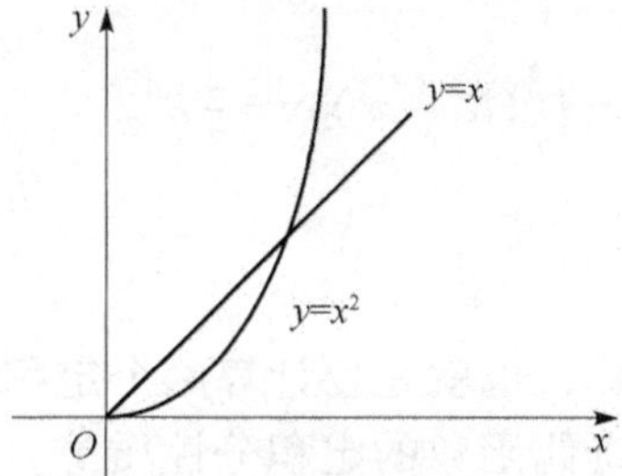

图 7.17

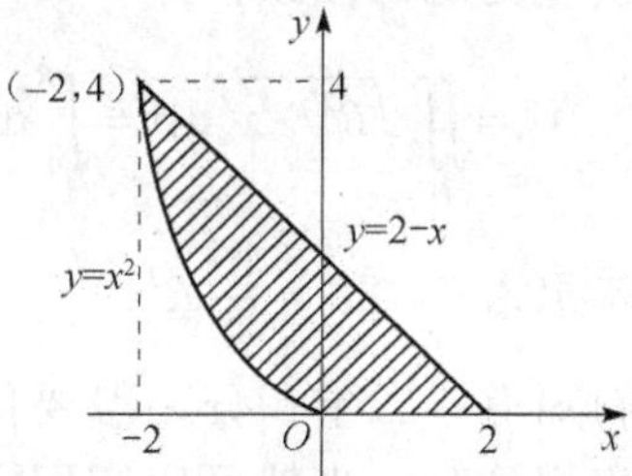

图 7.18

交换二次积分次序的关键是画出积分区域的图形.

例 7　计算 $\int_0^1 x^2dx\int_x^1 \cos y^4dy$.

解　这是一个二次积分，但 $\int_x^1 \cos y^4dy$ 不好算，需要交换二次积分次序(图 7.19)

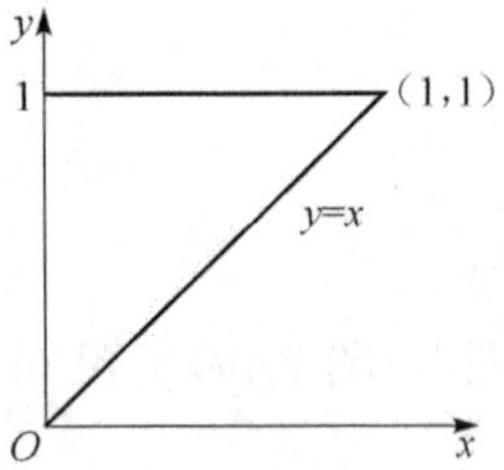

图 7.19

$$\int_0^1 x^2 \mathrm{d}x \int_x^1 \cos y^4 \mathrm{d}y = \int_0^1 \cos y^4 \mathrm{d}y \int_0^y x^2 \mathrm{d}x$$
$$= \frac{1}{3}\int_0^1 y^3 \cos y^4 \mathrm{d}y$$
$$= \frac{1}{12}\int_0^1 \cos y^4 \mathrm{d}y^4 = \frac{\sin 1}{12}.$$

例 8 求两个底圆半径都等于 R 的直交圆柱面所围成的立体的体积.

解 设这两个直交圆柱面的方程为 $x^2+y^2=R^2$ 及 $x^2+z^2=R^2$，并画出它们在第 I 的图形(图 7.20).

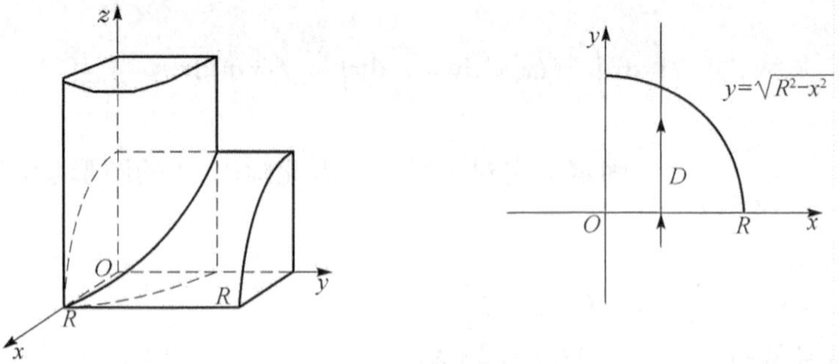

图 7.20

所求立体在第 I 卦限的部分可看作是以圆柱面 $z=\sqrt{R^2-x^2}$ 为顶，xOy 面上四分之一的圆域 D 为底的曲顶柱体，其体积为

$$V_1=\iint_D \sqrt{R^2-x^2}\,\mathrm{d}\sigma=\int_0^R \mathrm{d}x\int_0^{\sqrt{R^2-x^2}}\sqrt{R^2-x^2}\,\mathrm{d}y=\int_0^R (R^2-x^2)\mathrm{d}x=\frac{2}{3}R^3,$$

故所求体积为 $V=8V_1=\dfrac{16}{3}R^3$.

我们知道，二重积分一般要化为二次积分来计算，也就是要计算两个定积分；而在计算定积分时，当然可以应用定积分的性质，如奇偶函数的定积分性质等，所以二**重积分也有对称性问题**.具体如下.

设 $f(x,y)$ 在有界闭区域 D 上的可积，$D=D_1\cup D_2$.

(1)若 D_1与D_2 关于 y 轴对称，则

$$\iint_D f(x,y)\mathrm{d}x\mathrm{d}y=\begin{cases}2\iint_{D_1} f(x,y)\mathrm{d}x\mathrm{d}y, & \text{当} f(-x,y)=f(x,y)\text{时}\\ & (\text{即} f(x,y)\text{关于} x \text{为偶函数}),\\ 0, & \text{当} f(-x,y)=-f(x,y)\text{时}\\ & (\text{即} f(x,y)\text{关于} x \text{为奇函数});\end{cases}$$

(2)若D_1与D_2关于x轴对称，则

$$\iint_D f(x,y)\mathrm{d}x\mathrm{d}y=\begin{cases}2\iint_{D_1} f(x,y)\mathrm{d}x\mathrm{d}y, & \text{当} f(x,-y)=f(x,y)\text{时}\\ & (\text{即} f(x,y)\text{关于} y \text{为偶函数}),\\ 0, & \text{当} f(x,-y)=-f(x,y)\text{时}\\ & (\text{即} f(x,y)\text{关于} y \text{为奇函数});\end{cases}$$

(3)若D_1与D_2关于原点对称，则

$$\iint_D f(x,y)\mathrm{d}x\mathrm{d}y=\begin{cases}2\iint_{D_1} f(x,y)\mathrm{d}x\mathrm{d}y, & \text{当} f(-x,-y)=f(x,y)\text{时}\\ & (\text{即} f(x,y)\text{关于}(x,y)\text{为偶函数}),\\ 0, & \text{当} f(-x,-y)=-f(x,y)\text{时}\\ & (\text{即} f(x,y)\text{关于}(x,y)\text{为奇函数});\end{cases}$$

(4) 若积分区域D关于直线$y=x$对称时，即$(x,y)\in D\Leftrightarrow(y,x)\in D$，则$\iint_D f(x,y)\,\mathrm{d}x\mathrm{d}y=\iint_D f(y,x)\mathrm{d}x\mathrm{d}y$(称为二重积分的轮换对称性).

例 9　求$\iint_D(xy^2+\sqrt{|y-x^2|})\mathrm{d}x\mathrm{d}y$，其中$D=\{(x,y)\,\big|\,|x|\leqslant 1,\ \ 0\leqslant y\leqslant 2\}$.

解　由于积分区域D关于y轴对称(图 7.21)，被积函数$f(x,y)=xy^2+\sqrt{|y-x^2|}$中的$xy^2$关于$x$是奇函数，所以$\iint_D xy^2\mathrm{d}x\mathrm{d}y=0$，即

$$\iint_D(xy^2+\sqrt{|y-x^2|})\mathrm{d}x\mathrm{d}y=\iint_D\sqrt{|y-x^2|}\mathrm{d}x\mathrm{d}y.$$

抛物线$y=x^2$把D分为两个子区域：

$$D_1=\{(x,y)\,\big|\,|x|\leqslant 1,\ \ x^2\leqslant y\leqslant 2\},$$

$$D_2=\{(x,y)\,\big|\,|x|\leqslant 1,\ \ 0\leqslant y\leqslant x^2\}.$$

$$\sqrt{|y-x^2|}=\begin{cases}\sqrt{y-x^2}, & (x,y)\in D_1,\\ \sqrt{x^2-y}, & (x,y)\in D_2.\end{cases}$$

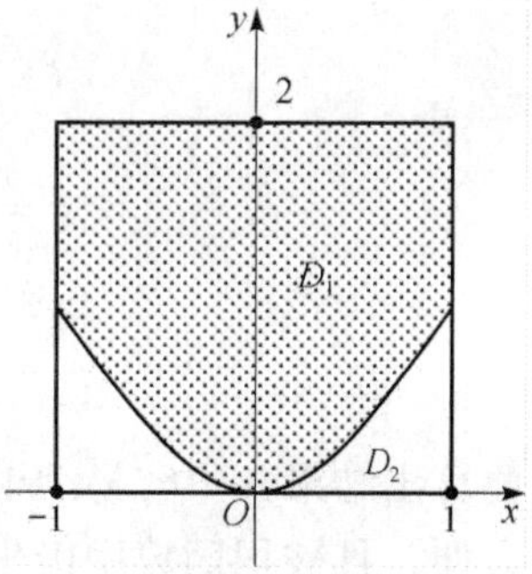

图 7.21

被积函数$\sqrt{|y-x^2|}$在D上是关于x的偶函数，积分区域D关于y轴对称，D_1，D_2也关于y轴对称，故

$$\iint_D\sqrt{|y-x^2|}\mathrm{d}x\mathrm{d}y=\iint_{D_1}\sqrt{y-x^2}\mathrm{d}x\mathrm{d}y+\iint_{D_2}\sqrt{x^2-y}\mathrm{d}x\mathrm{d}y$$

$$=2\int_0^1\mathrm{d}x\int_{x^2}^2\sqrt{y-x^2}\,\mathrm{d}y+2\int_0^1\mathrm{d}x\int_0^{x^2}\sqrt{x^2-y}\mathrm{d}y$$

$$=\frac{4}{3}\int_0^1(2-x^2)^{\frac{3}{2}}\mathrm{d}x+\frac{4}{3}\int_0^1 x^3\mathrm{d}x=\frac{\pi}{2}+\frac{5}{3}.$$

例 10　设 $f(x)$ 连续且恒不为零，证明 $I=\iint\limits_{x^2+y^2\leqslant R^2}\frac{af(x)+bf(y)}{f(x)+f(y)}\mathrm{d}x\mathrm{d}y=\frac{a+b}{2}\pi R^2$.

证　积分区域 $x^2+y^2\leqslant R^2$ 关于直线 $y=x$ 对称，所以交换被积函数中的 x，y 的位置，结果不变，故有

$$I=\iint\limits_{x^2+y^2\leqslant R^2}\frac{af(y)+bf(x)}{f(y)+f(x)}\mathrm{d}x\mathrm{d}y,$$

$$2I=\iint\limits_{x^2+y^2\leqslant R^2}(a+b)\mathrm{d}x\mathrm{d}y=(a+b)\pi R^2,$$

$$I=\frac{a+b}{2}\pi R^2.$$

二、极坐标系下二重积分的计算

既然已经有了用直角坐标计算二重积分的方法，为什么还要讲用极坐标计算二重积分呢？请先看下面的例子：用直角坐标计算二重积分

$$I=\iint\limits_D\sqrt{x^2+y^2}\mathrm{d}x\mathrm{d}y,$$

其中 D 是以原点为圆心的单位圆 $x^2+y^2\leqslant 1$.

考虑到这个积分的积分区域与被积函数关于 x,y 都是对称的，不管采用哪一种积分次序，计算方法都是相同的.若选定先对 y 后对 x 的二次积分，则

$$\begin{aligned}I&=4\int_0^1\mathrm{d}x\int_1^{\sqrt{1-x^2}}\sqrt{x^2+y^2}\mathrm{d}y\\&=2\int_0^1[y\sqrt{x^2+y^2}+x^2\ln(y+\sqrt{x^2+y^2})]\Big|_0^{\sqrt{1-x^2}}\mathrm{d}x\\&=2\int_0^1\left(\sqrt{1-x^2}+x^2\ln\frac{1+\sqrt{1-x^2}}{x}\right)\mathrm{d}x=\cdots,\end{aligned}$$

要算出结果并不容易.所以说，有些二重积分，区域 D 的边界曲线用极坐标方程表示比较方便，且被积函数用极坐标变量 r,θ 表达比较简单，就可以在极坐标系下计算二重积分.

由二重积分的定义，$f(x,y)$ 在 D 上的二重积分是

$$\lim_{d\to 0}\sum_{i=1}^{n}f(\xi_i,\ \eta_i)\Delta\sigma_i,$$

我们来看这个和式的极限在极坐标系下的表示.

设函数 $f(x,y)$ 在闭区域 D 上连续.区域 D 的边界曲线为 $r=r_1(\theta)$ 和 $r=r_2(\theta)$，$\alpha\leqslant\theta\leqslant\beta$，其中 $r_1(\theta)$，$r_2(\theta)$ 在 $[\alpha,\beta]$ 上连续.

假设从极点 O 出发且穿过闭区域 D 内部的射线与 D 的边界曲线相交不多于两点(图 7.22).用以极点为中心的一族同心圆：$r=r_i$（r_i 为常数），以及从极点出发的一族射

线：$\theta=\theta_i$（θ_i为常数），把D分成n个小闭区域，除了包含边界点的一些小闭区域外，小闭区域的面积$\Delta\sigma_i$可计算如下

$$\Delta\sigma_i=\frac{1}{2}(r_i+\Delta r_i)^2\cdot\Delta\theta_i-\frac{1}{2}r_i^2\cdot\Delta\theta_i=\frac{1}{2}(2r_i+\Delta r_i)\Delta r_i\cdot\Delta\theta_i$$
$$=\frac{1}{2}[\,r_i+(r_i+\Delta r_i)]\cdot\Delta r_i\cdot\Delta\theta_i=\overline{r_i}\cdot\Delta r_i\cdot\Delta\theta_i$$

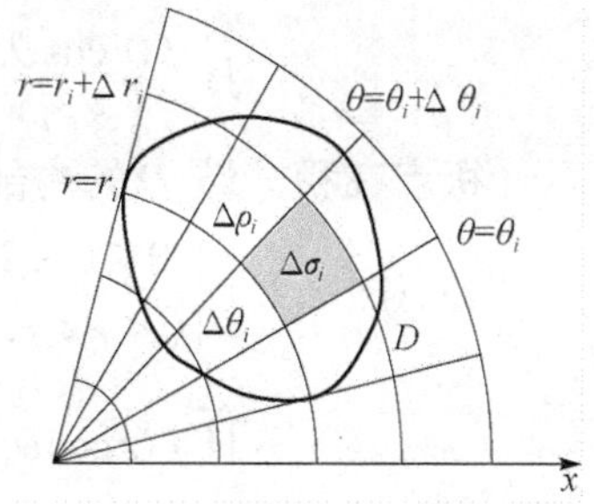

图 7.22

其中，$\overline{r_i}$表示相邻两圆弧的半径的平均值.在这小区域内取圆周$r=\overline{r_i}$上一点$(\overline{\rho_i},\overline{\theta_i})$，该点的直角坐标设为$(\xi_i,\ \eta_i)$，则由直角坐标与极坐标的关系有

$$\xi_i=\overline{r_i}\cos\overline{\theta_i},\quad \eta_i=\overline{r_i}\sin\overline{\theta_i},$$

故

$$\lim_{d\to0}\sum_{i=1}^{n}f(\xi_i,\ \eta_i)\Delta\sigma_i=\lim_{d\to0}\sum_{i=1}^{n}f(\overline{r_i}\cos\overline{\theta_i},\ \overline{r_i}\sin\overline{\theta_i})\overline{r_i}\cdot\Delta r_i\cdot\Delta\theta_i,$$

即

$$\iint_D f(x,y)\mathrm{d}\sigma=\iint_D f(r\cos\theta,r\sin\theta)r\mathrm{d}r\mathrm{d}\theta .$$

上式又可写成

$$\iint_D f(x,y)\mathrm{d}x\mathrm{d}y=\iint_D f(r\cos\theta,r\sin\theta)r\mathrm{d}r\mathrm{d}\theta,$$

其中，$r\mathrm{d}r\mathrm{d}\theta$就是极坐标系中的面积元素.

极坐标系下的二重积分，也要化为二次积分来计算，通常是先对r积分后对θ积分.下面分几种情形看如何将极坐标系下的二重积分化为二次积分.

极点在积分区域D的外部 设积分区域为

D:(图 7.23)$\begin{cases}\alpha\leqslant\theta\leqslant\beta,\\ r_1(\theta)\leqslant r\leqslant r_2(\theta),\end{cases}$其中函数$r_1(\theta)$，$r_2(\theta)$在$[\alpha,\beta]$上连续.则

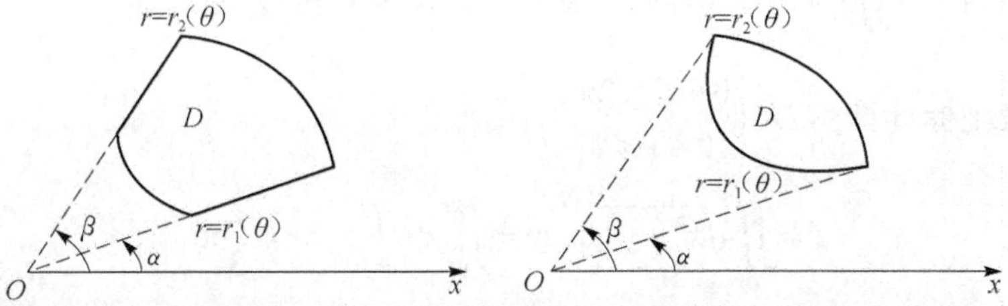

图 7.23

$$\iint_D f(r\cos\theta,r\sin\theta)r\mathrm{d}r\mathrm{d}\theta=\int_\alpha^\beta\mathrm{d}\theta\int_{r_1(\theta)}^{r_2(\theta)}f(r\cos\theta,\ r\sin\theta)r\mathrm{d}r .$$

极点在积分区域D的边界上 设积分区域为

D:(图 7.24)$\begin{cases}\alpha\leqslant\theta\leqslant\beta,\\ 0\leqslant r\leqslant r(\theta),\end{cases}$则有

$$\iint_D f(r\cos\theta, r\sin\theta) r\mathrm{d}r\mathrm{d}\theta = \int_\alpha^\beta \mathrm{d}\theta \int_0^{r(\theta)} f(r\cos\theta,\ r\sin\theta) r\mathrm{d}r\ .$$

极点在积分域 D 的内部　设积分区域为

D:(图 7.25) $\begin{cases} 0 \leqslant \theta \leqslant 2\pi, \\ 0 \leqslant r \leqslant r(\theta), \end{cases}$ 则有

$$\iint_D f(r\cos\theta, r\sin\theta) r\mathrm{d}r\mathrm{d}\theta = \int_0^{2\pi} \mathrm{d}\theta \int_0^{r(\theta)} f(r\cos\theta,\ r\sin\theta) r\mathrm{d}r\ .$$

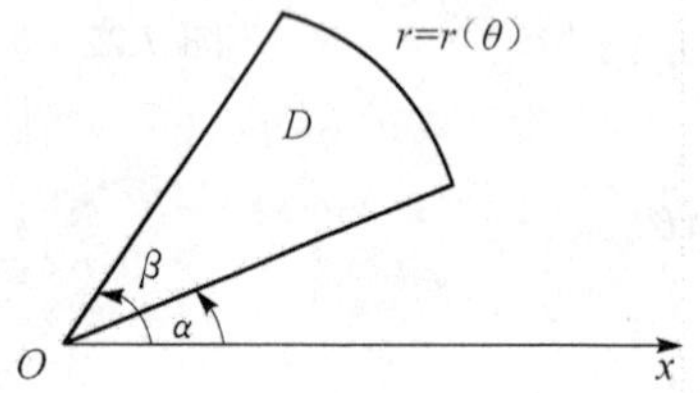

图 7.24

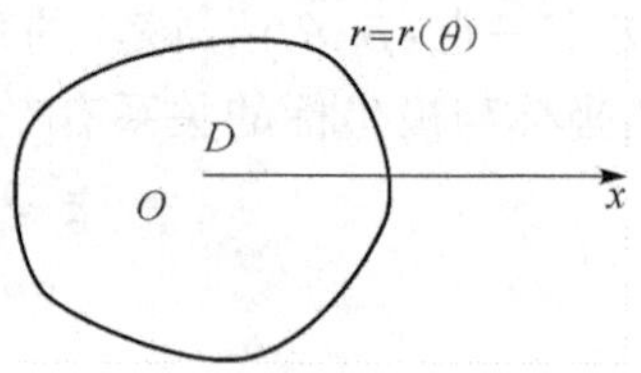

图 7.25

在极坐标系中，闭区域 D 的面积 σ 可以表示为

$$\sigma = \iint_D \mathrm{d}\sigma = \iint_D r\mathrm{d}r\mathrm{d}\theta\ .$$

若闭区域 D 如图 7.23 所示，则

$$\sigma = \iint_D r\mathrm{d}r\mathrm{d}\theta = \int_\alpha^\beta \mathrm{d}\theta \int_{r_1(\theta)}^{r_2(\theta)} r\mathrm{d}r = \frac{1}{2}\int_\alpha^\beta [r_2^2(\theta) - r_1^2(\theta)]\mathrm{d}\theta\ .$$

若闭区域 D 如图 7.24 所示，则

$$\sigma = \iint_D r\mathrm{d}r\mathrm{d}\theta = \int_\alpha^\beta \mathrm{d}\theta \int_0^{r(\theta)} r\mathrm{d}r = \frac{1}{2}\int_\alpha^\beta r^2(\theta)\mathrm{d}\theta\ .$$

例 11　计算 $I = \iint_D \sqrt{x^2 + y^2}\mathrm{d}x\mathrm{d}y$，其中 D： $x^2 + y^2 \leqslant 1$.

解　用极坐标计算，D:$\begin{cases} 0 \leqslant \theta \leqslant 2\pi, \\ 0 \leqslant r \leqslant 1, \end{cases}$

$$I = \iint_D \sqrt{x^2 + y^2}\mathrm{d}x\mathrm{d}y = \int_0^{2\pi} \mathrm{d}\theta \int_0^1 r^2 \mathrm{d}r = \frac{2}{3}\pi\ .$$

例 12　计算 $\iint_D \sqrt{y}\mathrm{d}\sigma$，其中 D:$x^2 + y^2 \leqslant y$.

解　用极坐标计算，D:$\begin{cases} 0 \leqslant \theta \leqslant \pi \\ 0 \leqslant r \leqslant \sin\theta \end{cases}$ (图 7.26)，

$$\iint_D \sqrt{y}\mathrm{d}\sigma = \int_0^\pi \mathrm{d}\theta \int_0^{\sin\theta} \sqrt{r\sin\theta}\, r\mathrm{d}r$$

$$=\frac{2}{5}\int_0^{\pi}\sin^3\theta\mathrm{d}\theta$$

$$=\frac{8}{15},$$

例 13　计算 $\iint\limits_D xy\mathrm{d}\sigma$，其中 D：.$1\leqslant x^2+y^2\leqslant 2x, y\geqslant 0$.

解　用极坐标计算，由 $\begin{cases} r=1, \\ r=2\cos\theta, \end{cases}$ 解得 $\theta=\frac{\pi}{3}$,

D:(图 7.27) $\begin{cases} 0\leqslant\theta\leqslant\frac{\pi}{3}, \\ 1\leqslant r\leqslant 2\cos\theta, \end{cases}$

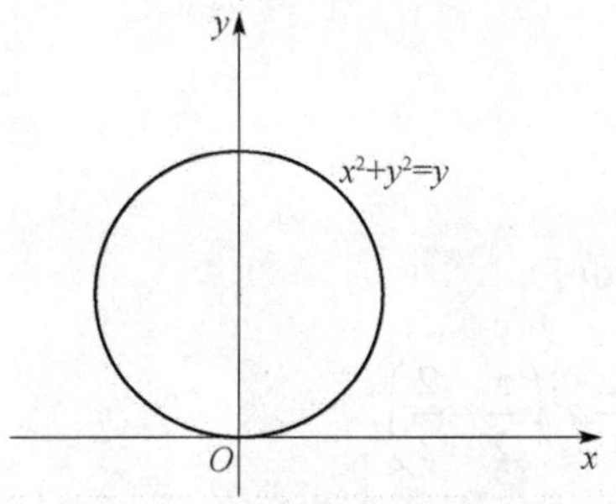

图 7.26

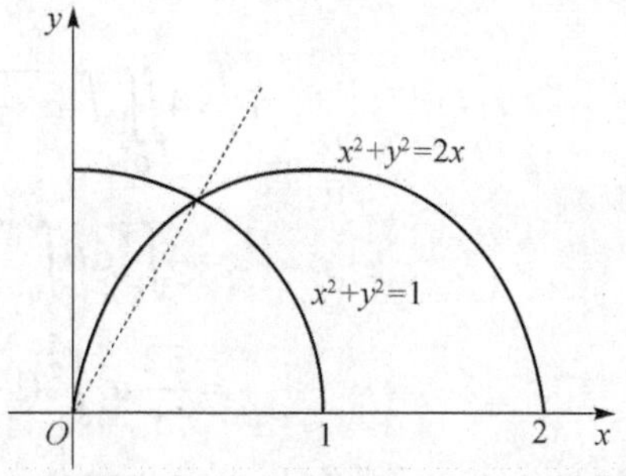

图 7.27

故

$$\iint\limits_D xy\mathrm{d}\sigma=\int_0^{\frac{\pi}{3}}\mathrm{d}\theta\int_1^{2\cos\theta}r\cos\theta\cdot r\sin\theta\cdot r\mathrm{d}r$$

$$=\frac{1}{4}\int_0^{\frac{\pi}{3}}\sin\theta\cos\theta(16\cos^4\theta-1)\mathrm{d}\theta$$

$$=-\frac{1}{4}\int_0^{\frac{\pi}{3}}(16\cos^5\theta-\cos\theta)\mathrm{d}\cos\theta$$

$$=\frac{9}{16}.$$

例 14　球体 $x^2+y^2+z^2\leqslant 4a^2$ 被圆柱面 $x^2+y^2=2ax(a>0)$ 所截得的(含在圆柱面内的部分)立体的体积.

解　由对称性(图 7.28)，得

$$V=4\iint\limits_D\sqrt{4a^2-x^2-y^2}\mathrm{d}x\mathrm{d}y,$$

其中，积分区域为 D:(图 7.29) $\begin{cases} 0\leqslant\theta\leqslant\frac{\pi}{2}, \\ 0\leqslant r\leqslant 2a\cos\theta. \end{cases}$

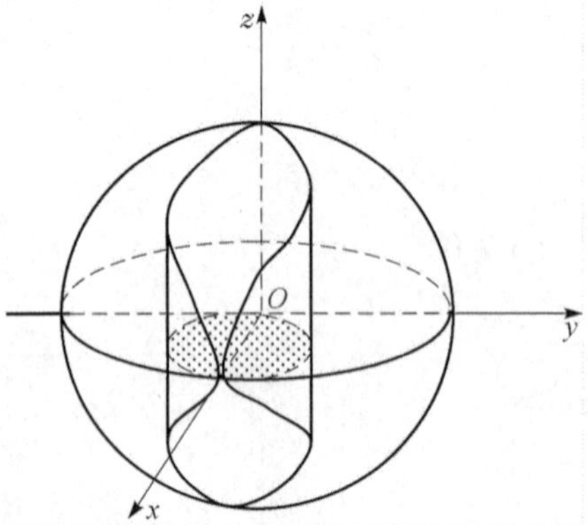

图 7.28

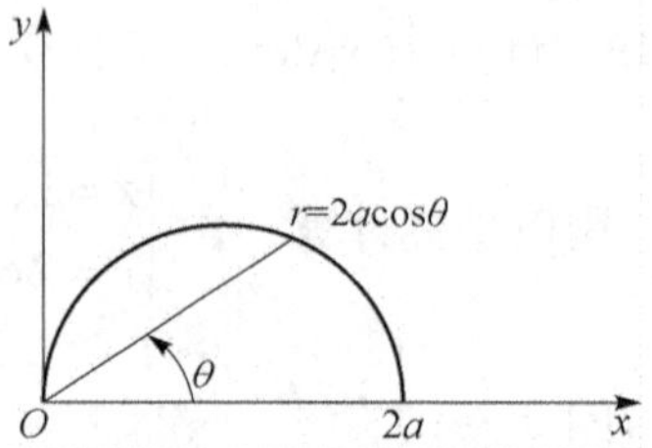

图 7.29

$$
\begin{aligned}
V &= 4\iint\limits_D \sqrt{4a^2-x^2-y^2}\,\mathrm{d}x\mathrm{d}y \\
&= 4\int_0^{\frac{\pi}{2}}\mathrm{d}\theta\int_0^{2a\cos\theta}\sqrt{4a^2-r^2}\cdot r\mathrm{d}r \\
&= \frac{32}{3}a^3\int_0^{\frac{\pi}{2}}(1-\sin^3\theta)\mathrm{d}\theta = \frac{32}{3}a^3\left(\frac{\pi}{2}-\frac{2}{3}\right).
\end{aligned}
$$

通常当积分区域 D 为圆或圆的一部分，被积函数为 $f(x^2+y^2)$ 类型时，考虑将二重积分化为极坐标下的二次积分，但也不绝对，如例 8 就适合用直角坐标计算.

例 15　求三叶玫瑰线 $r=a\sin 3\theta$ 所围成的面积.

解　利用对称性，并且当 $\theta=\dfrac{\pi}{6}$ 时(如图 7.30)，r 最大，所以有

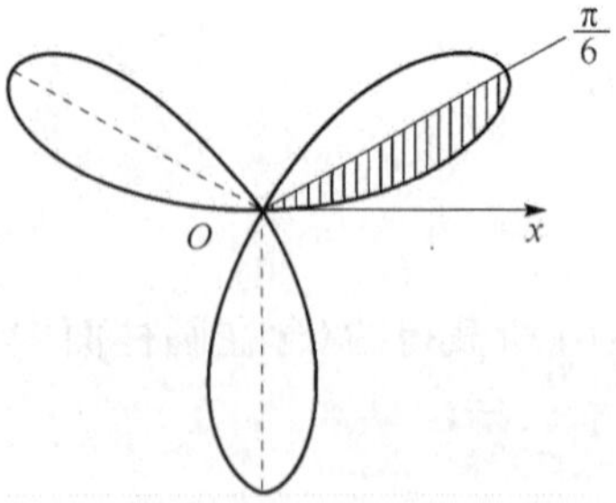

图 7.30

$$
\begin{aligned}
S &= 6\iint\limits_D 1\cdot\mathrm{d}\sigma = 6\int_0^{\frac{\pi}{6}}\mathrm{d}\theta\int_0^{a\sin 3\theta} r\mathrm{d}r \\
&= 6\int_0^{\frac{\pi}{6}}\frac{1}{2}r^2\Big|_0^{a\sin 3\theta}\mathrm{d}\theta \\
&= 3a^2\int_0^{\frac{\pi}{6}}\sin^2 3\theta\mathrm{d}\theta = \frac{3a^2}{2}\int_0^{\frac{\pi}{6}}(1-\cos 6\theta)\mathrm{d}\theta \\
&= \frac{3a^2}{2}\left[\theta-\frac{1}{6}\sin 6\theta\right]_0^{\frac{\pi}{6}} = \frac{\pi a^2}{4}.
\end{aligned}
$$

在用二重积分计算几何问题时，要充分利用对称性.

例 16　将二次积分 $\int_0^1\mathrm{d}x\int_{1-x}^{\sqrt{1-x^2}}f(x,y)\,\mathrm{d}y$ 化为极坐标下的二次积分.

解　用极坐标计算，D(图 7.31)：$\begin{cases} 0\leqslant\theta\leqslant\dfrac{\pi}{2}, \\ \dfrac{1}{\sin\theta+\cos\theta}\leqslant r\leqslant 1. \end{cases}$

$$\int_0^1 dx\int_{1-x}^{\sqrt{1-x^2}} f(x,y)\,dy=\int_0^{\frac{\pi}{2}}d\theta\int_{\frac{1}{\sin\theta+\cos\theta}}^{1} f(r\cos\theta,r\sin\theta)r dr.$$

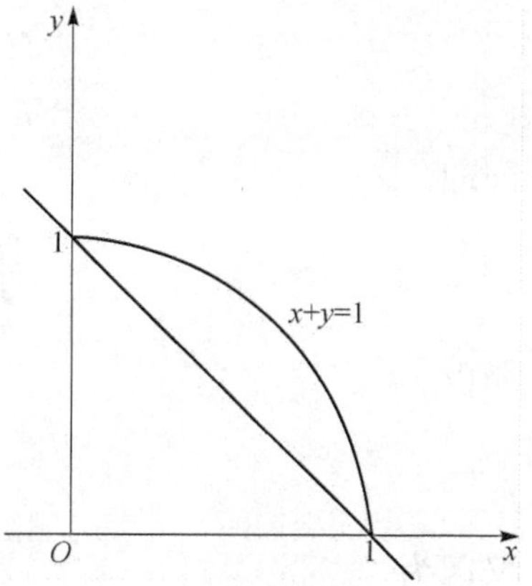

图 7.31

例 17　(1) 计算 $\iint\limits_D e^{-(x^2+y^2)}dxdy$，其中 $D: x^2+y^2\leqslant a^2(a>0), x\geqslant 0, y\geqslant 0$.

(2) 计算无穷积分 $I=\int_0^{+\infty} e^{-x^2}dx$.

解　(1) 用极坐标计算，D(图 7.32)：$\begin{cases} 0\leqslant\theta\leqslant\dfrac{\pi}{2}, \\ 0\leqslant r\leqslant a. \end{cases}$

$$\iint\limits_D e^{-(x^2+y^2)}dxdy=\int_0^{\frac{\pi}{2}}d\theta\int_0^a e^{-r^2}\cdot r dr=\frac{\pi}{2}\cdot\left[-\frac{1}{2}e^{-r^2}\right]_0^{+\infty}=\frac{\pi}{4}(1-e^{-a^2}).$$

(2) 由于 e^{-x^2} 的原函数不是初等函数，所以 $\int e^{-x^2}dx$ 算不出来，利用(1)的结论来计算这个在概率统计中很重要的积分.设

$D_1: x^2+y^2\leqslant a^2, x\geqslant 0, y\geqslant 0\ (a>0)$,

$D_2: x^2+y^2\leqslant 2a^2, x\geqslant 0, y\geqslant 0\ (a>0)$,

D(图7.33)：$0\leqslant x\leqslant a, 0\leqslant y\leqslant a\ (a>0)$.

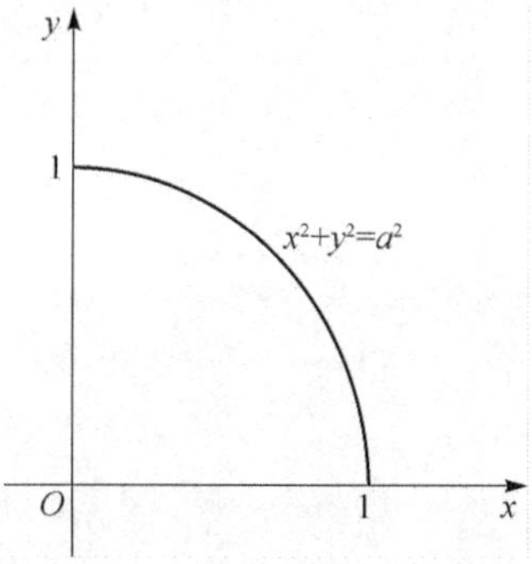

图 7.32

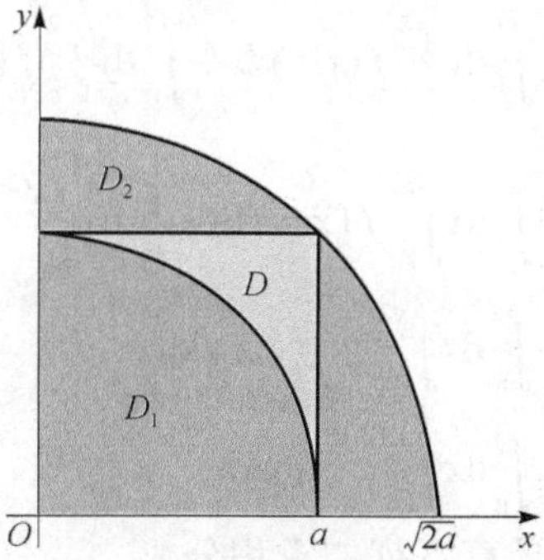

图 7.33

由于 $D_1\subset D\subset D_2$，且 $e^{-(x^2+y^2)}>0$，由二重积分的性质，$\iint\limits_{D_1} e^{-(x^2+y^2)}dxdy\leqslant\iint\limits_D e^{-(x^2+y^2)}dxdy\leqslant\iint\limits_{D_2} e^{-(x^2+y^2)}dxdy$，由(1)，当 $a\to+\infty$ 时，

$$\iint\limits_{D_1} e^{-(x^2+y^2)}dxdy = \frac{\pi}{4}(1-e^{-a^2}) \to \frac{\pi}{4};$$

同理

$$\iint\limits_{D_2} e^{-(x^2+y^2)}dxdy = \frac{\pi}{4}(1-e^{-2a^2}) \to \frac{\pi}{4}.$$

所以

$$\iint\limits_{D} e^{-(x^2+y^2)}dxdy = \frac{\pi}{4}.$$

又因为

$$\iint\limits_{D} e^{-(x^2+y^2)}dxdy = \int_0^{+\infty} e^{-x^2}dx \cdot \int_0^{+\infty} e^{-y^2}dy = \left(\int_0^{+\infty} e^{-x^2}dx\right)^2 = I^2,$$

所以

$$I = \int_0^{+\infty} e^{-x^2}dx = \frac{\sqrt{\pi}}{2}.$$

习题 7-2

1. 改变下列二次积分的积分次序.

(1) $\int_0^1 dy\int_0^y f(x,y)dx$;

(2) $\int_1^e dx\int_0^{\ln x} f(x,y)dy$;

(3) $\int_0^2 dy\int_{y^2}^{2y} f(x,y)dx$;

(4) $\int_{\frac{1}{2}}^1 dy\int_{\frac{1}{y}}^2 f(x,y)dx + \int_1^2 dy\int_y^2 f(x,y)dx$;

(5) $\int_0^1 dx\int_0^{x^2} f(x,y)dy + \int_1^3 dx\int_0^{\frac{1}{2}(3-x)} f(x,y)dy$;

(6) $\int_1^2 dx\int_{2-x}^{\sqrt{2x-x^2}} f(x,y)dy$;

(7) $\int_0^1 dx\int_x^{2x} f(x,y)dy$.

2. 计算下列二重积分.

(1) $\iint\limits_D (x^2+y^2)dxdy$，其中 D：$|x|\leqslant 1, |y|\leqslant 1$;

(2) $\iint\limits_D (x^2+y^2)dxdy$，其中 D 由 $y=x$，$y=x+a, y=a, y=3a(a>0)$ 所围成的区域;

(3) $\iint\limits_D (3x-2y)dxdy$，其中 D：$|x|+|y|\leqslant 1$;

(4) $\iint\limits_D e^{x+y}d\sigma$，其中 D：$|x|+|y|\leqslant 1$；

(5) $\iint\limits_D (3x+2y)dxdy$，其中 D 由直线 $x+y=1$ 及两坐标轴围成；

(6) $\iint\limits_D xydxdy$，其中 D 由 $y=x$ 与 $y=x^2$ 所围成的区域；

(7) $\iint\limits_D x\cos(x+y)dxdy$，其中 D 由 $y=x$，$x=\pi$ 及 x 轴围成的区域；

(8) $\iint\limits_D (x^2+y^2-x)dxdy$，其中 D 由直线 $y=2, y=x, y=2x$ 围成；

(9) $\iint\limits_D x\sin y^3dxdy$，其中 D 由直线 $x=0$，$y=1$ 和 $y=x$ 所围成；

(10) $\iint\limits_D x\sin\dfrac{y}{x}dxdy$，其中 D 由 $y=0, y=x, x=1$ 围成；

(11) $\iint\limits_D e^{\frac{y}{x}}dxdy$，其中 D 由 $y=x^2, y=0, x=1$ 所围成；

(12) $\iint\limits_D |\sin(x+y)|dxdy$，其中 $D=\{(x,y)|0\leqslant x\leqslant\pi, 0\leqslant y\leqslant 2\pi\}$；

(13) $\iint\limits_D xdxdy$，其中 $D=\{(x,y)|2\leqslant x^2+y^2\leqslant 2x\}$；

(14) $\iint\limits_D e^{-y^2}dxdy$，其中 D 是以(0，0)，(0，1)，(1，1)为顶点的三角形区域；

(15) $\iint\limits_D (y^2+x)dxdy$，其中 D 由 $y=\dfrac{1}{1+x}, x=0, x=2$ 及 x 轴围成；

(16) $\iint\limits_D (x^2+y^2)dxdy$，其中 D 由 $y=\sqrt{x}, y=2\sqrt{x}, x=1$ 围成.

3. 计算下列二次积分.

(1) $\int_0^1 dx\int_{x^2}^1 \dfrac{xy}{\sqrt{1+y^3}}dy$；

(2) $\int_\pi^{2\pi} dy\int_{y-\pi}^{\pi} \dfrac{\sin x}{x}dx$；

(3) $\int_0^1 dy\int_y^{\sqrt{y}} e^{\frac{y}{x}}dx$；

(4) $\int_0^1 dx\int_{\sqrt{1-x^2}}^{\sqrt{4-x^2}} e^{x^2+y^2}dy+\int_1^2 dx\int_0^{\sqrt{4-x^2}} e^{x^2+y^2}dy$；

(5) $\int_0^2 dy\int_{-\sqrt{2y-y^2}}^{\sqrt{2y-y^2}} \sqrt{x^2+y^2}dx$.

4. 将下列二次积分化为极坐标下的二次积分.

(1) $\int_0^1 dy\int_0^{\sqrt{1-y^2}} f(x,y)dx$；

(2) $\int_0^1 dx\int_0^{\sqrt{x-x^2}} f(x^2+y^2)dy$.

5. 用极坐标计算下列二重积分.

(1) $\iint\limits_D \sqrt{1+x^2+y^2}dxdy$，$D:1\leqslant x^2+y^2\leqslant 4$；

(2) $\iint\limits_D \sin\sqrt{x^2+y^2}dxdy$，$D:x^2+y^2\leqslant 1, y\geqslant 0$；

(3) $\iint\limits_{\substack{1\leqslant x^2+y^2\leqslant 4\\0\leqslant y\leqslant x}} \arctan\frac{y}{x}dxdy$；

(4) $\iint\limits_D \sqrt{x^2+y^2}dxdy$，其中 D：$|x|\leqslant 1,|y|\leqslant 1$；

(5) $\iint\limits_D \ln(1+x^2+y^2)dxdy$，$D:x^2+y^2\leqslant R^2, x\geqslant 0, y\geqslant 0$；

(6) $I=\iint\limits_D \sqrt{x^2+y^2}dxdy$，$D=\{(x,y)|0\leqslant |y|\leqslant x,\ x^2+y^2\leqslant 2x\}$；

(7) $\iint\limits_D |4-x^2-y^2|dxdy$，$D:x^2+y^2\leqslant 9, y\geqslant 0$；

(8) $\iint\limits_D \frac{1}{(1+x^2+y^2)^2}dxdy$，其中 D 由右半双纽线 $(x^2+y^2)^2=x^2-y^2, x\geqslant 0$ 围成.

6. 计算下列曲面所围立体的体积.

(1) $z=x^2+2y^2$ 与 $z=6-2x^2-y^2$；

(2) $z=x^2+y^2, x+y=1, x=0, y=0, z=0$；

(3) 锥面 $z=\sqrt{x^2+y^2}$ 与旋转抛物面 $z=6-x^2-y^2$；

(4) 由抛物柱面 $z=1-x^2, x=1-y^2$ 及坐标平面 $z=0$ 所围成的曲顶柱体.

7. 求下列曲线所围图形的面积.

(1) 心脏线 $r=a(1-\cos\theta)$；

(2) $(x^2+y^2)^2=2ax^3$；

(3) $(x^2+y^2)^2=2a^2(x^2-y^2)$.

第三节　二重积分的应用

在前面的例题中已经看到，可以利用二重积分求立体的体积.现在我们再给出利用二重积分求曲面面积和平面区域重心的方法.

一、曲面面积

设曲面 Σ 的方程为

$$\Sigma: z = f(x,y), (x,y) \in D,$$

则计算曲面 Σ 的面积 A 的公式为

$$A = \iint_D \sqrt{1+f_x^2+f_y^2}\,\mathrm{d}\sigma.$$

例 1 计算半径为 R 的球面面积.

解 设球面方程为 $x^2+y^2+z^2=R^2$，取其在第 I 卦限的部分，方程为 $z=\sqrt{R^2-x^2-y^2}$，有 $\dfrac{\partial z}{\partial x} = -\dfrac{x}{\sqrt{R^2-x^2-y^2}}, \dfrac{\partial z}{\partial y} = -\dfrac{y}{\sqrt{R^2-x^2-y^2}}$，所以 $\sqrt{1+f_x^2+f_y^2} = \dfrac{R}{\sqrt{R^2-x^2-y^2}}$，

则面积

$$A = 8\iint_D \sqrt{1+f_x^2+f_y^2}\,\mathrm{d}\sigma = 8\iint_D \frac{R}{\sqrt{R^2-x^2-y^2}}\mathrm{d}x\mathrm{d}y$$

$$= 8\int_0^{\frac{\pi}{2}}\mathrm{d}\theta\int_0^R \frac{Rr}{\sqrt{R^2-r^2}}\mathrm{d}r = 4\pi R^2.$$

例 2 求双曲抛物面 $z=xy$ 被柱面 $x^2+y^2=R^2$ 所截取的曲面面积.

解 截取的曲面在 xOy 平面上的投影 D 是 $x^2+y^2 \leqslant R^2$，对于双曲抛物面 $z=xy$,有 $\dfrac{\partial z}{\partial x} = y, \dfrac{\partial z}{\partial y} = x$,所以

$$A = \iint_D \sqrt{1+\left(\frac{\partial z}{\partial x}\right)^2+\left(\frac{\partial z}{\partial y}\right)^2}\,\mathrm{d}x\mathrm{d}y$$

$$= \iint_D \sqrt{1+y^2+x^2}\,\mathrm{d}x\mathrm{d}y$$

$$= \int_0^{2\pi}\mathrm{d}\theta\int_0^R \sqrt{1+r^2}\cdot r\mathrm{d}r = \frac{2}{3}\pi\left[(1+R)^{\frac{3}{2}}-1\right].$$

二、重心

设有平面区域 D，则 D 的重心坐标 $(\overline{x},\overline{y})$ 可由下列公式计算：

$$\overline{x} = \frac{\iint_D x\mathrm{d}\sigma}{\iint_D \mathrm{d}\sigma} = \frac{\iint_D x\mathrm{d}\sigma}{A(D)}, \quad \overline{y} = \frac{\iint_D y\mathrm{d}\sigma}{\iint_D \mathrm{d}\sigma} = \frac{\iint_D y\mathrm{d}\sigma}{A(D)}.$$

例 3 计算由直线 $y=x, y=2x$ 及 $y=1$ 所围成的三角形的重心坐标.

解 将三角形区域用不等式组表示为

$$D:\begin{cases}0\leqslant y\leqslant 1,\\ \dfrac{y}{2}\leqslant x\leqslant y,\end{cases}$$

所以

$$\iint_D \mathrm{d}\sigma=\int_0^1\mathrm{d}y\int_{\frac{y}{2}}^{y}\mathrm{d}x=\frac{1}{2}\int_0^1 y\mathrm{d}y=\frac{1}{4},$$

$$\iint_D x\mathrm{d}\sigma=\int_0^1\mathrm{d}y\int_{\frac{y}{2}}^{y}x\mathrm{d}x=\frac{3}{8}\int_0^1 y^2\mathrm{d}y=\frac{1}{8},$$

$$\iint_D y\mathrm{d}\sigma=\int_0^1 y\mathrm{d}y\int_{\frac{y}{2}}^{y}\mathrm{d}x=\frac{1}{2}\int_0^1 y^2\mathrm{d}y=\frac{1}{6},$$

于是有

$$\overline{x}=\frac{\iint_D x\mathrm{d}\sigma}{\iint_D \mathrm{d}\sigma}=\frac{\frac{1}{8}}{\frac{1}{4}}=\frac{1}{2},\quad \overline{y}=\frac{\iint_D y\mathrm{d}\sigma}{\iint_D \mathrm{d}\sigma}=\frac{\frac{1}{6}}{\frac{1}{4}}=\frac{2}{3}.$$

例 4 求位于两圆 $r=2\sin\theta, r=4\sin\theta$ 之间区域的重心坐标.

解 如图 7.34 所示，显然 $\overline{x}=0$，并且

$$A(D)=4\pi-\pi=3\pi,\ \text{而}$$

$$\iint_D y\mathrm{d}\sigma=\int_0^{\pi}\mathrm{d}\theta\int_{2\sin\theta}^{4\sin\theta}r^2\sin\theta\mathrm{d}r=\frac{56}{3}\int_0^{\pi}\sin^4\theta\mathrm{d}\theta$$

$$=\frac{112}{3}\int_0^{\frac{\pi}{2}}\sin^4\theta\mathrm{d}\theta=\frac{112}{3}\cdot\frac{3}{4}\cdot\frac{1}{2}\cdot\frac{\pi}{2}=7\pi$$

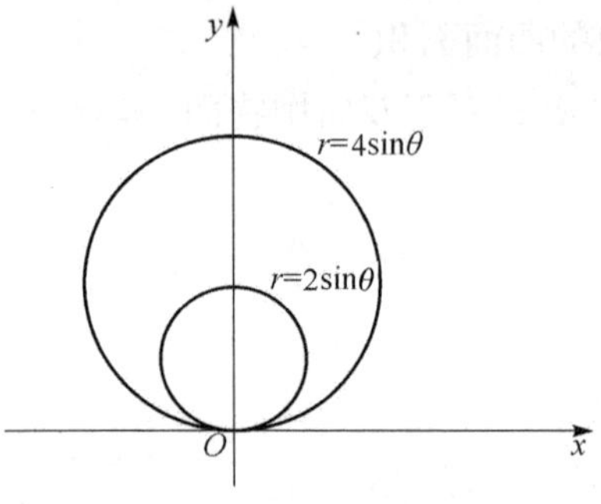

图 7.34

于是

$$\overline{y}=\frac{\iint_D y\mathrm{d}\sigma}{\iint_D \mathrm{d}\sigma}=\frac{7\pi}{3\pi}=\frac{7}{3},$$

$r=2\sin\theta$ 与 $r=4\sin\theta$ 之间区域的重心坐标为 $\left(0,\dfrac{7}{3}\right)$.

习题 7-3

1. 求下列曲面的面积.

(1) 锥面 $z=\sqrt{x^2+y^2}$ 被柱面 $z^2=2x$ 截得的部分；

(2) 曲面 $z=1-x^2-y^2$ 的 $z\geqslant 0$ 的部分；

(3) 旋转抛物面 $z=\dfrac{1}{2}(x^2+y^2)$ 被圆柱面 $x^2+y^2=1$ 截下的部分；

(4) 球面 $x^2+y^2+z^2=R^2$ 被柱面 $x^2+y^2=Rx$ 所截去的部分.

2. 求下列平面区域的重心.

(1) $D=\{(x,y)\mid x^2+y^2\leqslant R^2, x\geqslant 0, y\geqslant 0\}$；

(2)半圆环域$D=\{(r,\varphi)\mid 1\leqslant r\leqslant 2, 0\leqslant\varphi\leqslant\pi\}$；

(3)抛物线$y=\sqrt{2px}$，直线$x=p$及x轴所围成的区域；

(4) $D: x\leqslant x^2+y^2\leqslant 2x$.

总 习 题 七

(A)

1. 若D是由$x+y=1$和两坐标轴围成的三角形区域，且$\iint\limits_D f(x)\mathrm{d}x\mathrm{d}y=\int_0^1\varphi(x)\mathrm{d}x$，则$\varphi(x)=$________.

2. 交换积分次序：$\int_{-1}^0\mathrm{d}x\int_x^0 f(x,y)\mathrm{d}y=$________.

3. 改变二次积分的积分次序$\int_0^1\mathrm{d}x\int_x^{\sqrt{2x-x^2}} f(x,y)\mathrm{d}y=$________.

4. 交换积分次序$\int_0^2\mathrm{d}y\int_0^{2y} f(x,y)\mathrm{d}x=$________.

5. 改变二次积分的积分次序$\int_0^1\mathrm{d}y\int_{y^2}^{2-y} f(x,y)\mathrm{d}x=$________.

6. $\iint\limits_{|x|+|y|\leqslant 1}(xy-3x+4y+1)\mathrm{d}x\mathrm{d}y=$________.

7. 若$D:\dfrac{(x-2)^2}{a^2}+\dfrac{(y+3)^2}{b^2}\leqslant 1$，则$\iint\limits_D 2\mathrm{d}x\mathrm{d}y=$________.

8. 若D由$y^2=x$与$x=2$围成，D_1是D中$y\geqslant 0$的部分，则$\iint\limits_D(xy^2+x^2y)\mathrm{d}\sigma=($　　$)$.

(A) $2\iint\limits_{D_1}(xy^2+x^2y)\mathrm{d}\sigma$　　(B) $2\iint\limits_{D_1}xy^2\mathrm{d}\sigma$　　(C) $2\iint\limits_{D_1}x^2y\mathrm{d}\sigma$　　(D) 0

9. 设$f(x)$是连续的奇函数，$g(x)$是连续的偶函数，$D=\left\{(x,y)\middle|0\leqslant x\leqslant 1,-\sqrt{x}\leqslant y\leqslant\sqrt{x}\right\}$，则下列结论正确的是(　　).

(A) $\iint\limits_D f(y)g(x)\mathrm{d}x\mathrm{d}y=0$　　(B) $\iint\limits_D f(x)g(y)\mathrm{d}x\mathrm{d}y=0$

(C) $\iint\limits_D[f(x)+g(y)]\mathrm{d}x\mathrm{d}y=0$　　(D) $\iint\limits_D[f(y)+g(x)]\mathrm{d}x\mathrm{d}y=0$

10. 设D：$x^2+y^2\leqslant 4$，则$\iint\limits_D(x+y+1)\mathrm{d}\sigma=($　　$)$.

(A) 0　　(B) 2π　　(C) 4π　　(D) $4\pi+4$

11. 设 $f(x,y)$ 为连续函数, 则 $\int_{-1}^{1}\mathrm{d}x\int_{0}^{1}yf(x^2,y^2)\mathrm{d}y=(\quad)$.

(A) $2\int_{0}^{1}\mathrm{d}x\int_{0}^{1}yf(x^2,y^2)\mathrm{d}y$　　(B) $4\int_{0}^{1}\mathrm{d}x\int_{0}^{x}yf(x^2,y^2)\mathrm{d}y$

(C) $2\int_{0}^{1}\mathrm{d}x\int_{-x}^{x}yf(x^2,y^2)\mathrm{d}y$　　(D) $\int_{-1}^{1}\mathrm{d}y\int_{0}^{1}xf(x^2,y^2)\mathrm{d}x$

(B)

1. 设 $f(x,y)$ 是有界闭区域 D 上的非负连续函数, 且 $\iint\limits_D f(x,y)\mathrm{d}\sigma=0$, 则 $f(x,y)=0$, $\forall(x,y)\in D$.

2. 设 $f(x,y)$ 是连续函数，且 $f(0,0)=A$，求极限

$$\lim_{t\to0^+}\frac{1}{t}\iint\limits_{x^2+y^2\leqslant t}f(x,y)\mathrm{d}\sigma .$$

3. 计算下列二重积分.

(1) $\iint\limits_D\sin\frac{\pi x}{2y}\mathrm{d}x\mathrm{d}y$, 其中 D 由 $y=\sqrt{x},y=x,y=2$ 围成;

(2) $\iint\limits_D\sqrt{R^2-x^2-y^2}\mathrm{d}\sigma$, D 为圆 $x^2+y^2=Rx$ 所围成的区域;

(3) $\iint\limits_D\frac{x+y}{x^2+y^2}\mathrm{d}x\mathrm{d}y$, $D:x^2+y^2\leqslant1,x+y\geqslant1$.

4. 将二次积分 $\int_0^2\mathrm{d}x\int_x^{\sqrt{3}x}f(x,y)\mathrm{d}y$ 化为极坐标系下的二次积分.

5. 设 f 是连续函数，区域 D 由 $y=x^3,y=1$ 及 $x=-1$ 所围成，计算二重积分

$$I=\iint\limits_D x\left[1+yf(x^2+y^2)\right]\mathrm{d}x\mathrm{d}y .$$

6. 填空题.

(1) 设 $f(x,y)$ 连续，且 $f(x,y)=xy+\iint\limits_D f(x,y)\mathrm{d}x\mathrm{d}y$ ，其中 D 是由 $y=0,y=x^2,x=1$ 所围成的，则 $f(x,y)=$ ________.

(2) $\iint\limits_{x^2+y^2\leqslant R^2}\left(\frac{x^2}{a^2}+\frac{y^2}{b^2}\right)\mathrm{d}x\mathrm{d}y=$ ________.

7. 证明.

(1) $\int_0^a\mathrm{d}y\int_0^y\mathrm{e}^{b(x-a)}f(x)\mathrm{d}x=\int_0^a(a-x)\mathrm{e}^{b(x-a)}f(x)\mathrm{d}x$;

(2) $\int_0^1\mathrm{d}y\int_0^{\sqrt{y}}\mathrm{e}^yf(x)\mathrm{d}x=\int_0^1(\mathrm{e}-\mathrm{e}^{x^2})f(x)\mathrm{d}x$.

8. 求摆线 $x=a(t-\sin t),y=a(1-\cos t)\quad(0\leqslant t\leqslant2\pi,a>0)$ 和 x 轴所围区域的重心.

第八章　无 穷 级 数

无穷级数是微积分的重要组成部分，是微积分在理论研究和实际应用中的一个强有力的数学工具.无穷级数在近似计算、数值逼近、函数的展开与数值计算、求解微分方程等方面都有着重要的应用.同时，无穷级数也是数列极限的另一种表现形式，是无穷项求和的形式.本章首先介绍无穷级数的基本概念和性质，然后讨论数项级数和幂级数.

第一节　常数项级数的概念和性质

一、常数项级数的概念

我国古代先贤庄周所著《庄子·天下篇》中有这样一句话："一尺之棰，日取其半，万世不竭."说的是，一根一尺长的木棍，每天截去一半，这样的过程可以永远进行下去，永远也截不完.如果我们把每天截去部分的长度加起来，第一天的长度是$\frac{1}{2}$尺，第二天的长度是$\frac{1}{2}+\frac{1}{2^2}$尺，…，第$n$天的长度是$\frac{1}{2}+\frac{1}{2^2}+\frac{1}{2^3}+\cdots+\frac{1}{2^n}$尺.所谓将这样的过程永远进行下去，就是求数列$x_n=\frac{1}{2}+\frac{1}{2^2}+\frac{1}{2^3}+\cdots+\frac{1}{2^n}$的极限$\lim\limits_{n\to\infty}x_n$，即

$$\lim_{n\to\infty}x_n=\frac{1}{2}+\frac{1}{2^2}+\frac{1}{2^3}+\cdots+\frac{1}{2^n}+\cdots.$$

于是，极限$\lim\limits_{n\to\infty}x_n$可以看作将数列$\left\{\frac{1}{2^n}\right\}$中的数按照数列的顺序作的无穷多个数的和.这种按照一定顺序的无穷多个数的和，就是**无穷级数**.

定义 1　假设$\{u_n\}$是一个数列，将$\{u_n\}$中的项，按顺序依次用加号连接起来的表达式

$$u_1+u_2+u_3+\cdots+u_n+\cdots$$

称为常数项无穷级数，简称级数，记为$\sum\limits_{n=1}^{\infty}u_n$，即

$$\sum_{n=1}^{\infty}u_n=u_1+u_2+u_3+\cdots+u_n+\cdots, \tag{1}$$

其中，u_1称为级数$\sum\limits_{n=1}^{\infty}u_n$的**首项**，$u_n$称为级数$\sum\limits_{n=1}^{\infty}u_n$的**第$n$项**，亦称为**通项或一般项**.

无穷级数的定义在形式上表达的是无穷多个数的和，而无穷多个数的和是一项永远

无法完成的任务.微积分的核心，就是借助强有力的工具——极限，解决涉及无穷与无限的问题.这里我们借助极限用有限逼近无限的思想，从级数的有限项的和出发，通过极限获得无穷项和的结果.

我们将级数$\sum_{n=1}^{\infty}u_n$的前n项之和

$$s_n=\sum_{n=1}^{\infty}u_n=u_1+u_2+\cdots+u_n \tag{2}$$

称为级数$\sum_{n=1}^{\infty}u_n$的**前n项和**，亦称为**部分和**.当n依次取$1,2,3,\cdots$时，我们得到一个新的数列$\{s_n\}$，$\{s_n\}$称为级数$\sum_{n=1}^{\infty}u_n$的**部分和数列**.根据部分和数列$\{s_n\}$是否收敛，来获得级数$\sum_{n=1}^{\infty}u_n$的收敛与发散.

定义 2 如果级数$\sum_{n=1}^{\infty}u_n$的部分和数列$\{s_n\}$收敛于s，即$\lim\limits_{n\to\infty}s_n=s$，则称级数$\sum_{n=1}^{\infty}u_n$**收敛**，并称$s$为级数$\sum_{n=1}^{\infty}u_n$的**和**，记为

$$s=\sum_{n=1}^{\infty}u_n=\lim_{n\to\infty}s_n. \tag{3}$$

如果$\{s_n\}$是发散数列，则称级数$\sum_{n=1}^{\infty}u_n$**发散**(发散的级数没有“和”).

如果级数$\sum_{n=1}^{\infty}u_n$收敛时，其和s与部分和s_n的差

$$r_n=s-s_n=\sum_{k=n+1}^{\infty}u_k=u_{n+1}+u_{n+2}+\cdots \tag{4}$$

称为级数的**余项**.由于$\lim\limits_{n\to\infty}r_n=\lim\limits_{n\to\infty}(s-s_n)=s-\lim\limits_{n\to\infty}s_n=s-s=0$，因此当$n$较大时，可用$s_n$作为级数和$s$的近似值，而误差为$|r_n|$.

例 1 讨论级数$\sum_{n=1}^{\infty}\frac{1}{n(n+1)}$的敛散性.

解 显然，部分和

$$\begin{aligned}s_n&=\frac{1}{1\cdot 2}+\frac{1}{2\cdot 3}+\cdots+\frac{1}{n\cdot(n+1)}\\&=\left(1-\frac{1}{2}\right)+\left(\frac{1}{2}-\frac{1}{3}\right)+\cdots+\left(\frac{1}{n}-\frac{1}{n+1}\right)=1-\frac{1}{n+1},\end{aligned}$$

从而有

$$\sum_{n=1}^{\infty}\frac{1}{n(n+1)}=\lim_{n\to\infty}s_n=\lim_{n\to\infty}\left(1-\frac{1}{n+1}\right)=1,$$

所以，级数$\sum\limits_{n=1}^{\infty}\dfrac{1}{n(n+1)}$收敛，并且和为 1.

例 2　讨论级数$\sum\limits_{n=1}^{\infty}\ln\left(1+\dfrac{1}{n}\right)$的敛散性.

解　由于通项$u_n=\ln\left(1+\dfrac{1}{n}\right)=\ln(n+1)-\ln n$，因此部分和

$$s_n=(\ln 2-\ln 1)+(\ln 3-\ln 2)+\cdots+(\ln(n+1)-\ln n)=\ln(n+1),$$

从而有

$$\sum_{n=1}^{\infty}\ln\left(1+\frac{1}{n}\right)=\lim_{n\to\infty}s_n=\lim_{n\to\infty}\ln(n+1)=+\infty,$$

所以，级数$\sum\limits_{n=1}^{\infty}\ln\left(1+\dfrac{1}{n}\right)$发散.

例 3　讨论等比级数(几何级数)$\sum\limits_{n=1}^{\infty}a\cdot q^{n-1}(a\neq 0)$的敛散性.

解　由于部分和

$$s_n=a+a\cdot q+a\cdot q^2+\cdots+a\cdot q^{n-1}=\begin{cases}\dfrac{a(1-q^n)}{1-q}, & q\neq 1,\\ na, & q=1.\end{cases}$$

当$|q|<1$时，由于$\lim\limits_{n\to\infty}q^n=0$，从而$\lim\limits_{n\to\infty}s_n=\dfrac{a}{1-q}$，此时等比级数$\sum\limits_{n=1}^{\infty}a\cdot q^{n-1}$收敛，并且和为$\dfrac{a}{1-q}$.

当$|q|>1$时，由于$\lim\limits_{n\to\infty}q^n=\infty$，进而$\lim\limits_{n\to\infty}s_n$发散，此时等比级数$\sum\limits_{n=1}^{\infty}a\cdot q^{n-1}$亦发散.

当$q=1$时，$\lim\limits_{n\to\infty}s_n=\lim\limits_{n\to\infty}na=\infty$发散，此时等比级数$\sum\limits_{n=1}^{\infty}a\cdot q^{n-1}$发散.

当$q=-1$时，$\lim\limits_{n\to\infty}s_n=\lim\limits_{n\to\infty}a\left(1-1+1-1+\cdots+(-1)^{n-1}\right)$发散，此时等比级数$\sum\limits_{n=1}^{\infty}a\cdot q^{n-1}$亦发散.

综上所述，当$|q|<1$时，级数$\sum\limits_{n=1}^{\infty}a\cdot q^{n-1}$收敛；当$|q|>1$时，级数$\sum\limits_{n=1}^{\infty}a\cdot q^{n-1}$发散.

例 4　证明调和级数$\sum\limits_{n=1}^{\infty}\dfrac{1}{n}$发散.

解　因为$\ln x$在$(0,+\infty)$上可微，由微分中值定理知

$$\ln\left(1+\frac{1}{n}\right)=\ln(n+1)-\ln n=\frac{1}{\xi_n}<\frac{1}{n},\quad n<\xi_n<n+1,\quad n=1,2,3,\cdots,$$

记调和级数$\sum_{n=1}^{\infty}\frac{1}{n}$的部分和为$\sigma_n=1+\frac{1}{2}+\frac{1}{3}+\cdots+\frac{1}{n}=\sum_{k=1}^{n}\frac{1}{k}$，由例 2

$$s_n=\sum_{k=1}^{n}\ln\left(1+\frac{1}{k}\right)=\sum_{k=1}^{n}\frac{1}{\xi_k}<\sum_{k=1}^{n}\frac{1}{k}=\sigma_n,$$

从而有$\lim_{n\to\infty}\sigma_n\geqslant\lim_{n\to\infty}s_n=+\infty$，发散，所以调和级数$\sum_{n=1}^{\infty}\frac{1}{n}$发散.

二、常数项级数的基本性质

由于级数$\sum_{n=1}^{\infty}u_n$的收敛性是由部分和数列极限$\lim_{n\to\infty}s_n$定义的，而级数的部分和s_n与一般项u_n具有重要关系：$u_n=s_n-s_{n-1}$.因此我们有以下结论.

性质 1 (级数收敛的必要条件)　若级数$\sum_{n=1}^{\infty}u_n$收敛，则$\lim_{n\to\infty}u_n=0$.

证　因为级数$\sum_{n=1}^{\infty}u_n$收敛，所以部分和数列极限$\lim_{n\to\infty}s_n=s$存在.由部分和s_n与一般项u_n的关系有

$$\lim_{n\to\infty}u_n=\lim_{n\to\infty}(s_n-s_{n-1})=s-s=0,$$

所以结论成立.

推论　若$\lim_{n\to\infty}u_n\neq0$，则$\sum_{n=1}^{\infty}u_n$发散.

注意　级数的通项趋于零，不能判定级数收敛.例如，本节例 2 中，虽然一般项$\lim_{n\to\infty}u_n=\lim_{n\to\infty}\ln\left(1+\frac{1}{n}\right)=0$，但级数$\sum_{n=1}^{\infty}\ln\left(1+\frac{1}{n}\right)$是发散的.收敛的必要性只能用于判定级数的发散.

性质 2 (线性运算法则)　若级数$\sum_{n=1}^{\infty}u_n$与$\sum_{n=1}^{\infty}v_n$分别收敛于s与σ，λ与μ是常数，则级数$\sum_{n=1}^{\infty}(\lambda u_n+\mu v_n)$收敛，并且

$$\sum_{n=1}^{\infty}(\lambda u_n+\mu v_n)=\lambda\sum_{n=1}^{\infty}u_n+\mu\sum_{n=1}^{\infty}v_n=\lambda s+\mu\sigma \tag{5}$$

证　因为

$$\begin{aligned}\sum_{n=1}^{\infty}(\lambda u_n+\mu v_n)&=\lim_{n\to\infty}\sum_{k=1}^{n}(\lambda u_k+\mu v_k)=\lambda\lim_{n\to\infty}\sum_{k=1}^{n}u_k+\mu\lim_{n\to\infty}\sum_{k=1}^{n}v_k\\&=\lambda\lim_{n\to\infty}s_n+\mu\lim_{n\to\infty}\sigma_n=\lambda s+\mu\sigma,\end{aligned}$$

所以，收敛级数满足线性性.

推论 1　若 $k \neq 0$，则级数 $\sum\limits_{n=1}^{\infty} u_n$ 与 $\sum\limits_{n=1}^{\infty}(ku_n)$ 同敛散.

推论 2　若级数 $\sum\limits_{n=1}^{\infty} u_n$ 收敛，$\sum\limits_{n=1}^{\infty} v_n$ 发散，则级数 $\sum\limits_{n=1}^{\infty}(u_n \pm v_n)$ 发散.

例 5　若级数 $\sum\limits_{n=1}^{\infty} u_n$ 收敛，$\sum\limits_{n=1}^{\infty} v_n$ 发散，则级数 $\sum\limits_{n=1}^{\infty}(u_n + v_n)$ 发散.

证　假设级数 $\sum\limits_{n=1}^{\infty}(u_n + v_n)$ 收敛，因为级数 $\sum\limits_{n=1}^{\infty} u_n$ 收敛，所以由性质 2 知

$$\sum_{n=1}^{\infty} v_n = \sum_{n=1}^{\infty}\left[(u_n + v_n) - u_n\right]$$

收敛.与条件矛盾，故假设不成立，即 $\sum\limits_{n=1}^{\infty}(u_n + v_n)$ 发散.

例 6　判断下列级数的敛散性：(1) $\sum\limits_{n=1}^{\infty}\dfrac{n}{2n+3}$；(2) $\sum\limits_{n=1}^{\infty}\left(\dfrac{1}{n(n+3)}+\dfrac{(-1)^{n-1}}{2^n}\right)$.

解　(1) 因为 $\lim\limits_{n\to\infty} u_n = \lim\limits_{n\to\infty}\dfrac{n}{2n+3} = \dfrac{1}{2} \neq 0$，由极限收敛的必要条件知级数 $\sum\limits_{n=1}^{\infty}\dfrac{n}{2n+3}$ 发散.

(2) 记 $\sum\limits_{n=1}^{\infty}\dfrac{1}{n(n+3)} = \sum\limits_{n=1}^{\infty} u_n$，因为 $u_n = \dfrac{1}{3}\cdot\dfrac{n+3-n}{n(n+3)} = \dfrac{1}{3}\left(\dfrac{1}{n} - \dfrac{1}{n+3}\right)$，有

$$\begin{aligned} s_n &= \frac{1}{3}\left\{\left(1-\frac{1}{4}\right)+\left(\frac{1}{2}-\frac{1}{5}\right)+\left(\frac{1}{3}-\frac{1}{6}\right)+\left(\frac{1}{4}-\frac{1}{7}\right)+\cdots+\left(\frac{1}{n}-\frac{1}{n+3}\right)\right\} \\ &= \frac{1}{3}\left\{1+\frac{1}{2}+\frac{1}{3}-\frac{1}{n+1}-\frac{1}{n+2}-\frac{1}{n+3}\right\}, \end{aligned}$$

于是有

$$\sum_{n=1}^{\infty}\frac{1}{n(n+3)} = \lim_{n\to\infty} S_n = \frac{1}{3}\lim_{n\to\infty}\left\{1+\frac{1}{2}+\frac{1}{3}-\frac{1}{n+1}-\frac{1}{n+2}-\frac{1}{n+3}\right\} = \frac{11}{18},$$

所以级数 $\sum\limits_{n=1}^{\infty}\dfrac{1}{n(n+3)}$ 收敛.

又记 $\sum\limits_{n=1}^{\infty}\dfrac{(-1)^{n-1}}{2^n} = \sum\limits_{n=1}^{\infty} v_n$，因为 $v_n = \dfrac{1}{2}\cdot\left(\dfrac{-1}{2}\right)^{n-1}$，故级数 $\sum\limits_{n=1}^{\infty}\dfrac{(-1)^{n-1}}{2^n}$ 是等比级数，公比 $q = \dfrac{-1}{2}$.因为 $|q| = \dfrac{1}{2} < 1$，所以级数 $\sum\limits_{n=1}^{\infty}\dfrac{(-1)^{n-1}}{2^n}$ 也收敛.

由性质 2 知，级数 $\sum\limits_{n=1}^{\infty}\left(\dfrac{1}{n(n+3)}+\dfrac{(-1)^{n-1}}{2^n}\right)$ 收敛.

性质 3　级数 $\sum\limits_{n=1}^{\infty} u_n$ 的敛散性与级数 $\sum\limits_{n=1}^{\infty} u_n$ 的有限项无关.

证　若级数$\sum_{n=1}^{\infty} v_n$是级数$\sum_{n=1}^{\infty} u_n$改变了有限项之后所形成的新的级数，所以v_n与u_n只可能有限项不同. 假设v_n与u_n不同的最后一项下标为n_0，$s_n=\sum_{k=1}^{n} u_k$，$\sigma_n=\sum_{k=1}^{n} v_k$，则$n \geqslant n_0$时，$\sigma_n - s_n = \sum_{k=1}^{n}(v_k-u_k)=C_0$是常数，所以$\sigma_n$与$s_n$同敛散，即$\sum_{n=1}^{\infty} v_n$与$\sum_{n=1}^{\infty} u_n$同敛散.

因此，级数的敛散性与级数的有限项无关.增加、减少或改变级数的有限项不改变级数的敛散性，在级数收敛时至多改变级数的和.

性质 4　收敛级数可以随意加括号.

证　假设级数$\sum_{n=1}^{\infty} u_n$收敛，若将级数$\sum_{n=1}^{\infty} u_n$随意加括号如下：

$$(u_1+u_2)+u_3+(u_4+u_5+u_6+u_7)+(u_8+u_9+u_{10})+u_{11}+u_{12}+(u_{13}+u_{14})+\cdots,$$

并将加括号之后的级数记为$\sum_{n=1}^{\infty} v_n$，即

$$v_1=u_1+u_2,\, v_2=u_3,\, v_3=u_4+u_5+u_6+u_7,\, v_4=u_8+u_9+u_{10},\, v_5=u_{11},\cdots.$$

记$s_n=\sum_{k=1}^{n} u_k$，$\sigma_n=\sum_{k=1}^{n} v_k$，则$\sigma_1=s_2$，$\sigma_2=s_3$，$\sigma_3=s_7$，$\sigma_4=s_{10}$，$\sigma_5=s_{11}$，$\sigma_6=s_{12}$，$\sigma_7=s_{14}$，$\cdots$，即$\{\sigma_n\}$是$\{s_n\}$的子数列，所以$\{s_n\}$收敛时，$\{\sigma_n\}$收敛，并且极限值相等.

注意　性质 4 反之不然，如级数

$$(1-1)+(1-1)+(1-1)+\cdots+(1-1)+\cdots=0+0+0+\cdots+0+\cdots$$

是收敛，但是去括号后，级数变为

$$1-1+1-1+1-1+\cdots+(-1)^{n-1}+\cdots=\sum_{n=1}^{\infty}(-1)^{n-1}$$

却是发散的.

上述性质是判断级数的敛散性以及计算级数和的出发点，需要仔细研读，深入思考. 最后，来看一个例子.

例 7　假设政府通过一项削减100亿元税收的法案，若每个获得这笔额外收入的人，将其中的88%用于消费，并把剩余的12%存起来，消费的60%将成为消费提供者的收入，试估算削减税收对经济活动的总效益.

解　削减税后，人们额外增加100亿元的收入，于是100×0.88亿元用于消费.而用于消费的100×0.88亿元，对于消费提供者来说，获得的额外收入为$100\times0.88\times0.6$亿元，这$100\times0.88\times0.6$亿元的88%又被用于消费，因此又增加了$100\times0.88^2\times0.6$亿元的消费.如此下去，减税后所产生的新消费的总和可以由下列级数给出：

$$100\times0.88+100\times0.88^2\times0.6+100\times0.88^3\times0.6+\cdots+88\times0.528^{n-1}+\cdots,$$

这是一个首项$a=88$，公比$q=0.528$的几何级数，由例 3 知，其和为$\frac{0.88}{1-0.528}\approx186.44$，即削减100亿元税收，将产生附加的消费约186.4亿元(经济学中称为乘子效应).

习题 8-1

1. 写出下列级数的一般项.

(1) $\frac{2}{1}-\frac{3}{2}+\frac{4}{3}-\frac{5}{4}+\frac{6}{5}-\frac{7}{6}+\cdots$；　(2) $\frac{a^2}{3}-\frac{a^3}{5}+\frac{a^4}{7}-\frac{a^5}{9}+\cdots$；

(3) $1+\frac{1}{2}+3+\frac{1}{4}+5+\frac{1}{6}+\cdots$；　(4) $\frac{2}{2}x+\frac{2^2}{5}x^2+\frac{2^3}{10}x^3+\frac{2^4}{17}x^4+\cdots$.

2. 已知级数的部分和 s_n，求一般项 u_n.

(1) $s_n=\frac{2n}{n+1}$；　(2) $s_n=\frac{3^n-1}{3^n}$.

3. 根据级数收敛与发散的定义判定下列级数的敛散性.

(1) $\sum_{n=1}^{\infty}\frac{1}{n(n+1)}$；　(2) $\sum_{n=1}^{\infty}\frac{1}{\sqrt{n}+\sqrt{n+1}}$；

(3) $\sum_{n=1}^{\infty}\frac{3}{2^n}$；　(4) $\sum_{n=1}^{\infty}\ln\left(1+\frac{2}{2n-1}\right)$.

4. 试问：(1)一个收敛级数与一个发散级数逐项相加所组成的级数一定发散；(2)两个发散级数逐项相加所组成的级数可能收敛.这两种说法正确吗？为什么？

5. 已知级数 $\sum_{n=1}^{\infty}(-1)^{n-1}a_n=2$，$\sum_{n=1}^{\infty}a_{2n-1}=5$，求级数 $\sum_{n=1}^{\infty}a_n$ 的和.

6. 已知级数 $\sum_{n=1}^{\infty}\frac{\pi^{2n}}{(2n)!}$ 收敛，求 $\lim_{n\to\infty}\frac{\pi^{2n}}{(2n)!}$.

7. 判定下列级数的敛散性.

(1) $\left(\frac{1}{2}+\frac{1}{10}\right)+\left(\frac{1}{2^2}+\frac{1}{20}\right)+\left(\frac{1}{2^3}+\frac{1}{30}\right)+\cdots+\left(\frac{1}{2^n}+\frac{1}{10n}\right)+\cdots$；

(2) $\left(\frac{1}{2}-\frac{1}{3}\right)+\left(\frac{1}{2^2}+\frac{1}{3^2}\right)+\left(\frac{1}{2^3}-\frac{1}{3^3}\right)+\cdots+\left(\frac{1}{2^n}+\frac{(-1)^n}{3^3}\right)+\cdots$；

(3) $\frac{1}{2}+\frac{1}{\sqrt{2}}+\frac{1}{\sqrt[3]{2}}+\cdots+\frac{1}{\sqrt[n]{2}}+\cdots$；

(4) $\frac{1}{\left(1+\frac{1}{1}\right)^1}+\frac{1}{\left(1+\frac{1}{2}\right)^2}+\frac{1}{\left(1+\frac{1}{3}\right)^3}+\cdots+\frac{1}{\left(1+\frac{1}{n}\right)^n}+\cdots$.

8. 设 s_n 为级数 $\sum_{n=1}^{\infty}u_n$ 的部分和数列，

(1)写出 s_{2n} 和 s_{2n+1} 的关系；

(2)问 s_{2n}，s_{2n+1} 与 s_n 之间的敛散性关系；

(3)已知 $\lim_{n\to\infty}s_{2n}=s$ 且 $\lim_{n\to\infty}u_n=0$，证明：级数 $\sum_{n=1}^{\infty}u_n$ 收敛.

第二节 正 项 级 数

一、正项级数的概念

在一般情况下，利用级数的定义与基本性质来判定一个级数的敛散性是非常困难的，寻找到可行而且有效的判敛方法是我们必须要完成的任务.通常我们总是从易于解决的特殊情况出发，找到有效方法后再加以推广.这里我们选择从特殊的正项级数出发，一是因为正项级数的部分和数列具有单调性，二是因为我们有强有力的工具——单调有界原理.正项级数的判敛是级数判敛的出发点，要注意判敛的依据和应用方法.

定义 1 如果级数$\sum\limits_{n=1}^{\infty}u_n$的项$u_n$都是正数或零,即$u_n \geqslant 0(n=1,2,3,\cdots)$，则称级数$\sum\limits_{n=1}^{\infty}u_n$为**正项级数**.

正项级数$\sum\limits_{n=1}^{\infty}u_n$的特征是它的项$u_n$都是非负的，因此它的部分和数列$s_n$是单调增加的.根据单调有界原理，单调增加的部分和数列s_n的敛散性等价于它的有界性.因此有如下结论.

定理 1 (1)正项级数$\sum\limits_{n=1}^{\infty}u_n$收敛的充要条件是部分和数列$\{s_n\}$有上界；

(2)正项级数$\sum\limits_{n=1}^{\infty}u_n$发散的充要条件是$\lim\limits_{n\to\infty}s_n=+\infty$.

例 1 判断级数$\sum\limits_{n=1}^{\infty}\dfrac{1}{2^n+3^n}$的敛散性.

解 显然级数$\sum\limits_{n=1}^{\infty}\dfrac{1}{2^n+3^n}$是正项级数，由于

$$s_n=\sum_{k=1}^{n}\frac{1}{2^k+3^k}<\sum_{k=1}^{n}\frac{1}{2^k}=\frac{1}{2}\frac{1-\frac{1}{2^n}}{1-\frac{1}{2}}=1-\frac{1}{2^n}<1,\quad n=1,2,3,\cdots,$$

由定理 1 知级数$\sum\limits_{n=1}^{\infty}\dfrac{1}{2^n+3^n}$收敛.

例 2 讨论p-级数$\sum\limits_{n=1}^{\infty}\dfrac{1}{n^p}=1+\dfrac{1}{2^p}+\dfrac{1}{3^p}+\cdots+\dfrac{1}{n^p}+\cdots$的敛散性.

解 显然p-级数为正项级数.

当$p\leqslant 1$时，由于$\dfrac{1}{k^p}\geqslant\dfrac{1}{k}(k=1,2,3,\cdots)$，故有

$$s_n=1+\frac{1}{2^p}+\frac{1}{3^p}+\cdots+\frac{1}{n^p}\geqslant 1+\frac{1}{2}+\frac{1}{3}+\cdots+\frac{1}{n},$$

而调和级数 $\sum_{n=1}^{\infty}\frac{1}{n}=1+\frac{1}{2}+\frac{1}{3}+\cdots+\frac{1}{n}+\cdots$ 是正项级数且发散，于是

$$\lim_{n\to\infty}\left(1+\frac{1}{2}+\frac{1}{3}+\cdots+\frac{1}{n}\right)=+\infty,$$

从而 $\lim\limits_{n\to\infty}s_n=+\infty$.故 $p\leqslant 1$ 时， p -级数发散.

当 $p>1$ 时，由于当 $n-1<x\leqslant n$ 时，有 $\frac{1}{n^p}\leqslant\frac{1}{x^p}<\frac{1}{(n-1)^p}$ ，故有

$$\int_{n-1}^{n}\frac{1}{n^p}\mathrm{d}x\leqslant\int_{n-1}^{n}\frac{1}{x^p}\mathrm{d}x\leqslant\int_{n-1}^{n}\frac{1}{(n-1)^p}\mathrm{d}x\quad(n=2,3,4,\cdots),$$

而 $\int_{n-1}^{n}\frac{1}{n^p}\mathrm{d}x=\frac{1}{n^p}$ ， $\int_{n-1}^{n}\frac{1}{(n-1)^p}\mathrm{d}x=\frac{1}{(n-1)^{p-1}}$ ，于是

$$\frac{1}{n^p}\leqslant\int_{n-1}^{n}\frac{1}{x^p}\mathrm{d}x\leqslant\frac{1}{(n-1)^p}\quad(n=2,3,4,\cdots),$$

从而有

$$\begin{aligned}s_n&=1+\sum_{k=2}^{n}\frac{1}{k^p}\leqslant 1+\sum_{k=2}^{n}\int_{k-1}^{k}\frac{\mathrm{d}x}{x^p}\\&=1+\sum_{k=2}^{n}\frac{x^{1-p}}{1-p}\Bigg|_{k-1}^{k}=1+\frac{1}{1-p}\sum_{k=2}^{n}\left(\frac{1}{k^{p-1}}-\frac{1}{(k-1)^{p-1}}\right)\\&=1+\frac{1}{1-p}\left(\frac{1}{n^{p-1}}-1\right)\leqslant 1-\frac{1}{1-p}=\frac{p}{p-1},\end{aligned}$$

所以， $s_n\leqslant\frac{p}{p-1}$ 有上界.故当 $p>1$ 时， p -级数收敛.

综上所述： p -级数 $\sum_{n=1}^{\infty}\frac{1}{n^p}$ 当 $p\leqslant 1$ 时发散；当 $p>1$ 时收敛.

例 3　判定级数 $\sum_{n=1}^{\infty}\frac{n^3+3^n}{n^3\cdot 3^n}$ 的敛散性.

解　由于 $u_n=\frac{n^3+3^n}{n^3\cdot 3^n}=\left(\frac{1}{3}\right)^n+\frac{1}{n^3}$ ，因为公比 $|q|=\frac{1}{3}<1$ ， $r=\left|\frac{1}{3}\right|<1$ ，所以几何级数 $\sum_{n=1}^{\infty}\left(\frac{1}{3}\right)^n$ 收敛；又 p -级数 $\sum_{n=1}^{\infty}\frac{1}{n^3}(p=3>1)$ 收敛,所以由级数的性质 2 知，级数 $\sum_{n=1}^{\infty}\frac{n^3+3^n}{n^3\cdot 3^n}$ 收敛.

二、正项级数敛散性的判别法

由正项级数敛散性的充分必要条件可以推出一系列判别正项级数敛散性的方法.

1. 比较判别法

定理 2（比较判别法）　设 $\sum_{n=1}^{\infty}u_n$ 和 $\sum_{n=1}^{\infty}v_n$ 是正项级数,如果 $u_n\leqslant v_n\ (n=1,2,3,\cdots)$,那么

(1) 若级数$\sum_{n=1}^{\infty} v_n$收敛,则级数$\sum_{n=1}^{\infty} u_n$也收敛;

(2) 若级数$\sum_{n=1}^{\infty} u_n$发散,则级数$\sum_{n=1}^{\infty} v_n$也发散.

证 设级数$\sum_{n=1}^{\infty} u_n$和$\sum_{n=1}^{\infty} v_n$的部分和分别为s_n和σ_n,于是

$$s_n = u_1 + u_2 + \cdots + u_n \leqslant v_1 + v_2 + \cdots + v_n = \sigma_n. \tag{1}$$

(1) 若级数$\sum_{n=1}^{\infty} v_n$收敛,则由定理 1 可知$\{\sigma_n\}$有界,由式(1)知$\{s_n\}$亦有界,从而级数$\sum_{n=1}^{\infty} u_n$收敛.

(2) 若级数$\sum_{n=1}^{\infty} u_n$发散,则由定理 1 可知$\lim_{n\to\infty} s_n = +\infty$,由式(1)有$\lim_{n\to\infty} \sigma_n = +\infty$,从而级数$\sum_{n=1}^{\infty} v_n$发散.

定理 2 要求两个正项级数的每一对应项之间都应该满足一种大小关系,由级数的性质 2 的推论和性质 3 可知,在级数的每一项同乘一个非零的常数,以及改变级数的有限项都不改变级数的敛散性,于是可以将上述比较判别法的条件适当降低.

推论 设$\sum_{n=1}^{\infty} u_n$和$\sum_{n=1}^{\infty} v_n$为正项级数,若存在正常数k和自然数N,使当$n>N$时,有$u_n \leqslant kv_n$,那么

(1) 若级数$\sum_{n=1}^{\infty} v_n$收敛,则级数$\sum_{n=1}^{\infty} u_n$也收敛;

(2) 若级数$\sum_{n=1}^{\infty} u_n$发散,则级数$\sum_{n=1}^{\infty} v_n$也发散.

比较判别法及其推论告诉我们要判别某一正项级数是否收敛可以构造另一个正项级数作为比较级数来判别.但值得注意的是:如要判别原级数收敛,必须要构造一个更大的收敛的级数;若要判别原级数发散则必须构造一个更小的发散的级数.所以利用比较判别法的核心是,如何构造一个恰当的用来比较的正项级数.通常情况下,用来比较的正项级数是:几何级数$\sum_{n=1}^{\infty} a \cdot q^{n-1} (a>0, q>0)$与$p$-级数$\sum_{n=1}^{\infty} \frac{1}{n^p}$.这里需要强调的是:**比较判别法的适用条件是正项级数,对于非正项级数该比较判别法不成立.**

例 4 判别下列级数的敛散性.

(1) $\sum_{n=1}^{\infty} \frac{1}{n^2 - n + 1}$; (2) $\sum_{n=1}^{\infty} \left(1 - \cos\frac{a}{n}\right) \ (a>0)$.

解 (1) 由于当$n \geqslant 2$时,有

$$\frac{1}{n^2 - n + 1} < \frac{1}{n^2 - n} = \frac{1}{n(n-1)} < \frac{1}{(n-1)^2}.$$

而级数$\sum_{n=2}^{\infty}\frac{1}{(n-1)^2}$为$p=2>1$的$p$-级数，是收敛的.由比较判别法和基本性质，级数$\sum_{n=1}^{\infty}\frac{1}{n^2-n+1}$收敛.

(2) 因为$0\leqslant u_n=1-\cos\frac{a}{n}=2\sin\left(\frac{a}{2n}\right)^2\leqslant 2\cdot\left(\frac{a}{2n}\right)^2=\frac{a^2}{2}\cdot\frac{1}{n^2}$，而级数$\sum_{n=1}^{\infty}\frac{1}{n^2}$（$p$-级数，$p=2>1$）收敛，且$\frac{a^2}{2}>0$，由比较判别法可知$\sum_{n=1}^{\infty}\left(1-\cos\frac{a}{n}\right)$收敛.

例 5 设$a_n<c_n<b_n$,且级数$\sum_{n=1}^{\infty}a_n$和级数$\sum_{n=1}^{\infty}b_n$均收敛，证明：级数$\sum_{n=1}^{\infty}c_n$收敛.

证 因为$a_n<c_n<b_n$，所以$0<c_n-a_n<b_n-a_n$，而由级数$\sum_{n=1}^{\infty}a_n$和级数$\sum_{n=1}^{\infty}b_n$均收敛，于是级数$\sum_{n=1}^{\infty}(b_n-a_n)$收敛，故由比较判别法有级数$\sum_{n=1}^{\infty}(c_n-a_n)$收敛，因此

$$\sum_{n=1}^{\infty}c_n=\sum_{n=1}^{\infty}[(c_n-a_n)+a_n]$$

收敛.

在级数的一般项表达式较为复杂时，级数的一般项与比较级数的一般项的大小比较往往是困难的，所以在实际应用中，常常借助极限来克服比较大小所产生的困难.

定理 3（比较判别法的极限形式） 设$\sum_{n=1}^{\infty}u_n$和$\sum_{n=1}^{\infty}v_n$是正项级数，若$\lim_{n\to\infty}\frac{u_n}{v_n}=l$，则

(1) 当$0<l<+\infty$时，$\sum_{n=1}^{\infty}u_n$和$\sum_{n=1}^{\infty}v_n$同敛散.

(2) 当$l=0$时，若$\sum_{n=1}^{\infty}v_n$收敛，则$\sum_{n=1}^{\infty}u_n$收敛；若$\sum_{n=1}^{\infty}u_n$发散，则$\sum_{n=1}^{\infty}v_n$发散.

(3) 当$l=+\infty$时，若$\sum_{n=1}^{\infty}u_n$收敛，则$\sum_{n=1}^{\infty}v_n$收敛；若$\sum_{n=1}^{\infty}v_n$发散，则$\sum_{n=1}^{\infty}u_n$发散.

证 (1) 当$0<l<+\infty$时，由$\lim_{n\to\infty}\frac{u_n}{v_n}=l$，对于$\varepsilon=\frac{l}{2}$，存在$N$，当$n>N$时，有$\left|\frac{u_n}{v_n}-1\right|<\varepsilon=\frac{l}{2}$，即$\frac{l}{2}<\frac{u_n}{v_n}<\frac{3l}{2}$，所以$\frac{l}{2}v_n<u_n<\frac{3l}{2}v_n$，由比较判别法的推论知，级数$\sum_{n=1}^{\infty}u_n$和$\sum_{n=1}^{\infty}v_n$同敛散.

(2) 当$l=0$时，对于$\varepsilon=1$，存在N，当$n>N$时，有$\left|\frac{u_n}{v_n}\right|<\varepsilon=1$，即$u_n<v_n$，则由比较判别法可知：若$\sum_{n=1}^{\infty}v_n$收敛，则$\sum_{n=1}^{\infty}u_n$收敛；若$\sum_{n=1}^{\infty}u_n$发散，则$\sum_{n=1}^{\infty}v_n$发散.

(3) 当 $l=+\infty$ 时，由 $\lim\limits_{n\to\infty}\dfrac{u_n}{v_n}=+\infty$ 有 $\lim\limits_{n\to\infty}\dfrac{v_n}{u_n}=0$，则由(2)可知结论成立.

比较判别法的极限形式给我们提供了一种便利的判别方法：借助于 p-级数与几何级数，通过估计级数一般项 u_n 关于 $\dfrac{1}{n}$ 或者 q^{n-1} 的阶数，来完成对于级数的敛散性的判别.

例 6 判别下列级数的敛散性.

(1) $\sum\limits_{n=1}^{\infty}\ln\left(1+\dfrac{1}{n^2}\right)$； (2) $\sum\limits_{n=1}^{\infty}\dfrac{1}{\sqrt[3]{2n^2+n}}$； (3) $\sum\limits_{n=1}^{\infty}\dfrac{1}{2^n-n}$； (4) $\sum\limits_{n=2}^{\infty}\dfrac{\ln n}{n^{\frac{5}{4}}}$.

解 (1) 因为 $\lim\limits_{x\to 0}\dfrac{\ln(1+x)}{x}=1$，所以 $\lim\limits_{n\to\infty}\dfrac{\ln\left(1+\dfrac{1}{n^2}\right)}{\dfrac{1}{n^2}}=1$，而级数 $\sum\limits_{n=1}^{\infty}\dfrac{1}{n^2}$ 为 $p=2>1$ 的 p-级数，是收敛的，由定理 3 知原级数收敛.

(2) 因为 $\lim\limits_{n\to\infty}\dfrac{\dfrac{1}{\sqrt[3]{2n^2+n}}}{\dfrac{1}{\sqrt[3]{n^2}}}=\lim\limits_{n\to\infty}\dfrac{\sqrt[3]{n^2}}{\sqrt[3]{2n^2+n}}=\dfrac{1}{\sqrt[3]{2}}$，而级数 $\sum\limits_{n=1}^{\infty}\dfrac{1}{\sqrt[3]{n^2}}$ 为 $p=\dfrac{2}{3}<1$ 的 p-级数，是发散的，故原级数发散.

(3) 因为 $\lim\limits_{n\to\infty}\dfrac{\dfrac{1}{2^n-n}}{\dfrac{1}{2^n}}=\lim\limits_{n\to\infty}\dfrac{2^n}{2^n-n}=1$，而 $\sum\limits_{n=1}^{\infty}\dfrac{1}{2^n}$ 为公比为 $q=\dfrac{1}{2}$ 的几何级数，是收敛的，故原级数收敛.

(4) 因为 $\lim\limits_{n\to\infty}\dfrac{\dfrac{\ln n}{n^{\frac{5}{4}}}}{\dfrac{1}{n^{\frac{9}{8}}}}=\lim\limits_{n\to\infty}\dfrac{\ln n}{n^{\frac{1}{8}}}=0$，而 $\sum\limits_{n=2}^{\infty}\dfrac{1}{n^{\frac{9}{8}}}$ 为 $p=\dfrac{9}{8}>1$ 的 p-级数，是收敛的，故原级数收敛.

2. 比值判别法(达朗贝尔(D'Alembert)判别法)与根值判别法(柯西(Cauchy)判别法)

使用比较判别法或其极限形式判别级数的敛散性，总是需要寻找一个比较级数，而寻找比较级数常常带给我们一些困惑.如果能直接利用级数本身，就可以判断级数的敛散性，将使我们更快捷地对级数的敛散性作出判别.

假设 $\sum\limits_{n=1}^{\infty}u_n$ 是与等比级数 $\sum\limits_{n=1}^{\infty}a\cdot q^{n-1}\quad(a>0,q>0)$ 同敛散的正项级数，$\sum\limits_{n=1}^{\infty}a\cdot q^{n-1}$ 的收敛性是通过 q 的大小来判别的，而从一般项获得 q 的方法有许多，$\dfrac{a\cdot q^n}{a\cdot q^{n-1}}=q\xrightarrow{n\to\infty}q$ 与 $\sqrt[n]{a\cdot q^{n-1}}=\sqrt[n]{a}\cdot q^{\frac{n-1}{n}}\xrightarrow{n\to\infty}q$ 无疑是最直接也是最简单的两种. $\sum\limits_{n=1}^{\infty}u_n$ 与 $\sum\limits_{n=1}^{\infty}a\cdot q^{n-1}$ 同敛散的

充分条件是$\frac{u_n}{a\cdot q^{n-1}}\xrightarrow{n\to\infty} l\in(0,+\infty)$，当充分条件满足时，有

$$\frac{u_{n+1}}{u_n}=\frac{u_{n+1}}{a\cdot q^n}\cdot\frac{a\cdot q^{n-1}}{u_n}\cdot q\xrightarrow{n\to\infty} l\cdot\frac{1}{l}\cdot q=q$$

和

$$\sqrt[n]{u_n}=\sqrt[n]{\frac{u_n}{a\cdot q^{n-1}}}\cdot\sqrt[n]{a\cdot q^{n-1}}\xrightarrow{n\to\infty} 1\cdot q=q\ .$$

于是有如下定理.

定理 4（比值判别法） 设$\sum\limits_{n=1}^{\infty}u_n$为正项级数，且$\lim\limits_{n\to\infty}\frac{u_{n+1}}{u_n}=\rho$（或$+\infty$），则

(1) 当$\rho<1$时，级数$\sum\limits_{n=1}^{\infty}u_n$收敛；

(2) 当$\rho>1$（或为$+\infty$）时，级数$\sum\limits_{n=1}^{\infty}u_n$发散；

(3) 当$\rho=1$时，级数$\sum\limits_{n=1}^{\infty}u_n$可能收敛也可能发散，即判敛失败.

证 因为$\lim\limits_{n\to\infty}\frac{u_{n+1}}{u_n}=\rho$（常数），则任意$\varepsilon>0$，存在$N>0$，当$n\geqslant N$时，有$\left|\frac{u_{n+1}}{u_n}-\rho\right|<\varepsilon$，即

$$\rho-\varepsilon<\frac{u_{n+1}}{u_n}<\rho+\varepsilon\ . \tag{2}$$

(1) 当$\rho<1$时，取$0<\varepsilon<1-\rho$，即$\rho+\varepsilon<1$，记$r=\rho+\varepsilon$，于是由式(2)右端不等式有$\frac{u_{n+1}}{u_n}<\rho+\varepsilon=r$，即$u_{n+1}<ru_n$，因此有

$u_{N+1}<ru_N$，$u_{N+2}<ru_{N+1}<r^2u_N$，$\cdots u_{N+p}<ru_{N+p-1}<\cdots<r^pu_N\cdots$，

又级数$\sum\limits_{k=0}^{\infty}u_Nr^k$为公比为$r$的几何级数，且$|r|<1$，所以$\sum\limits_{k=0}^{\infty}u_Nr^k$收敛.由比较判别法可知$\sum\limits_{n=N}^{\infty}u_n$收敛，从而级数$\sum\limits_{n=1}^{\infty}u_n$收敛.

(2) 当$+\infty>\rho>1$时，取$0<\varepsilon<\rho-1$，即$\rho-\varepsilon>1$，于是由式(2)左端不等式得$1<\rho-\varepsilon<\frac{u_{n+1}}{u_n}$，即$u_{n+1}>u_n\quad(n\geqslant N)$，所以当$n\geqslant N$时，级数的一般项是逐渐增大的，从而$\lim\limits_{n\to\infty}u_n\neq0$，所以级数$\sum\limits_{n=1}^{\infty}u_n$发散.

当$\rho=+\infty$时，即$\lim\limits_{n\to\infty}\frac{u_{n+1}}{u_n}=+\infty$，则任取$M>1$，$\exists N>0$，当$n\geqslant N$时，有$\frac{u_{n+1}}{u_n}>M>1$，

即 $u_{n+1} > u_n \quad (n \geqslant N)$，亦有 $\lim\limits_{n\to\infty} u_n \neq 0$，于是级数 $\sum\limits_{n=1}^{\infty} u_n$ 发散.

(3) 当 $\rho = 1$ 时，本判别法不能确定级数的敛散性.例如，p-级数，无论 p 为何值都有

$$\lim_{n\to\infty}\frac{u_{n+1}}{u_n} = \lim_{n\to\infty}\frac{\frac{1}{(n+1)^p}}{\frac{1}{n^p}} = \lim_{n\to\infty}\left(\frac{n}{n+1}\right)^p = 1 .$$

但当 $p>1$ 时 p-级数收敛；当 $p \leqslant 1$ 时，p-级数发散.

定理 5 (根值判别法) 设 $\sum\limits_{n=1}^{\infty} u_n$ 为正项级数，且 $\lim\limits_{n\to\infty}\sqrt[n]{u_n} = \rho$ (或 $+\infty$)，则

(1) 当 $\rho < 1$ 时，级数 $\sum\limits_{n=1}^{\infty} u_n$ 收敛；

(2) 当 $\rho > 1$ (或为 $+\infty$) 时，级数 $\sum\limits_{n=1}^{\infty} u_n$ 发散；

(3) 当 $\rho = 1$ 时，级数 $\sum\limits_{n=1}^{\infty} u_n$ 可能收敛也可能发散，即判敛失败.

证明从略.

比值判别法与根值判别法都不需要寻找比较级数，直接利用级数的一般项，就可以对级数的敛散性进行判别.当 u_n 中含有阶乘时，可以选用比值判别法，而当 u_n 是 n 次幂时，用根值判别法往往比较简单.无论是比值判别法还是根值判别法，都只能判别与几何级数敛散性相当的正项级数，超出这个范围，都需要寻找另外的判别方法来判别级数的敛散性.

例 7 利用比值判别法判别下列级数的敛散性.

(1) $\sum\limits_{n=1}^{\infty}\frac{2^n}{n^{100}}$； (2) $\sum\limits_{n=1}^{\infty}\frac{5n-2}{3^n}$； (3) $\sum\limits_{n=1}^{\infty}\frac{a^n n!}{n^n}$ ($a>0$).

解 (1) 因为

$$\lim_{n\to\infty}\frac{u_{n+1}}{u_n} = \lim_{n\to\infty}\frac{\frac{2^{n+1}}{(n+1)^{100}}}{\frac{2^n}{n^{100}}} = 2\lim_{n\to\infty}\left(\frac{n}{n+1}\right)^{100} = 2 > 1 ,$$

由比值判别法级数 $\sum\limits_{n=1}^{\infty}\frac{2^n}{n^{100}}$ 发散.

(2) 因为

$$\lim_{n\to\infty}\frac{u_{n+1}}{u_n} = \lim_{n\to\infty}\frac{\frac{5(n+1)-2}{3^{n+1}}}{\frac{5n-2}{3^n}} = \frac{1}{3}\lim_{n\to\infty}\frac{5n+3}{5n-2} = \frac{1}{3} < 1 ,$$

由比值判别法，级数 $\sum\limits_{n=1}^{\infty}\frac{5n-2}{3^n}$ 收敛.

(3) 由于

$$\lim_{n\to\infty}\frac{u_{n+1}}{u_n}=\lim_{n\to\infty}\frac{\dfrac{a^{n+1}(n+1)!}{(n+1)^{n+1}}}{\dfrac{a^n n!}{n^n}}=\lim_{n\to\infty}\frac{an^n}{(n+1)^n}=\lim_{n\to\infty}\frac{a}{\left(1+\dfrac{1}{n}\right)^n}=\frac{a}{\mathrm{e}},$$

于是，当 $a<\mathrm{e}$ 时，$\lim\limits_{n\to\infty}\dfrac{u_{n+1}}{u_n}=\dfrac{a}{\mathrm{e}}<1$，级数 $\sum\limits_{n=1}^{\infty}\dfrac{a^n n!}{n^n}$ 收敛；当 $a>\mathrm{e}$ 时，$\lim\limits_{n\to\infty}\dfrac{u_{n+1}}{u_n}=\dfrac{a}{\mathrm{e}}>1$ 级数 $\sum\limits_{n=1}^{\infty}\dfrac{a^n n!}{n^n}$ 发散；当 $a=\mathrm{e}$ 时，$\lim\limits_{n\to\infty}\dfrac{u_{n+1}}{u_n}=\dfrac{a}{\mathrm{e}}=1$，用比值判别法判敛失败.但由于 $\left(1+\dfrac{1}{n}\right)^n$ 是随 n 的增大而单调增加趋于 e 的，即 $\left(1+\dfrac{1}{n}\right)^n<\mathrm{e}$，故 $\dfrac{u_{n+1}}{u_n}=\dfrac{a}{\left(1+\dfrac{1}{n}\right)^n}>1$，从而级数的一般项 u_n 是单调增加的，又 $u_n>0$，故 $\lim\limits_{n\to\infty}u_n\neq 0$，因此级数 $\sum\limits_{n=1}^{\infty}\dfrac{a^n n!}{n^n}$ 发散.

综上所述，当 $a<\mathrm{e}$ 时，级数 $\sum\limits_{n=1}^{\infty}\dfrac{a^n n!}{n^n}$ 收敛；当 $a\geqslant\mathrm{e}$ 时，级数 $\sum\limits_{n=1}^{\infty}\dfrac{a^n n!}{n^n}$ 发散.

例 8 利用根值判别法判别下列级数的敛散性.

(1) $\sum\limits_{n=1}^{\infty}\left(\dfrac{5n-1}{4n+3}\right)^n$； (2) $\sum\limits_{n=1}^{\infty}\dfrac{2+(-1)^n}{3^n}$； (3) $\sum\limits_{n=1}^{\infty}2^{-n-(-1)^n}$.

解 (1) 因为

$$\lim_{n\to\infty}\sqrt[n]{u_n}=\lim_{n\to\infty}\sqrt[n]{\left(\frac{5n-1}{4n+3}\right)^n}=\lim_{n\to\infty}\frac{5n-1}{4n+3}=\frac{5}{4}>1,$$

所以级数 $\sum\limits_{n=1}^{\infty}\left(\dfrac{5n-1}{4n+3}\right)^n$ 发散.

(2) 因为

$$\lim_{n\to\infty}\sqrt[n]{u_n}=\lim_{n\to\infty}\sqrt[n]{\frac{2+(-1)^n}{3^n}}=\frac{1}{3}<1,$$

所以级数 $\sum\limits_{n=1}^{\infty}\dfrac{2+(-1)^n}{3^n}$ 收敛.

(3) 因为

$$\lim_{n\to\infty}\sqrt[n]{u_n}=\lim_{n\to\infty}\sqrt[n]{2^{-n-(-1)^n}}=\lim_{n\to\infty}2^{\frac{-n-(-1)^n}{n}}=\frac{1}{2}<1,$$

所以级数 $\sum\limits_{n=1}^{\infty}2^{-n-(-1)^n}$ 收敛.

例 9 判别级数 $\sum\limits_{n=1}^{\infty}\dfrac{3}{n(2n+1)}$ 的敛散性.

解 由于

$$\lim_{n\to\infty}\frac{u_{n+1}}{u_n}=\lim_{n\to\infty}\frac{\dfrac{3}{(n+1)[2(n+1)+1]}}{\dfrac{3}{n(2n+1)}}=\lim_{n\to\infty}\frac{n(2n+1)}{(n+1)(2n+3)}=1,$$

从而比值判别法失效，必须用其他的方法来判断该级数的敛散性.由于

$$\lim_{n\to\infty}\frac{\dfrac{3}{n(2n+1)}}{\dfrac{1}{n^2}}=\lim_{n\to\infty}\frac{3n^2}{n(2n+1)}=\frac{3}{2},$$

而级数 $\sum_{n=1}^{\infty}\frac{1}{n^2}$ $(p=2>1)$ 收敛，故级数 $\sum_{n=1}^{\infty}\frac{3}{n(2n+1)}$ 收敛.

习题 8-2

1. 用比较判别法或其极限形式判定下列级数的敛散性.

(1) $\sum_{n=1}^{\infty}\frac{1+n}{3+n^2}$；　(2) $\sum_{n=1}^{\infty}\frac{2}{\sqrt{n^3+1}}$；

(3) $\sum_{n=1}^{\infty}\left(1-\cos\frac{2}{n}\right)$；　(4) $\sum_{n=1}^{\infty}\frac{1}{\ln(1+2n)}$；

(5) $\sum_{n=1}^{\infty}\frac{\sqrt{n+1}-\sqrt{n}}{n+1}$；　(6) $\sum_{n=1}^{\infty}\frac{1}{1+a^n}$ $(a>0)$.

2. 用比值判别法或根值判别法判定下列级数的敛散性.

(1) $\sum_{n=1}^{\infty}\frac{n^2}{2^n}$；　(2) $\sum_{n=1}^{\infty}\frac{n!}{(2n-1)!!}$；

(3) $\sum_{n=1}^{\infty}\frac{3^n n!}{n^n}$；　(4) $\sum_{n=1}^{\infty}\frac{x^{2n+1}}{2n+1}$ $(|x|<1)$；

(5) $\sum_{n=1}^{\infty}n\tan\frac{\pi}{2^n}$；　(6) $\sum_{n=1}^{\infty}\left(\frac{n+1}{3n-2}\right)^n$；

(7) $\sum_{n=1}^{\infty}\left(\frac{n}{n+1}\right)^{2n}$；　(8) $\sum_{n=1}^{\infty}\left(\frac{n}{n+1}\right)^{n^2}$.

3. 判定下列级数的敛散性.

(1) $\sum_{n=1}^{\infty}\frac{1}{\sqrt[3]{n^2-n+1}}$；　(2) $\sum_{n=1}^{\infty}n^n\sin^n\frac{\pi}{n}$；

(3) $\sum_{n=1}^{\infty}\frac{\ln n}{n^2}$；　(4) $\sum_{n=1}^{\infty}\frac{1}{\sqrt{n}\ln n}$；

(5) $\sum_{n=1}^{\infty}\frac{2^n n^2}{n!}$；　(6) $\sum_{n=1}^{\infty}n\cdot\left(\frac{2}{3}\right)^n$；

(7) $\sum_{n=1}^{\infty}\frac{n^{n+1}}{(n+1)^{n+2}}$；　　　(8) $\sum_{n=1}^{\infty}\frac{1}{\left[\ln(1+n)\right]^{n}}$.

4. 判定级数$\sum_{n=1}^{\infty}\left(\frac{b}{a_n}\right)^n$的敛散性，其中$\lim\limits_{n\to\infty}a_n=a$，且$a$，$a_n$，$b$均为正数.

5. 设正项级数$\sum_{n=1}^{\infty}u_n$收敛，证明级数$\sum_{n=1}^{\infty}{u_n}^2$也收敛.

第三节 交错级数

上节讨论了正项级数敛散性的判别方法，本节我们将进一步讨论任意项级数敛散性的判别法.这里所谓的任意项级数，是指级数的各项可以是正数、负数或零.下面我们将先讨论交错级数(特殊的非正项级数)的敛散性问题，再讨论任意项级数敛散性的判别法.

一、交错级数的概念及其敛散性的判定

定义 1 若$u_n>0\,(n=1,2,\cdots)$，则称级数

$$\sum_{n=1}^{\infty}(-1)^{n-1}u_n=u_1-u_2+u_3-\cdots+(-1)^{n-1}u_n+\cdots$$

或

$$\sum_{n=1}^{\infty}(-1)^{n}u_n=-u_1+u_2-u_3+\cdots+(-1)^{n}u_n+\cdots$$

为交错级数.

定理 1 (莱布尼茨判别法) 如果交错级数$\sum_{n=1}^{\infty}(-1)^{n-1}u_n$满足

(1) 数列$\{u_n\}$单调递减，即$u_n\geqslant u_{n+1}$ $(n=1,2,3,\cdots)$；

(2) $\lim\limits_{n\to\infty}u_n=0$，则交错级数$\sum_{n=1}^{\infty}(-1)^{n-1}u_n$收敛，且其和$s\leqslant u_1$.

证 先证明交错级数$\sum_{n=1}^{\infty}(-1)^{n-1}u_n$的前$2n$项构成的部分和$s_{2n}$收敛.

因为部分和s_{2n}可写成

$$s_{2n}=(u_1-u_2)+(u_3-u_4)+\cdots+(u_{2n-1}-u_{2n}),$$

由条件(1)知$(u_{2n-1}-u_{2n})\geqslant 0\,(n=1,2,\cdots)$，所以数列$s_{2n}$单调递增.同理由于

$$s_{2n}=u_1-(u_2-u_3)-(u_4-u_5)-\cdots-(u_{2n-2}-u_{2n-1})-u_{2n}\leqslant u_1, \tag{1}$$

所以$s_{2n}<u_1$.根据单调有界原理，数列s_{2n}收敛.记数列s_{2n}的和为$s=\lim\limits_{n\to\infty}s_{2n}$.

再证明交错级数$\sum_{n=1}^{\infty}(-1)^{n-1}u_n$的前$2n+1$项的部分和$s_{2n+1}$也收敛，并且和也是$s$.

因为$s_{2n+1}=s_{2n}+u_{2n+1}$，由条件(2)知$\lim\limits_{n\to\infty}u_{2n+1}=0$，故$\lim\limits_{n\to\infty}s_{2n+1}=\lim\limits_{n\to\infty}s_{2n}+\lim\limits_{n\to\infty}u_{2n+1}=s$.

于是，数列 $\sum_{n=1}^{\infty}(-1)^{n-1}u_n$ 的部分和 s_n 收敛，并且 $\lim_{n\to\infty}s_n = s$.

综上所述，交错级数 $\sum_{n=1}^{\infty}(-1)^{n-1}u_n$ 收敛，其和为 s，并且由式(1)可知 $s \leqslant u_1$.

例 1 判定下列交错级数的敛散性.

(1) $\sum_{n=1}^{\infty}(-1)^{n-1}\frac{1}{n}$； (2) $\sum_{n=1}^{\infty}(-1)^{n-1}\frac{n}{10^n}$.

解 (1) 由于 $u_n = \frac{1}{n} > u_{n+1} = \frac{1}{n+1}$ $(n=1,2,3,\cdots)$，并且 $\lim_{n\to\infty}u_n = \lim_{n\to\infty}\frac{1}{n} = 0$，所以由莱布尼茨判别法知，级数 $\sum_{n=1}^{\infty}(-1)^{n-1}\frac{1}{n}$ 收敛.

(2) 因为 $\frac{u_{n+1}}{u_n} = \frac{n+1}{10n} < 1$，所以 $u_n > u_{n+1} > 0$ $(n=1,2,3,\cdots)$. 又由于

$$\lim_{x\to+\infty}\frac{x}{10^x} \overset{\frac{0}{0}}{=} \lim_{x\to+\infty}\frac{1}{10^x\ln 10} = 0,$$

所以 $\lim_{n\to\infty}u_n = \lim_{n\to\infty}\frac{n}{10^n} = 0$，因此由莱布尼茨判别法知，级数 $\sum_{n=1}^{\infty}(-1)^{n-1}\frac{n}{10^n}$ 收敛.

二、绝对收敛与条件收敛

定义 2 假设级数 $\sum_{n=1}^{\infty}u_n = u_1 + u_2 + u_3 + \cdots + u_n + \cdots$ 是任意项级数，称由级数各项的绝对值构成新的级数 $\sum_{n=1}^{\infty}|u_n| = |u_1| + |u_2| + |u_3| + \cdots + |u_n| + \cdots$ 为级数 $\sum_{n=1}^{\infty}u_n$ 的绝对值级数.

定理 2 若任意项级数 $\sum_{n=1}^{\infty}u_n$ 的绝对值级数 $\sum_{n=1}^{\infty}|u_n|$ 收敛，则任意项级数 $\sum_{n=1}^{\infty}u_n$ 收敛.

证 已知绝对值级数 $\sum_{n=1}^{\infty}|u_n|$ 收敛，取 $a_n = \frac{|u_n| - u_n}{2}$，$b_n = \frac{|u_n| + u_n}{2}$ $(n=1,2,3,\cdots)$，则 $0 \leqslant a_n \leqslant |u_n|$，$0 \leqslant b_n \leqslant |u_n|$ $(n=1,2,3,\cdots)$. 根据正项级数的比较判别法，由于绝对值 $\sum_{n=1}^{\infty}|u_n|$ 收敛，所以级数 $\sum_{n=1}^{\infty}a_n$ 与 $\sum_{n=1}^{\infty}b_n$ 均收敛. 而 $u_n = b_n - a_n$，故由级数的性质 2 可知任意项级数 $\sum_{n=1}^{\infty}u_n$ 收敛.

注意 定理 2 的逆命题不成立.例如，级数 $\sum_{n=1}^{\infty}(-1)^{n-1}\frac{1}{n}$ 收敛，而级数 $\sum_{n=1}^{\infty}\frac{1}{n}$ 发散.

定义 3 设级数 $\sum_{n=1}^{\infty}u_n$ 为任意项级数，若绝对值级数 $\sum_{n=1}^{\infty}|u_n|$ 收敛，则称级数 $\sum_{n=1}^{\infty}u_n$ 绝

对收敛；若绝对值级数$\sum\limits_{n=1}^{\infty}|u_n|$发散，而级数$\sum\limits_{n=1}^{\infty}u_n$收敛，则称级数$\sum\limits_{n=1}^{\infty}u_n$ **条件收敛**.

易知级数$\sum\limits_{n=1}^{\infty}(-1)^{n-1}\dfrac{1}{n^2}$是绝对收敛的，而级数$\sum\limits_{n=1}^{\infty}(-1)^{n-1}\dfrac{1}{n}$是条件收敛的. 于是全体数项级数可分为收敛级数和发散级数，而任意项收敛级数又可以分为绝对收敛级数和条件收敛级数.

判别一个非正项数项级数$\sum\limits_{n=1}^{\infty}u_n$的敛散性可按以下步骤进行：

(1)首先判定$\lim\limits_{n\to\infty}u_n$是否为零，如果$\lim\limits_{n\to\infty}u_n\neq 0$，则级数$\sum\limits_{n=1}^{\infty}u_n$发散，如果$\lim\limits_{n\to\infty}u_n=0$，进入(2)；

(2)判定$\sum\limits_{n=1}^{\infty}|u_n|$是否收敛，此时可用正项级数的各种判别法判定，如果级数$\sum\limits_{n=1}^{\infty}|u_n|$收敛，则级数$\sum\limits_{n=1}^{\infty}u_n$绝对收敛，否则进入(3)；

(3)利用级数的性质以及莱布尼茨判别法判定，如果级数$\sum\limits_{n=1}^{\infty}u_n$收敛，则级数$\sum\limits_{n=1}^{\infty}u_n$条件收敛，否则称级数$\sum\limits_{n=1}^{\infty}u_n$发散.

例 2 判别下列级数的敛散性.

(1) $\sum\limits_{n=1}^{\infty}\dfrac{a^n}{n!}$ (a为常数)； (2) $\sum\limits_{n=1}^{\infty}(-1)^{n+1}\dfrac{1}{\sqrt{n}}$； (3) $\sum\limits_{n=1}^{\infty}(-1)^{n-1}\dfrac{3^n}{2n+1}$.

解 (1)因为$|u_n|=\dfrac{|a|^n}{n!}$，而$\lim\limits_{n\to\infty}\dfrac{|u_{n+1}|}{|u_n|}=\lim\limits_{n\to\infty}\dfrac{|a|}{n+1}=0<1$，根据比值判别法知，对任意实数$a$，级数$\sum\limits_{n=1}^{\infty}\dfrac{a^n}{n!}$绝对收敛.

(2) 由于级数$\sum\limits_{n=1}^{\infty}\left|(-1)^{n+1}\dfrac{1}{\sqrt{n}}\right|=\sum\limits_{n=1}^{\infty}\dfrac{1}{n^{\frac{1}{2}}}$ $\left(p=\dfrac{1}{2}\leqslant 1\right)$发散，而对任意正整数$n$有$u_n=\dfrac{1}{\sqrt{n}}>u_{n+1}=\dfrac{1}{\sqrt{n+1}}>0$，并且$\lim\limits_{n\to\infty}u_n=\lim\limits_{n\to\infty}\dfrac{1}{\sqrt{n}}=0$，所以由莱布尼茨判别法知，级数$\sum\limits_{n=1}^{\infty}(-1)^{n+1}\dfrac{1}{\sqrt{n}}$收敛，因此级数$\sum\limits_{n=1}^{\infty}(-1)^{n+1}\dfrac{1}{\sqrt{n}}$条件收敛.

(3)因为$|u_n|=\left|(-1)^{n-1}\dfrac{3^n}{2n+1}\right|=\dfrac{3^n}{2n+1}$，而

$$\lim_{n\to\infty}\frac{|u_{n+1}|}{|u_n|}=\lim_{n\to\infty}\frac{\dfrac{3^{n+1}}{2(n+1)+1}}{\dfrac{3^n}{2n+1}}=\lim_{n\to\infty}3\cdot\frac{2n+1}{2n+3}=3>1.$$

于是$\lim\limits_{n\to\infty}|u_n|\neq 0$，进而$\lim\limits_{n\to\infty}u_n\neq 0$，由收敛的必要性知级数$\sum\limits_{n=1}^{\infty}(-1)^{n-1}\dfrac{3^n}{2n+1}$发散.

三、绝对收敛级数的性质

绝对收敛级数有许多性质是条件收敛级数所不具备的，下面只给出结论，证明从略.

定理 3 若级数$\sum\limits_{n=1}^{\infty}u_n$绝对收敛，则可以随意改变级数项的次序，改变次序后的新级数依然绝对收敛，并且和不变.

定理 4 若级数$\sum\limits_{n=1}^{\infty}u_n$条件收敛，可以通过改变级数项的次序，使改变次序后的项构成的级数$\sum\limits_{n=1}^{\infty}u_n'$收敛到预先给定的任意常数上去.

定义 4 级数$\sum\limits_{n=1}^{\infty}u_n$与$\sum\limits_{n=1}^{\infty}v_n$的柯西乘积为$\left(\sum\limits_{n=1}^{\infty}u_n\right)\cdot\left(\sum\limits_{n=1}^{\infty}v_n\right)=\sum\limits_{n=1}^{\infty}\left(\sum\limits_{k=1}^{n}u_k\cdot v_{n-k}\right)$.

定理 5 设级数$\sum\limits_{n=1}^{\infty}u_n$和$\sum\limits_{n=1}^{\infty}v_n$都绝对收敛，它们的和分别为$s$和$\sigma$，则

$$\left(\sum_{n=1}^{\infty}u_n\right)\cdot\left(\sum_{n=1}^{\infty}v_n\right)=\sum_{n=1}^{\infty}\left(\sum_{k=1}^{n}u_k\cdot v_{n-k}\right)=s\cdot\sigma .$$

习题 8-3

1. 判定下列级数的敛散性.如果收敛，请指出是绝对收敛还是条件收敛?

(1) $\sum\limits_{n=1}^{\infty}(-1)^n\dfrac{n}{n+1}$； (2) $\sum\limits_{n=1}^{\infty}(-1)^{n-1}\sin\dfrac{\pi}{n+1}$； (3) $\sum\limits_{n=1}^{\infty}(-1)^{n-1}\dfrac{n}{3^n}$；

(4) $\sum\limits_{n=1}^{\infty}(-1)^n\ln\dfrac{n+1}{n}$； (5) $\sum\limits_{n=1}^{\infty}(-1)^{n-1}\dfrac{3^n+(-2)^n}{6^n}$； (6) $\sum\limits_{n=1}^{\infty}r^n\cos(n\pi)$ $(0<r<1)$.

2. 讨论级数$\sum\limits_{n=1}^{\infty}(-1)^n\dfrac{1}{na^n}$ $(a>0)$的敛散性，如果收敛，说明是绝对收敛还是条件收敛?

3. 讨论级数$\sum\limits_{n=1}^{\infty}(-1)^n\dfrac{1}{n^p}$的敛散性，如果收敛，说明是绝对收敛还是条件收敛?

4. 已知级数$\sum\limits_{n=1}^{\infty}u_n^2$收敛，证明级数$\sum\limits_{n=1}^{\infty}\dfrac{u_n}{n}$绝对收敛.

5. 判别级数$\sum\limits_{n=1}^{\infty}\sin(\pi\sqrt{n^2+1})$是否收敛?如果收敛，是绝对收敛还是条件收敛?

第四节　幂级数的收敛域及性质

当数项级数中的项被函数替代时，数项级数就变成所谓的函数项级数.应用最广泛的函数项级数是所谓的幂级数.本节从函数项级数出发，主要讨论幂级数的概念与性质.

一、函数项级数的概念

若给定一个定义在区间 I 上的函数列 $u_1(x)$，$u_2(x)$，$u_3(x)$，…，$u_n(x)$，…，则称表达式

$$u_1(x)+u_2(x)+u_3(x)+\cdots+u_n(x)+\cdots \tag{1}$$

为定义在区间 I 上的**函数项级数**，记为 $\sum_{n=1}^{\infty}u_n(x)$；称 $s_n(x)=\sum_{k=1}^{n}u_k(x)\ (x\in I, n=1,2,\ 3,\cdots)$，为函数项级数(1)的**部分和函数序列**.

对每一个 $x_0\in I$，函数项级数(1)就成为数项级数

$$u_1(x_0)+u_2(x_0)+u_3(x_0)+\cdots+u_n(x_0)+\cdots. \tag{2}$$

如果数项级数 $\sum_{n=1}^{\infty}u_n(x_0)$ 收敛，则称点 x_0 为函数项级数 $\sum_{n=1}^{\infty}u_n(x)$ 的**收敛点**，如果级数 $\sum_{n=1}^{\infty}u_n(x_0)$ 发散，则称点 x_0 为函数项级数 $\sum_{n=1}^{\infty}u_n(x)$ 的**发散点**.函数项级数 $\sum_{n=1}^{\infty}u_n(x)$ 的所有收敛点的全体称为函数项级数 $\sum_{n=1}^{\infty}u_n(x)$ 的**收敛域**，所有发散点的全体称为它的**发散域**.

设函数项级数 $\sum_{n=1}^{\infty}u_n(x)$ 的收敛域为 D，则 D 上的每一点 x^* 与其所对应的数项级数的和 $s(x^*)=\sum_{n=1}^{\infty}u_n(x^*)$ 之间构成一个定义在 D 上的函数，称 $s(x)=\sum_{n=1}^{\infty}u_n(x), x\in D$ 为函数项级数 $\sum_{n=1}^{\infty}u_n(x)$ 的**和函数**，即 $s(x)=u_1(x)+u_2(x)+u_3(x)+\cdots+u_n(x)+\cdots, x\in D$.

当 $x\in D$ 时，则有 $\lim\limits_{n\to\infty}s_n(x)=s(x)$.也就是说，函数项级数 $\sum_{n=1}^{\infty}u_n(x)$ 的敛散性是指它的部分和函数序列 $\{s_n(x)\}$ 的敛散性.

例 1　讨论几何级数 $1+x+x^2+x^3+\cdots+x^{n-1}+\cdots$ 的敛散性.

解　由几何级数的敛散性知，当 $|x|\geqslant 1$ 时，几何级数 $\sum_{n=1}^{\infty}x^{n-1}$ 发散；当 $|x|<1$ 时，几何级数 $\sum_{n=1}^{\infty}x^{n-1}$ 收敛，其部分和函数序列为 $s_n(x)=\dfrac{1-x^n}{1-x}$，$s(x)=\lim\limits_{n\to\infty}s_n(x)=\dfrac{1}{1-x}$，因此几何级数 $\sum_{n=1}^{\infty}x^{n-1}$ 在 $(-1,1)$ 内收敛于和函数 $s(x)=\dfrac{1}{1-x}$，即

$$1+x+x^2+x^3+\cdots+x^{n-1}+\cdots=\frac{1}{1-x},\ x\in(-1,1).$$

例 2　讨论函数项级数 $\sum_{n=1}^{\infty}\left(x^n-x^{n-1}\right)$ 的敛散性，并且在收敛域求 $\sum_{n=1}^{\infty}\left(x^n-x^{n-1}\right)$ 的和函数 $s(x)$.

解　因为函数项级数 $\sum_{n=1}^{\infty}\left(x^n-x^{n-1}\right)$ 的部分和序列为

$$s_n(x)=(x-1)+\left(x^2-x\right)+\left(x^3-x^2\right)+\cdots+\left(x^n-x^{n-1}\right)=x^n-1,$$

所以

$$\lim_{n\to\infty}s_n(x)=\lim_{n\to\infty}\left(x^n-1\right)=\begin{cases}0, & x=1\\ -1, & -1<x<1,\\ \text{发散}, & x\leqslant -1\end{cases}$$

所以函数项级数 $\sum_{n=1}^{\infty}\left(x^n-x^{n-1}\right)$ 的收敛域 $D=(-1,1]$，和函数 $s(x)=\begin{cases}-1, & x\in(-1,1)\\ 0, & x=1\end{cases}$.

二、幂级数及其收敛域

函数项级数中最常见、应用最广泛的一类是幂函数.

定义 1　形如

$$\sum_{n=0}^{\infty}a_n\left(x-x_0\right)^n=a_0+a_1\left(x-x_0\right)+a_2\left(x-x_0\right)^2+\cdots+a_n\left(x-x_0\right)^n+\cdots \tag{3}$$

的函数项级数 $\sum_{n=0}^{\infty}a_n\left(x-x_0\right)^n$ 称为**关于 $x-x_0$ 的幂级数**，简称为**幂级数**，其中 $a_0,a_1,a_2,\cdots,a_n,\cdots$ 称为幂级数 $\sum_{n=0}^{\infty}a_n\left(x-x_0\right)^n$ 的**系数**.当 $x_0=0$ 时，式(3)为

$$\sum_{n=0}^{\infty}a_nx^n=a_0+a_1x+a_2x^2+\cdots+a_nx^n+\cdots \tag{4}$$

称为**关于 x 的幂级数**.

关于 $x-x_0$ 幂级数 $\sum_{n=0}^{\infty}a_n\left(x-x_0\right)^n$ 与关于 x 的幂级数 $\sum_{n=0}^{\infty}a_nx^n$，可以通过坐标平移相互转化，形式上 $\sum_{n=0}^{\infty}a_nx^n$ 比 $\sum_{n=0}^{\infty}a_n\left(x-x_0\right)^n$ 简单，因此在下面的讨论中以关于 x 的幂级数作为讨论对象，获得的结论通过坐标平移同样适用于关于 $x-x_0$ 的幂级数.

首先，我们讨论幂级数 $\sum_{n=0}^{\infty}a_nx^n$ 的收敛域问题.显然，幂级数 $\sum_{n=0}^{\infty}a_nx^n$ 在 $x=0$ 时总是收敛的，并且和为 a_0.在 $x\neq 0$ 时，有挪威数学家阿贝尔(Able)给出的重要结论.

定理 1（阿贝尔定理）　(1) 如果幂级数 $\sum_{n=0}^{\infty}a_nx^n$ 在 $x=x_0\,(x_0\neq 0)$ 处收敛，则当 $|x|<|x_0|$ 时，$\sum_{n=0}^{\infty}a_nx^n$ 绝对收敛；

(2) 如果幂级数 $\sum_{n=0}^{\infty}a_nx^n$ 在 $x=x_1$ 处发散，则当 $|x|>|x_1|$ 时，$\sum_{n=0}^{\infty}a_nx^n$ 发散.

证　(1) 若幂级数 $\sum_{n=0}^{\infty}a_nx^n$ 在 $x_0\,(x_0\neq 0)$ 处收敛$\left(即级数\sum_{n=0}^{\infty}a_n{x_0}^n收敛\right)$时，由级数收敛的必要条件知 $\lim\limits_{n\to\infty}a_n{x_0}^n=0$，所以 $a_n{x_0}^n$ 有界，即存在正数 M，使得 $\left|a_n{x_0}^n\right|\leqslant M\ (n\in N)$. 当 $|x|<|x_0|$ 时，$\left|\dfrac{x}{x_0}\right|=q<1$，于是 $\left|a_nx^n\right|=\left|a_n{x_0}^n\right|\cdot\left|\dfrac{x}{x_0}\right|^n\leqslant M\left|\dfrac{x}{x_0}\right|^n=Mq^n$，所以由 $\sum_{n=0}^{\infty}Mq^n\,(q<1)$ 收敛知，级数 $\sum_{n=0}^{\infty}\left|a_nx^n\right|$ 收敛，即幂级数 $\sum_{n=0}^{\infty}a_nx^n$ 绝对收敛.

(2) 当幂级数 $\sum_{n=0}^{\infty}a_nx^n$ 在 $x=x_1$ 处发散时，若存在某一个 x_2 满足 $|x_1|<|x_2|$，并且级数 $\sum_{n=0}^{\infty}a_n{x_2}^n$ 收敛，则由定理的 (1) 可知，幂级数 $\sum_{n=0}^{\infty}a_nx^n$ 在 $x=x_1$ 处绝对收敛，这与定理 (2) 的假设矛盾，所以对满足 $|x|>|x_1|$ 的一切 x，幂级数 $\sum_{n=0}^{\infty}a_nx^n$ 发散.

由阿贝尔定理可知，如果幂级数在数轴上有收敛点（不仅是原点）也有发散点，那么幂级数 $\sum_{n=0}^{\infty}a_nx^n$ 的收敛点集是在以原点为中心的某区间内，而发散点集是在以原点为中心的某区间外，由于对于数轴上的点而言，或是幂级数收敛点或是幂级数发散点，因此必存在一个正数 R，当 $x\in(-R,R)$ 时，幂级数 $\sum_{n=0}^{\infty}a_nx^n$ 绝对收敛，当 $x\in(-\infty,R)\cup(R,+\infty)$ 时，幂级数 $\sum_{n=0}^{\infty}a_nx^n$ 发散.因此，正数 R 在幂级数的收敛理论上有着至关重要的作用.

定义 2　如果存在正数 $R\ (0<R<+\infty)$，使得幂级数 $\sum_{n=0}^{\infty}a_nx^n$ 在 $(-R,R)$ 内绝对收敛，在 $[-R,R]$ 外发散，则称 R 为该幂级数的**收敛半径**，$(-R,R)$ 为该幂级数的**收敛区间**.如果幂级数 $\sum_{n=0}^{\infty}a_nx^n$ 仅在 $x=0$ 处收敛，称该幂级数的**收敛半径** $R=0$；如果幂级数 $\sum_{n=0}^{\infty}a_nx^n$ 处处收敛，称该幂级数的**收敛半径** $R=+\infty$，其**收敛区间**为 $(-\infty,+\infty)$.

设幂级数 $\sum_{n=0}^{\infty}a_nx^n$ 的收敛半径为 $R\ (0<R<+\infty)$，收敛域为 D，则由阿贝尔定理知 $(-R,R)\subseteq D\subseteq[-R,R]$.由此可见幂级数的收敛区间与收敛域至多相差区间的两个端点，即在 $x=\pm R$ 处，幂级数 $\sum_{n=0}^{\infty}a_nx^n$ 可能收敛也可能发散.

例 3　已知幂级数$\sum_{n=0}^{\infty} a_n(x-1)^n$在$x=-1$处收敛，在$x=3$处发散，求该级数的收敛半径、收敛区间和收敛域.

解　因为幂级数$\sum_{n=0}^{\infty} a_n(x-1)^n$在$x=-1$处收敛，所以$x$满足$|x-1|<|-1-1|=2$时，幂级数$\sum_{n=0}^{\infty} a_n(x-1)^n$绝对收敛；又幂级数$\sum_{n=0}^{\infty} a_n(x-1)^n$在$x=3$处发散，所以$x$满足$|x-1|>|3-1|=2$时，幂级数$\sum_{n=0}^{\infty} a_n(x-1)^n$发散.所以由阿贝尔定理，该幂级数的收敛半径$R=2$，收敛区间为$(-1,3)$.再由题设及收敛区间知收敛域为$[-1,3)$.

计算幂级数$\sum_{n=0}^{\infty} a_n x^n$的收敛半径$R$，我们有如下定理.

定理 2　设幂级数$\sum_{n=0}^{\infty} a_n x^n$的系数$a_n \neq 0\ (n=0,1,2,3,\cdots)$，如果$\lim\limits_{n\to\infty}\dfrac{|a_{n+1}|}{|a_n|}=\rho$，则

(1) 当$0<\rho<+\infty$时，收敛半径$R=\dfrac{1}{\rho}$；

(2) 当$\rho=0$时，收敛半径$R=+\infty$；

(3) 当$\rho=+\infty$时，收敛半径$R=0$.

证　假设$\lim\limits_{n\to\infty}\dfrac{|a_{n+1}|}{|a_n|}=\rho$，对于正项级数$\sum_{n=0}^{\infty}|a_n x^n|$，根据比值判别法有

$$\lim_{n\to\infty}\frac{|a_{n+1}x^{n+1}|}{|a_n x^n|}=\lim_{n\to\infty}\frac{|a_{n+1}|}{|a_n|}\cdot|x|=\rho\cdot|x|.$$

(1) 当$0<\rho<+\infty$时.

如果$\rho\cdot|x|<1$，即$|x|<\dfrac{1}{\rho}$，由正项级数的比值判别法知，幂级数$\sum_{n=0}^{\infty}|a_n x^n|$收敛，从而幂级数$\sum_{n=0}^{\infty} a_n x^n$绝对收敛.

如果$\rho\cdot|x|>1$，即$|x|>\dfrac{1}{\rho}$，由$\lim\limits_{n\to\infty}\dfrac{|a_{n+1}x^{n+1}|}{|a_n x^n|}=\rho\cdot|x|>1$，所以当$n$充分大时，$|a_{n+1}x^{n+1}|>|a_n x^n|$，所以$\sum_{n=0}^{\infty}|a_n x^n|$的通项$|a_n x^n|$不趋于零，从而$a_n x^n$也不趋于零.由级数收敛的必要条件知，幂级数$\sum_{n=0}^{\infty} a_n x^n$发散.于是幂级数$\sum_{n=0}^{\infty} a_n x^n$的收敛半径$R=\dfrac{1}{\rho}$.

(2) 当$\rho=0$时.

对任意实数x，都有$\rho\cdot|x|=0<1$，由比值判别法知，幂级数$\sum_{n=0}^{\infty}|a_n x^n|$收敛，所以幂

级数 $\sum_{n=0}^{\infty}a_nx^n$ 也收敛.于是幂级数 $\sum_{n=0}^{\infty}a_nx^n$ 的收敛半径 $R=+\infty$.

(3)当 $\rho=+\infty$ 时.

对任意 $x\neq 0$ ，均有 $\lim\limits_{n\to\infty}\dfrac{\left|a_{n+1}x^{n+1}\right|}{\left|a_nx^n\right|}=\lim\limits_{n\to\infty}\dfrac{\left|a_{n+1}\right|}{\left|a_n\right|}\cdot|x|=+\infty>1$ ，当 n 充分大时，$\left|a_{n+1}x^{n+1}\right|>\left|a_nx^n\right|$，从而$\left|a_nx^n\right|$不趋于零，从而 a_nx^n 也不趋于零，所以幂级数 $\sum_{n=0}^{\infty}a_nx^n$ 发散.于是幂级数 $\sum_{n=0}^{\infty}a_nx^n$ 的收敛半径 $R=0$.

在实际使用中，常常用 $R=\lim\limits_{n\to\infty}\dfrac{\left|a_n\right|}{\left|a_{n+1}\right|}$ 直接计算幂级数 $\sum_{n=0}^{\infty}a_nx^n$ 的收敛半径.另一方面，利用正项级数的根值判别法，定理 2 中的 ρ 也可以用极限 $\lim\limits_{n\to\infty}\sqrt[n]{\left|a_n\right|}$ 来计算，相应的结果不变.

例 4 求幂级数 $\sum_{n=1}^{\infty}\dfrac{2^n}{n}x^n$ 的收敛半径、收敛区间与收敛域.

解 因为 $\rho=\lim\limits_{n\to\infty}\dfrac{\left|a_{n+1}\right|}{\left|a_n\right|}=\lim\limits_{n\to\infty}\dfrac{2^{n+1}}{n+1}\cdot\dfrac{n}{2^n}=\lim\limits_{n\to\infty}\dfrac{2n}{n+1}=2$ ，所以收敛半径 $R=\dfrac{1}{\rho}=\dfrac{1}{2}$ ，收敛区间为$\left(-\dfrac{1}{2},\dfrac{1}{2}\right)$.

当 $x=\dfrac{1}{2}$ 时，$\sum_{n=1}^{\infty}\dfrac{1}{n}$ 是调和级数，发散；当 $x=-\dfrac{1}{2}$ 时，$\sum_{n=1}^{\infty}\dfrac{(-1)^n}{n}$ 是莱布尼茨级数，收敛.因此，收敛域为$\left[-\dfrac{1}{2},\dfrac{1}{2}\right)$.

例 5 求幂级数 $\sum_{n=1}^{\infty}n^nx^n$ 的收敛半径.

解 因为 $R=\lim\limits_{n\to\infty}\dfrac{\left|a_n\right|}{\left|a_{n+1}\right|}=\lim\limits_{n\to\infty}\dfrac{n^n}{(n+1)^{n+1}}=\lim\limits_{n\to\infty}\dfrac{1}{n+1}\cdot\left(\dfrac{n}{n+1}\right)^n=0$ ，所以收敛半径 $R=0$（即此幂级数仅在点 $x=0$ 处收敛）.

例 6 求幂级数 $\sum_{n=1}^{\infty}\dfrac{(x-2)^n}{n^2\cdot 3^n}$ 的收敛半径、收敛区间与收敛域.

解 因为 $\sum_{n=1}^{\infty}\dfrac{(x-2)^n}{n^2\cdot 3^n}=\sum_{n=1}^{\infty}\dfrac{1}{n^2\cdot 3^n}(x-2)^n$ ，所以 $a_n=\dfrac{1}{n^2\cdot 3^n}$ ，所以收敛半径 $R=\lim\limits_{n\to\infty}\dfrac{\left|a_n\right|}{\left|a_{n+1}\right|}=\lim\limits_{n\to\infty}\dfrac{(n+1)^2\cdot 3^{n+1}}{n^2\cdot 3^n}=3$ ，收敛区间为$(-1,5)$.

当 $x-2=\pm 3$ 时，$\sum_{n=1}^{\infty}\dfrac{1}{n^2}$ 与 $\sum_{n=1}^{\infty}\dfrac{(-1)^n}{n^2}$ 均收敛$(p=2>1)$，所以幂级数 $\sum_{n=1}^{\infty}\dfrac{(x-2)^n}{n^2\cdot 3^n}$ 的收敛

域为$[-1,5]$.

因为$\sum\limits_{n=1}^{\infty}\frac{(x-2)^n}{n^2\cdot 3^n}$是关于$x-2$的幂级数，所以收敛半径仍可用$R=\lim\limits_{n\to\infty}\frac{|a_n|}{|a_{n+1}|}$直接计算，而收敛区间与收敛域都需要在定理2的基础上作坐标平移，如关于$x-x_0$的幂级数的收敛区间可以表示为(x_0-R,x_0+R)，这在前面的例3中已有体现.

例 7 求幂级数$\sum\limits_{n=0}^{\infty}\frac{(2n)!}{(n!)^2}x^{2n}$的收敛半径.

解 幂级数$\sum\limits_{n=0}^{\infty}\frac{(2n)!}{(n!)^2}x^{2n}$是偶次幂构成的，直接利用比值判别法

$\lim\limits_{n\to\infty}\frac{|u_{n+1}(x)|}{|u_n(x)|}=\lim\limits_{n\to\infty}\left|\frac{[2(n+1)]!\cdot x^{2(n+1)}}{[(n+1)!]^2}\right|\cdot\left|\frac{(n!)^2}{(2n)!\cdot x^{2n}}\right|=\lim\limits_{n\to\infty}\frac{(2n+2)(2n+1)}{(n+1)^2}|x|^2=4|x|^2$，所以，当$4|x|^2<1$，即$|x|<\frac{1}{2}$时，该级数收敛；当$4|x|^2>1$，即$|x|>\frac{1}{2}$时，该级数发散.所以$\sum\limits_{n=0}^{\infty}\frac{(2n)!}{(n!)^2}x^{2n}$的收敛半径为$R=\frac{1}{2}$.

完全由x的偶次幂或奇次幂构成的幂级数$\sum\limits_{n=0}^{\infty}a_nx^{2n}$和$\sum\limits_{n=1}^{\infty}a_nx^{2n-1}$的收敛半径$R$可以用公式$R=\sqrt{\lim\limits_{n\to\infty}\frac{|a_n|}{|a_{n+1}|}}$直接计算.

三、幂级数的运算与性质

1. 幂级数的四则运算

设幂级数$\sum\limits_{n=0}^{\infty}a_nx^n$与$\sum\limits_{n=0}^{\infty}b_nx^n$的收敛半径分别为$R_1$和$R_2$，则幂级数有如下四则运算.

加法
$$\begin{aligned}\sum_{n=0}^{\infty}a_nx^n+\sum_{n=0}^{\infty}b_nx^n&=(a_0+a_1x+a_2x^2+\cdots)+(b_0+b_1x+b_xx^2+\cdots)\\&=(a_0+b_0)+(a_1+b_1)x+(a_2+b_2)x^2+\cdots\\&=\sum_{n=0}^{\infty}(a_n+b_n)x^n.\end{aligned}\tag{5}$$

减法
$$\begin{aligned}\sum_{n=0}^{\infty}a_nx^n-\sum_{n=0}^{\infty}b_nx^n&=(a_0+a_1x+a_2x^2+\cdots)-(b_0+b_1x+b_2x^2+\cdots)\\&=(a_0-b_0)+(a_1-b_1)x+(a_2-b_2)x^2+\cdots\end{aligned}$$

$$=\sum_{n=0}^{\infty}(a_n-b_n)x^n. \tag{6}$$

根据级数的性质 2 知，$\sum_{n=0}^{\infty}(a_n+b_n)x^n$ 与 $\sum_{n=0}^{\infty}(a_n-b_n)x^n$ 在 $\sum_{n=0}^{\infty}a_nx^n$ 与 $\sum_{n=0}^{\infty}b_nx^n$ 收敛域的公共部分一定是收敛的，所以 $\sum_{n=0}^{\infty}(a_n-b_n)x^n$ 与 $\sum_{n=0}^{\infty}(a_n-b_n)x^n$ 的收敛半径不小于 R_1 与 R_2 中较小的一个，即 $R\geqslant\min\{R_1,R_2\}$.当 $R_1\neq R_2$ 时，$R=\min\{R_1,R_2\}$.

乘法 $$\left(\sum_{n=0}^{\infty}a_nx^n\right)\cdot\left(\sum_{n=0}^{\infty}b_nx^n\right)=a_0b_0+(a_0b_1+a_1b_0)x^2+(a_0b_2+a_1b_1+a_2b_0)x^3+\cdots$$

$$=\sum_{n=0}^{\infty}\left(\sum_{k=0}^{n}a_kb_{n-k}\right)x^n. \tag{7}$$

上述级数的乘积就是所谓的**柯西乘积**，其收敛半径 $R=\min\{R_1,R_2\}$.

除法 $$\frac{\sum_{n=0}^{\infty}a_nx^n}{\sum_{n=0}^{\infty}b_nx^n}=\frac{a_0+a_1x+a_2x^2+\cdots}{b_0+b_1x+b_2x^2+\cdots}=\sum_{n=0}^{\infty}c_nx^n\ , \tag{8}$$

其中，$\sum_{n=0}^{\infty}c_nx^n$ 的系数 $c_0,c_1,c_2\cdots$ 可用待定系数法计算.假设 $b_0\neq 0$，则利用乘法 $\sum_{n=0}^{\infty}a_nx^n=\sum_{n=0}^{\infty}b_nx^n\sum_{n=0}^{\infty}c_nx^n$，比较等式两边系数，有

$$a_0=b_0c_0 \quad\Rightarrow\quad c_0=\frac{a_0}{b_0},$$

$$a_1=b_0c_1+b_1c_0 \quad\Rightarrow\quad c_1=\frac{1}{b_0}(a_1-b_1c_0),$$

$$a_2=b_0c_2+b_1c_1+b_2c_0 \quad\Rightarrow\quad c_2=\frac{1}{b_0}(a_2-b_1c_1-b_2c_0),$$

$$\cdots\cdots$$

$$a_n=\sum_{k=0}^{n}\left(\sum_{i=0}^{k}b_ic_{k-i}\right) \quad\Rightarrow\quad c_n=\frac{1}{b_0}\left(a_n-\sum_{k=1}^{n}b_kc_{n-k}\right),$$

$$\cdots\cdots$$

相除后得到的幂级数 $\sum_{n=0}^{\infty}c_nx^n$ 的收敛半径很复杂，通常幂级数 $\sum_{n=0}^{\infty}c_nx^n$ 的收敛半径 R 要比原来的两个幂级数 $\sum_{n=0}^{\infty}a_nx^n$ 与 $\sum_{n=0}^{\infty}b_nx^n$ 的收敛半径 R_1 和 R_2 小得多.

例如，$\sum_{n=0}^{\infty}a_nx^n=1$，$\sum_{n=0}^{\infty}b_nx^n=1-x$ 时，$\dfrac{\sum_{n=0}^{\infty}a_nx^n}{\sum_{n=0}^{\infty}b_nx^n}=\dfrac{1}{1-x}=\sum_{n=0}^{\infty}x^n$，而 $\sum_{n=0}^{\infty}a_nx^n=1$ 与

$\sum_{n=0}^{\infty} b_n x^n = 1 - x$ 的收敛半径都是 $+\infty$，$\sum_{n=0}^{\infty} x^n$ 的收敛半径却为1.

例 8 求幂级数 $\sum_{n=1}^{\infty} \frac{\left[3+(-1)^n\right]^n}{n} x^n$ 的收敛半径.

解 由于 $\sum_{n=1}^{\infty} \frac{\left[3+(-1)^n\right]^n}{n} x^n = \sum_{n=1}^{\infty} \frac{2^{2n-1}}{2n-1} x^{2n-1} + \sum_{n=1}^{\infty} \frac{4^{2n}}{2n} x^{2n}$，对于幂级数 $\sum_{n=1}^{\infty} \frac{4^{2n}}{2n} x^{2n}$，因为 $a_n = \frac{4^{2n}}{2n}$，所以 $R_1 = \sqrt{\lim_{n\to\infty} \frac{|a_n|}{|a_{n+1}|}} = \sqrt{\lim_{n\to\infty} \frac{2(n+1)}{4^2 \cdot 2n}} = \frac{1}{4}$；对于幂级数 $\sum_{n=1}^{\infty} \frac{2^{2n-1}}{2n-1} x^{2n-1}$，因为 $a_n = \frac{2^{2n-1}}{2n-1}$，所以 $R_2 = \sqrt{\lim_{n\to\infty} \frac{|a_n|}{|a_{n+1}|}} = \sqrt{\lim_{n\to\infty} \frac{2n+1}{2^2(2n-1)}} = \frac{1}{2}$. 因为 $R_1 \neq R_2$，所以 $\sum_{n=1}^{\infty} \frac{\left[3+(-1)^n\right]^n}{n} x^n$ 的收敛半径为 $R = \min\{R_1, R_2\} = \frac{1}{4}$.

2. 幂级数的分析运算

幂级数的分析运算是指与极限有关的连续性、可导性与可积性.我们有如下定理.

定理 3 设幂级数 $\sum_{n=0}^{\infty} a_n x^n$ 的收敛半径为 R，和函数为 $s(x)$，则

(1) $s(x)$ 在收敛区间内连续，如果幂级数 $\sum_{n=0}^{\infty} a_n x^n$ 在收敛区间端点处收敛，则 $s(x)$ 在收敛区间端点处单侧连续；

(2) $s(x)$ 在收敛区间内可导，并且有**逐项求导公式**

$$s'(x) = \left(\sum_{n=0}^{\infty} a_n x^n\right)' = \sum_{n=0}^{\infty} (a_n x^n)' = \sum_{n=1}^{\infty} n a_n x^{n-1}, \quad x \in (-R, R) \tag{9}$$

逐项求导后得到的幂级数 $\sum_{n=1}^{\infty} n a_n x^{n-1}$ 和原幂级数 $\sum_{n=0}^{\infty} a_n x^n$ 有相同的收敛区间.如果 $\sum_{n=0}^{\infty} a_n x^n$ 在收敛区间某端点处发散，则 $\sum_{n=1}^{\infty} n a_n x^{n-1}$ 在该端点处也发散；如果 $\sum_{n=0}^{\infty} a_n x^n$ 在收敛区间某端点处收敛，则 $\sum_{n=1}^{\infty} n a_n x^{n-1}$ 在该端点处可能收敛也可能发散；

(3) $s(x)$ 在收敛区间内可积，并且有**逐项积分公式**

$$\int_0^x s(t)\mathrm{d}t = \int_0^x \left(\sum_{n=0}^{\infty} a_n t^n\right)\mathrm{d}t = \sum_{n=0}^{\infty} \left(\int_0^x a_n t^n \mathrm{d}t\right) = \sum_{n=0}^{\infty} \frac{a_n}{n+1} x^{n+1} . \tag{10}$$

逐项积分后得到的幂级数 $\sum_{n=0}^{\infty} \frac{a_n}{n+1} x^{n+1}$ 和原幂级数 $\sum_{n=0}^{\infty} a_n x^n$ 有相同的收敛区间.如果 $\sum_{n=0}^{\infty} a_n x^n$ 在收敛区间某端点处收敛，则 $\sum_{n=0}^{\infty} \frac{a_n}{n+1} x^{n+1}$ 在该端点处也收敛；如果 $\sum_{n=0}^{\infty} a_n x^n$ 在收敛区间某

端点处发散，则 $\sum_{n=0}^{\infty}\frac{a_n}{n+1}x^{n+1}$ 可能发散也可能收敛.

由定理 3 可知幂级数有非常好的性质，它的和函数在收敛域上是连续的，它本身在收敛区间内有逐项求导和逐项积分公式，并且在逐项求导和逐项积分后收敛区间不变. 因此可以在收敛区间内求幂级数的任意阶导数和对幂级数进行任意次积分计算.

推论　设幂级数 $\sum_{n=0}^{\infty}a_nx^n$ 在 $x=0$ 的某邻域内有和函数 $s(x)$，则该级数的系数唯一且满足：

$$a_n=\frac{s^{(n)}(0)}{n!}\quad(n=0,1,2,3,\cdots),\tag{11}$$

即幂级数 $\sum_{n=0}^{\infty}a_nx^n$ 的系数由它的和函数 $s(x)$ 在 $x=0$ 处的各阶导数唯一地确定.

在逐项求导和逐项积分公式的帮助下，可以利用某些和函数已知的幂级数求得一些幂级数的和函数，并且由和函数求得相关数项级数的和.

例 9　求幂级数 $\sum_{n=1}^{\infty}nx^{n-1}$ 的和函数.

解　因为 $a_n=n$，所以 $R=\lim_{n\to\infty}\frac{|a_n|}{|a_{n+1}|}=\lim_{n\to\infty}\frac{n}{n+1}=1$.

当 $|x|<1$ 时，幂级数 $\sum_{n=1}^{\infty}nx^{n-1}$ 绝对收敛，记和函数为 $s(x)$.

$$\int_0^x s(t)\mathrm{d}t=\sum_{n=1}^{\infty}\left(\int_0^x nt^{n-1}\mathrm{d}t\right)=\sum_{n=1}^{\infty}x^n=\frac{1}{1-x}-1$$

所以

$$s(x)=\left(\int_0^x s(t)\mathrm{d}t\right)'=\left(\frac{1}{1-x}-1\right)'=\frac{1}{(1-x)^2},\quad x\in(-1,1).$$

当 $x=1$ 时，幂级数 $\sum_{n=1}^{\infty}n$ 发散，当 $x=-1$ 时，幂级数 $\sum_{n=1}^{\infty}(-1)^{n-1}n$ 也发散.所以幂级数 $\sum_{n=1}^{\infty}nx^{n-1}$ 的和函数为 $s(x)=\frac{1}{(1-x)^2},x\in(-1,1)$.

例 10　求幂级数 $\sum_{n=1}^{\infty}\frac{n+1}{n}x^n$ 的和函数，并计算级数 $\sum_{n=1}^{\infty}\frac{n+1}{n\cdot 2^n}$ 的和.

解　因为幂级数 $\sum_{n=1}^{\infty}\frac{n+1}{n}x^n$，$\sum_{n=1}^{\infty}x^n$ 和 $\sum_{n=1}^{\infty}\frac{x^n}{n}$ 的收敛半径都是1，所以

$$\sum_{n=1}^{\infty}\frac{n+1}{n}x^n=\sum_{n=1}^{\infty}x^n+\sum_{n=1}^{\infty}\frac{x^n}{n},\quad x\in(-1,1).$$

由例 9 知，$\sum_{n=1}^{\infty}x^n=\frac{1}{1-x}-1=\frac{x}{1-x}$，记 $\sigma(x)=\sum_{n=1}^{\infty}\frac{x^n}{n}$，则 $|x|<1$ 时，

$$\sigma'(x)=\left(\sum_{n=1}^{\infty}\frac{x^n}{n}\right)'=\sum_{n=1}^{\infty}\left(\frac{x^n}{n}\right)'=\sum_{n=1}^{\infty}x^{n-1}=\frac{1}{1-x},$$

所以

$$\sigma(x)=\sigma(0)+\int_0^x\sigma'(t)\mathrm{d}t=0+\int_0^x\frac{\mathrm{d}t}{1-t}=-\ln(1-x).$$

所以幂级数 $\sum\limits_{n=1}^{\infty}\frac{n+1}{n}x^n$ 的和函数

$$s(x)=\sum_{n=1}^{\infty}\frac{n+1}{n}x^n=\sum_{n=1}^{\infty}x^n+\sum_{n=1}^{\infty}\frac{x^n}{n}=\frac{x}{1-x}-\ln(1-x),\quad x\in(-1,1).$$

又取 $x=\frac{1}{2}$，则 $\sum\limits_{n=1}^{\infty}\frac{n+1}{n\cdot 2^n}=s\left(\frac{1}{2}\right)=\frac{\frac{1}{2}}{1-\frac{1}{2}}-\ln\left(1-\frac{1}{2}\right)=1+\ln 2$.

习题 8-4

1. 求下列幂级数的收敛半径、收敛区间及收敛域.

(1) $\sum\limits_{n=1}^{\infty}\frac{(-1)^{n-1}}{2n}x^n$； (2) $\sum\limits_{n=0}^{\infty}\frac{x^n}{n!}$； (3) $\sum\limits_{n=1}^{\infty}\frac{x^n}{n^3\cdot 3^n}$；

(4) $\sum\limits_{n=0}^{\infty}2^n x^n$； (5) $\sum\limits_{n=1}^{\infty}\frac{n+1}{n(2n-1)}x^{2n}$； (6) $\sum\limits_{n=1}^{\infty}(2n-1)!\cdot(x+1)^n$；

(7) $\sum\limits_{n=1}^{\infty}\frac{(x-2)^n}{\sqrt{n}}$； (8) $\sum\limits_{n=1}^{\infty}\frac{2^n}{2n^2-1}x^{2n}$.

2. 求下列幂级数的和函数.

(1) $\sum\limits_{n=1}^{\infty}\frac{(-1)^n}{n}x^n$； (2) $\sum\limits_{n=1}^{\infty}nx^{n+1}$； (3) $\sum\limits_{n=1}^{\infty}\frac{x^{n+1}}{n(n+1)}$.

3. 求幂级数 $1+\sum\limits_{n=1}^{\infty}\frac{(-1)^n}{2n}x^{2n}$ 的和函数 $s(x)$，以及和函数 $s(x)$ 的极值.

4. 求幂级数 $\sum\limits_{n=0}^{\infty}\frac{x^{2n+1}}{2n+1}$ 的和函数及数项级数 $\sum\limits_{n=0}^{\infty}\frac{1}{(2n+1)\cdot 3^n}$ 的和.

5. 求极限 $\lim\limits_{n\to\infty}\left(\frac{1}{a}+\frac{2}{a^2}+\cdots+\frac{n}{a^n}\right)$，其中 $a>1$.

第五节　函数的幂级数展开

将函数用幂级数的形式表示，给函数的研究、计算带来许多方便.由于幂级数在收敛区间内有任意阶导数，所以要将函数 $f(x)$ 在 x_0 处表示成关于 $x-x_0$ 的幂级数，要求 $f(x)$

在 x_0 附近必须有任意阶导数.

一、泰勒级数

如果函数 $f(x)$ 在 x_0 的某邻域内可以表示成关于 $x-x_0$ 的幂级数，即

$$f(x)=a_0+a_1(x-x_0)+a_2(x-x_0)^2+\cdots+a_n(x-x_0)^n+\cdots \tag{1}$$

那么，由幂级数的分析性质知，它的和函数在收敛半径内有任意阶导数，并有逐项求导公式.因此，在收敛半径内有

$$f'(x)=a_1+2a_2(x-x_0)+3a_3(x-x_0)^2+\cdots+na_n(x-x_0)^{n-1}+\cdots,$$

$$f''(x)=2a_2+3\cdot 2a_3(x-x_0)+\cdots+n\cdot(n-1)a_n(x-x_0)^{n-2}+\cdots,$$

$$\cdots\cdots$$

$$f^{(n)}(x)=n\cdot(n-1)\cdot\cdots\cdot 2\cdot 1a_n+(n+1)\cdot n\cdot(n-1)\cdot\cdots\cdot 3\cdot 2a_{n+1}(x-x_0)+\cdots,$$

$$\cdots\cdots$$

用 $x=x_0$ 代入得

$$f(x_0)=a_0,\quad f'(x_0)=a_1,\quad f''(x_0)=2!a_2,\quad \cdots,\quad f^{(n)}(x_0)=n!a_n,\quad \cdots,$$

即

$$a_n=\frac{1}{n!}f^{(n)}(x_0),\quad n=0,1,2,\cdots. \tag{2}$$

于是，如果函数 $f(x)$ 在 x_0 的某邻域内可以表示成关于 $x-x_0$ 的幂级数 $\sum_{n=0}^{\infty}a_n(x-x_0)^n$，则幂级数的系数 $a_n=\frac{1}{n!}f^{(n)}(x_0),n=0,1,2,\cdots$.

如果函数 $f(x)$ 在 x_0 处有任意阶导数，那么在形式上利用式(2)，可以得到幂级数

$$f(x_0)+f'(x_0)(x-x_0)+\frac{1}{2!}f''(x_0)(x-x_0)^2+\cdots+\frac{1}{n!}f^{(n)}(x_0)(x-x_0)^n+\cdots$$

称为 $f(x)$ 在 $x-x_0$ 处的**泰勒级数**，记为

$$f(x)\sim f(x_0)+f'(x_0)(x-x_0)+\frac{1}{2!}f''(x_0)(x-x_0)^2+\cdots+\frac{1}{n!}f^{(n)}(x_0)(x-x_0)^n+\cdots, \tag{3}$$

特别地，当 $x_0=0$ 时，

$$f(x)\sim f(0)+f'(0)x+\frac{1}{2!}f''(0)x^2+\cdots+\frac{1}{n!}f^{(n)}(0)x^n+\cdots \tag{4}$$

称为 $f(x)$ 的**麦克劳林级数**.

从上面的讨论可以知道，只要函数 $f(x)$ 在 x_0 处有任意阶导数，则 $f(x)$ 在 $x=x_0$ 处的泰勒级数一定存在，但是由此生成的泰勒级数 $\sum_{n=0}^{\infty}\frac{f^{(n)}(x_0)}{n!}(x-x_0)^n$ 是否能在一定的区域内

收敛到 $f(x)$ 就成为我们必须面对的首要问题.借助泰勒公式以及余项与收敛关系,我们有如下定理.

定理 如果函数 $f(x)$ 在 x_0 的某邻域 $U(x_0)$ 内有任意阶导数，则 $f(x)$ 的泰勒级数 $\sum_{n=0}^{\infty}\frac{f^{(n)}(x_0)}{n!}(x-x_0)^n$ 在 $U(x_0)$ 内收敛到 $f(x)$ 的充分必要条件是 $f(x)$ 的泰勒公式中的余项 $R_n(x)$ 在 $U(x_0)$ 内，当 $n\to\infty$ 时，$R_n(x)\to 0$.

证 因为 $f(x)$ 在 $U(x_0)$ 内有任意阶导数，由泰勒公式，对于任意的 n 都有

$$f(x)=\sum_{k=0}^{n}\frac{1}{k!}f^{(k)}(x_0)(x-x_0)^k+R_n(x),\quad x\in U(x_0),$$

所以

$$f(x)=\lim_{n\to\infty}\left[\sum_{k=0}^{n}\frac{1}{k!}f^{(k)}(x_0)(x-x_0)^k+R_n(x)\right]$$

存在.所以由极限的性质知

$$f(x)=\lim_{n\to\infty}\sum_{k=0}^{n}\frac{1}{k!}f^{(k)}(x_0)(x-x_0)^k=\sum_{n=0}^{\infty}\frac{1}{n!}f^{(n)}(x_0)(x-x_0),\quad x\in U(x_0)$$

的充分必要条件是 $\lim_{n\to\infty}R_n(x)=0$, $x\in U(x_0)$.

推论 如果函数 $f(x)$ 在 x_0 的某邻域 $U(x_0)$ 内有任意阶导数，并且存在常数 M，使得 $\left|f^{(n)}(x)\right|\leqslant M^n$（或者 $\left|f^{(n)}(x)\right|\leqslant M$），$x\in U(x_0)$，$n=0,1,2,\cdots$，则

$$f(x)=\sum_{n=0}^{\infty}\frac{1}{n!}f^{(n)}(x_0)(x-x_0)^n,\quad x\in U(x_0).$$

证 因为 $\left|R_n(x)\right|=\frac{1}{(n+1)!}\left|f^{(n+1)}(\xi)\right|\left|x-x_0\right|^{n+1}\leqslant\frac{M^{n+1}}{(n+1)!}\left|x-x_0\right|^{n+1}$, $n=1,2,3,\cdots$, 而幂级数 $\sum_{n=0}^{\infty}\frac{M^{n+1}}{(n+1)!}(x-x_0)^{n+1}$ 的收敛半径 $R=+\infty$，由级数收敛的必要条件知当 $n\to\infty$ 时，$\frac{M^{n+1}}{(n+1)!}(x-x_0)^{n+1}\to 0,\quad x\in(-\infty,+\infty)$.即

$$\lim_{n\to\infty}\left|\frac{M^{n+1}}{(n+1)!}(x-x_0)^{n+1}\right|=\lim_{n\to\infty}\frac{M^{n+1}}{(n+1)!}\left|x-x_0\right|^{n+1}=0,\quad x\in(-\infty,+\infty).$$

于是 $\lim_{n\to\infty}\left|R_n(x)\right|=0$.所以结论成立.

二、函数的幂级数展开

将函数 $f(x)$ 在 $x=x_0$ 处展开成幂级数，通常有两种方法——直接展开法、间接展开法.直接展开法为函数的幂级数展开提供了必要的准备，间接展开法在直接展开法的基础上，使得函数的幂级数展开成为一种可行的基本运算.

1. 直接展开法

将函数 $f(x)$ 在 $x=x_0$ 处直接展开成幂级数，可以按照下列步骤进行：

(1) 计算函数 $f(x)$ 的各阶导数及 $f(x)$ 在 $x=x_0$ 处的各阶导数值

$$f^{(n)}(x),\ f^{(n)}(x_0),\quad n=0,1,2,\cdots;$$

(2) 写出函数 $f(x)$ 在 $x=x_0$ 处的泰勒级数

$$f(x)\sim\sum_{n=0}^{\infty}\frac{1}{n!}f^{(n)}(x_0)(x-x_0)^n,$$

并求出泰勒级数的收敛半径 R（或者收敛域）；

(3) 在收敛半径内（或者收敛域内）证明

$$f(x)=\lim_{n\to\infty}\sum_{n=0}^{\infty}\frac{1}{n!}f^{(n)}(x_0)(x-x_0)^n,\quad x\in\left(R-x_0,R+x_0\right)\text{（或者 }x\in D\text{）};$$

(4) 写出所求函数 $f(x)$ 的幂级数及其收敛区间（或者收敛域）. 下面利用直接展开法，将几个基本初等函数展开成麦克劳林级数（即 $x_0=0$）.

例 1 将函数 $f(x)=\mathrm{e}^x$ 展开成 x 的幂级数（即展开成麦克劳林级数）.

解 因为 $f^{(n)}(x)=(\mathrm{e}^x)^{(n)}=\mathrm{e}^x$，$n=0,1,2,\cdots$，所以 $f^{(n)}(0)=1$，$n=0,1,2,\cdots$. 于是

$$\mathrm{e}^x\sim1+x+\frac{1}{2!}x^2+\frac{1}{3!}x^3+\cdots+\frac{1}{n!}x^n+\cdots,$$

并且幂级数 $\sum_{n=0}^{\infty}\frac{x^n}{n!}$ 的收敛半径 $R=+\infty$.

对于任意的正数 X，因为 $\left|f^{(n)}(x)\right|=\mathrm{e}^x\leqslant\mathrm{e}^X$，$x\in[-X,X]$，所以由推论知

$$\mathrm{e}^x=1+x+\frac{1}{2!}x^2+\frac{1}{3!}x^3+\cdots+\frac{1}{n!}x^n+\cdots,\quad x\in[-X,X],$$

由于 X 是任意正数，所以

$$\mathrm{e}^x=1+x+\frac{1}{2!}x^2+\frac{1}{3!}x^3+\cdots+\frac{1}{n!}x^n+\cdots,\quad x\in(-\infty,+\infty).\tag{5}$$

例 2 将函数 $f(x)=\sin x$ 展开成关于 x 的幂级数.

解 因为 $f^{(n)}(x)=(\sin x)^{(n)}=\sin\left(x+\frac{n\pi}{2}\right)$，$n=0,1,2,\cdots$，所以 $f^{(n)}(0)$ 依次取值为

$$0,1,0,-1,0,1,0,-1,\cdots,$$

于是

$$\sin x\sim x-\frac{1}{3!}x^3+\frac{1}{5!}x^5-\frac{1}{7!}x^7+\cdots+\frac{(-1)^{n-1}}{(2n-1)!}x^{2n-1}+\cdots,$$

并且幂级数 $\sum_{n=1}^{\infty}\frac{(-1)^{n-1}}{(2n-1)!}x^{2n-1}$ 的收敛半径 $R=+\infty$.

对于任意实数 x，$\left|f^{(n)}(x)\right|=\left|\sin\left(x+\frac{n\pi}{2}\right)\right|\leqslant 1$，所以

$$\sin x=x-\frac{1}{3!}x^3+\frac{1}{5!}x^5-\frac{1}{7!}x^7+\cdots+\frac{(-1)^{n-1}}{(2n-1)!}x^{2n-1}+\cdots,\quad x\in(-\infty,+\infty). \tag{6}$$

例 3　将函数 $f(x)=(1+x)^\alpha$（α 不等于非负整数）展开成关于 x 的幂级数.

解　因为 $f^{(n)}(x)=\alpha(\alpha-1)\cdots(\alpha-n+1)(1+x)^{\alpha-n}$，$n=1,2,3,\cdots$，所以

$$f(0)=1,\ f^{(n)}(0)=\alpha(\alpha-1)\cdots(\alpha-n+1),\ n=1,2,3,\cdots,$$

于是

$(1+x)^\alpha\sim 1+\alpha x+\frac{\alpha(\alpha-1)}{2!}x^2+\frac{\alpha(\alpha-1)(\alpha-2)}{3!}x^3+\cdots+\frac{\alpha(\alpha-1)\cdots(\alpha-n+1)}{n!}x^n+\cdots$. 而该级数相邻两项系数之比的绝对值为 $\left|\frac{a_n}{a_{n+1}}\right|=\left|\frac{n+1}{\alpha-n}\right|$，此级数的收敛半径为

$R=\lim\limits_{n\to\infty}\left|\frac{a_n}{a_{n+1}}\right|=\lim\limits_{n\to\infty}\left|\frac{n+1}{\alpha-n}\right|=1$，收敛区间为 $(-1,1)$.

为避免直接研究余项收敛性的困难，我们换一种方式来讨论该级数的敛散性.设幂级数 $1+\sum\limits_{n=1}^{\infty}\frac{\alpha(\alpha-1)\cdots(\alpha-n)}{n!}x^n$ 在区间 $(-1,1)$ 上的和函数为 $s(x)$，即

$$s(x)=1+\alpha x+\frac{\alpha(\alpha-1)}{2!}x^2+\cdots+\frac{\alpha(\alpha-1)\cdots(\alpha-n+1)}{n!}x^n+\cdots,\ x\in(-1,1)$$

在收敛区间 $(-1,1)$ 内，对和函数 $s(x)$ 逐项求导，得

$$s'(x)=\alpha+\alpha(\alpha-1)x+\frac{\alpha(\alpha-1)(\alpha-2)}{2!}x^2+\cdots+\frac{\alpha(\alpha-1)\cdots(\alpha-n+1)}{(n-1)!}x^{n-1}+\cdots,$$

$$xs'(x)=\alpha x+\alpha(\alpha-1)x^2+\frac{\alpha(\alpha-1)(\alpha-2)}{2!}x^3+\cdots+\frac{\alpha(\alpha-1)\cdots(\alpha-n+1)}{(n-1)!}x^n+\cdots,$$

于是

$$\begin{aligned}(1+x)s'(x)&=s'(x)+xs'(x)\\&=\alpha+\alpha^2x+\frac{\alpha^2(\alpha-1)}{2!}x^2+\cdots+\frac{\alpha^2(\alpha-1)\cdots(\alpha-n+1)}{n!}x^n+\cdots\\&=\alpha\, s(x),\end{aligned}$$

即 $\frac{s'(x)}{s(x)}=\frac{\alpha}{1+x}$.故有

$$\int_0^x\frac{s'(x)}{s(x)}\mathrm{d}x=\ln s(x)\Big|_0^x=\ln s(x)-\ln s(0)=\ln s(x),\quad x\in(-1,1),$$

另一方面

$$\int_0^x\frac{s'(x)}{s(x)}\mathrm{d}x=\int_0^x\frac{\alpha}{1+x}\mathrm{d}x=\ln(1+x)^\alpha\Big|_0^x=\ln(1+x)\alpha-\ln 1=\ln(1+x)^\alpha,\ x\in(-1,1),$$

所以 $s(x)=(1+x)^{\alpha}$，$x\in(-1,1)$.于是有

$$(1+x)^{\alpha}=1+\alpha x+\frac{\alpha(\alpha-1)}{2!}x^2+\cdots+\frac{\alpha(\alpha-1)\cdots(\alpha-n+1)}{n!}x^n+\cdots, x\in(-1,1) \tag{7}$$

在收敛区间端点 $x=\pm1$ 处，幂级数 $1+\sum\limits_{n=1}^{\infty}\frac{\alpha(\alpha-1)\cdots(\alpha-n)}{n!}x^n$ 是否收敛与 α 的值有关.可以证明：当 $\alpha\leqslant-1$ 时，收敛域为 $(-1,1)$；当 $-1<\alpha<0$ 时，收敛域为 $(-1,1]$；当 $\alpha>0$ 时，收敛域为 $[-1,1]$.公式(7)通常称为二项展开式.特别地，当 $\alpha=-1$，$\alpha=\pm\frac{1}{2}$ 时，二项展开式较为常用.分别为

$$\frac{1}{1+x}=1-x+x^2-x^3+\cdots+(-1)^n x^n+\cdots, x\in(-1,1);$$

$$\frac{1}{\sqrt{1+x}}=1-\frac{1}{2}x+\frac{1\cdot3}{2\cdot4}x^2-\cdots+(-1)^n\frac{(2n-1)!!}{(2n)!!}x^n+\cdots,\quad x\in(-1,1];$$

$$\sqrt{1+x}=1+\frac{1}{2}x-\frac{1}{2\cdot4}x^2+\cdots+(-1)^{n-1}\frac{(2n-3)!!}{(2n)!!}x^n+\cdots,\quad x\in[-1,1].$$

2. *间接展开法*

幂级数展开的间接法是利用已知的幂级数展开式，通过函数的恒等变形以及幂级数的运算获得所需函数的幂级数展开式.

为了获得常用的幂级数展开式，我们用间接展开法再求两个常用的初等函数的幂级数展开式.

例 4 将函数 $f(x)=\cos x$ 展开成关于 x 的幂级数.

解 已知 $\sin x=\sum\limits_{n=1}^{\infty}\frac{(-1)^{n-1}}{(2n-1)!}x^{2n-1}$，$x\in(-\infty,+\infty)$，利用幂级数的逐项求导公式，有

$$\cos x=(\sin x)'=\left(\sum_{n=1}^{\infty}\frac{(-1)^{n-1}}{(2n-1)!}x^{2n-1}\right)'=\sum_{n=0}^{\infty}\frac{(-1)^n}{(2n)!}x^{2n}, x\in(-\infty,+\infty),$$

即

$$\cos x=1-\frac{1}{2!}x^2+\frac{1}{4!}x^4-\cdots+\frac{(-1)^n}{(2n)!}x^{2n}+\cdots, x\in(-\infty,+\infty). \tag{8}$$

例 5 将函数 $f(x)=\ln(1+x)$ 展开成关于 x 的幂级数.

解 因为

$$f'(x)=[\ln(1+x)]'=\frac{1}{1+x}=1-x+x^2-\cdots+(-1)^n x^n+\cdots, x\in(-1,1).$$

所以，当 $x\in(-1,1)$ 时有

$$f(x)=f(0)+\int_0^x f'(t)\mathrm{d}t=\int_0^x\sum_{n=0}^{\infty}(-1)^n t^n\mathrm{d}t=\sum_{n=0}^{\infty}(-1)^n\int_0^x t^n\mathrm{d}t=\sum_{n=0}^{\infty}\frac{(-1)^n}{n+1}x^{n+1}.$$

当 $x=1$ 时，$\sum_{n=0}^{\infty}\frac{(-1)^n}{n+1}$ 收敛；当 $x=-1$ 时，$\sum_{n=0}^{\infty}\frac{-1}{n+1}$ 发散.所以

$$\ln(1+x)=x-\frac{1}{2}x^2+\frac{1}{3}x^3-\cdots+\frac{(-1)^{n-1}}{n}x^n+\cdots,x\in(-1,1]. \tag{9}$$

综合例 1 至例 5 的结果，间接展开法所需的五个常用的幂级数展开式如下

$$e^x=1+x+\frac{1}{2!}x^2+\frac{1}{3!}x^3+\cdots+\frac{1}{n!}x^n+\cdots,x\in(-\infty,+\infty);$$

$$\sin x=x-\frac{1}{3!}x^3+\frac{1}{5!}x^5-\frac{1}{7!}x^7+\cdots+\frac{(-1)^{n-1}}{(2n-1)!}x^{2n-1}+\cdots,x\in(-\infty,+\infty);$$

$$\cos x=1-\frac{1}{2!}x^2+\frac{1}{4!}x^4-\cdots+\frac{(-1)^n}{(2n)!}x^{2n}+\cdots,x\in(-\infty,+\infty);$$

$$\ln(1+x)=x-\frac{1}{2}x^2+\frac{1}{3}x^3-\cdots+\frac{(-1)^{n-1}}{n}x^n+\cdots,x\in(-1,1];$$

$$(1+x)^\alpha=1+\alpha x+\frac{\alpha(\alpha-1)}{2!}x^2+\cdots+\frac{\alpha(\alpha-1)\cdots(\alpha-n+1)}{n!}x^n+\cdots,\quad x\in(-1,1).$$

上述五个展开式是使用间接展开法展开函数的出发点和依据，需要记忆.展开式中的收敛域是记忆不可或缺的一部分，展开式中的 x 以我们能够接受的形式出现，展开式中的某些特殊形式在具体应用中会反复用到，例如：

$$\ln(1-x)=-x-\frac{1}{2}x^2-\frac{1}{3}x^3-\cdots-\frac{1}{n}x^n-\cdots=-\sum_{n=1}^{\infty}\frac{x^n}{n},\quad x\in[-1,1);$$

$$\frac{1}{1-x}=1+x+x^2+x^3+\cdots+x^n+\cdots=\sum_{n=0}^{\infty}x^n,\quad x\in(-1,1);$$

$$\frac{1}{1+x}=1-x+x^2-x^3+\cdots+(-1)^n x^n+\cdots=\sum_{n=0}^{\infty}(-1)^n x^n,\quad x\in(-1,1).$$

下面通过例题来诠释间接展开法的使用方法.

例 6　将函数 $f(x)=\ln(10+x)$ 展开成关于 x 的幂级数.

解　因为

$$\ln(10+x)=\ln 10+\ln\left(1+\frac{x}{10}\right)=\ln 10+\sum_{n=1}^{\infty}\frac{(-1)^{n-1}}{n}\left(\frac{x}{10}\right)^n,\quad \frac{x}{10}\in(-1,1],$$

所以

$$\begin{aligned}\ln(10+x)&=\ln 10+\frac{1}{10}x-\frac{1}{2\cdot 10^2}x^2+\cdots+\frac{(-1)^{n-1}}{n\cdot 10^n}x^n+\cdots\\&=\ln 10+\sum_{n=1}^{\infty}\frac{(-1)^{n-1}}{n\cdot 10^n}x^n,\quad x\in(-10,10].\end{aligned}$$

例 7　将函数 $f(x)=\dfrac{1}{x^2+5x+6}$ 展开成关于 $x+1$ 的幂级数.

解 因为$f(x)=\dfrac{1}{x^2+5x+6}=\dfrac{1}{x+2}-\dfrac{1}{x+3}$，而

$$\frac{1}{x+2}=\frac{1}{1+x+1}=1-(x+1)+(x+1)^2-\cdots+(-1)^n(x+1)^n+\cdots,\ x\in(-2,0),$$

$$\frac{1}{x+3}=\frac{1}{2}\frac{1}{1+\dfrac{x+1}{2}}=\frac{1}{2}\left[1-\frac{x+1}{2}+\left(\frac{x+1}{2}\right)^2-\cdots+(-1)^n\left(\frac{x+1}{2}\right)^n+\cdots\right]$$

$$=\frac{1}{2}-\frac{1}{2^2}(x+1)+\frac{1}{2^3}(x+1)^2-\cdots+\frac{(-1)^n}{2^{n+1}}(x+1)^n+\cdots,\ x\in(-3,1),$$

所以

$$\frac{1}{x^2+5x+6}=\frac{1}{x+2}-\frac{1}{x+3}=\sum_{n=0}^{\infty}(-1)^n(x+1)^n+\sum_{n=0}^{\infty}\frac{(-1)^n}{2^{n+1}}(x+1)^n$$

$$=\sum_{n=0}^{\infty}(-1)^n\left(1-\frac{1}{2^{n+1}}\right)(x+1)^n,\quad x\in(-2,0).$$

例 8 将函数$f(x)=\sin^2 x$展开成关于x的幂级数.

解 因为

$$f'(x)=2\sin x\cos x=\sin 2x=\sum_{n=1}^{\infty}\frac{(-1)^{n-1}}{(2n-1)!}(2x)^{2n-1},\quad x\in(-\infty,+\infty),$$

所以

$$f(x)=f(0)+\int_0^x f'(t)\mathrm{d}t=\int_0^x\left(\sum_{n=1}^{\infty}\frac{(-1)^{n-1}2^{2n-1}}{(2n-1)!}t^{2n-1}\right)\mathrm{d}t$$

$$=\sum_{n=1}^{\infty}\frac{(-1)^{n-1}2^{2n-1}}{(2n)!}x^{2n},\ x\in(-\infty,+\infty),$$

即

$$\sin^2 x=x^2-\frac{2^3}{4!}x^4+\frac{2^5}{6!}x^6-\cdots+\frac{(-1)^{n-1}2^{2n-1}}{(2n)!}x^{2n}+\cdots,\ x\in(-\infty,+\infty).$$

例 9 将函数$f(x)=\dfrac{1}{(1-x)^2}$展开成关于x的幂级数.

解 因为

$$\frac{1}{(1-x)^2}=\left(\frac{1}{1-x}\right)'=\left(\sum_{n=0}^{\infty}x^n\right)'=\sum_{n=1}^{\infty}nx^{n-1},\quad x\in(-1,1),$$

当$x=\pm1$时，$\sum\limits_{n=1}^{\infty}(\pm1)^{n-1}n$发散.所以

$$\frac{1}{(1-x)^2}=1+2x+3x^2+4x^3+\cdots+(n+1)x^n+\cdots,\quad x\in(-1,1).$$

例 10 假设$f(x)=\arctan x$，求$f^{(n)}(0)$.

解 因为

$$f'(x)=(\arctan x)'=\frac{1}{1+x^2}=\sum_{n=0}^{\infty}(-1)^n x^{2n}\ ,\ x\in(-1,1)\ ,$$

所以

$$f(x)=f(0)+\int_0^x f'(t)\mathrm{d}t=\int_0^x\left(\sum_{n=0}^{\infty}(-1)^n t^{2n}\right)\mathrm{d}t=\sum_{0}^{\infty}\frac{(-1)^n}{2n+1}x^{2n+1}\ ,\ x\in[-1,1]\ .$$

如果将 $f(x)=\arctan x$ 的幂级数展开式记为 $\sum\limits_{n=0}^{\infty}a_n x^n$ ，利用函数的幂级数展开式的唯一性，以及系数 a_n 与 $f^{(n)}(0)$ 的关系，有

$$a_{2n}=\frac{f^{(2n)}(0)}{(2n)!}=0,\quad a_{2n+1}=\frac{f^{(2n+1)}(0)}{(2n+1)!}=\frac{(-1)^n}{2n+1},\quad n=0,1,2,\cdots,$$

所以 n 等于偶数时， $f^{(n)}(0)=0$ ； n 等于奇数时， $f^{(n)}(0)=(-1)^{\frac{n-1}{2}}(n-1)!$.

习题 8-5

1. 将 $f(x)=\dfrac{1}{3+4x}$ 分别展开为 x 和 $x+1$ 的幂级数.

2. 将下列函数展开为 x 的幂级数，并求展开式成立的区间.

(1) $f(x)=\mathrm{e}^{-x^2}$ ；　　(2) $f(x)=\cos^2 x$ ；

(3) $f(x)=\ln(3+x)$ ；　　(4) $f(x)=\dfrac{x}{x^2-2x-3}$ ；

(5) $f(x)=\dfrac{x}{\sqrt{1+x^2}}$ ；　　(6) $f(x)=\displaystyle\int_0^x\frac{\sin t}{t}\mathrm{d}t$.

3. 将函数 $f(x)=\arctan x$ 展开成 x 的幂级数.

4. 将函数 $f(x)=\sin x$ 展开成 $x-\dfrac{\pi}{4}$ 的幂级数.

5. 将函数 $f(x)=\ln\dfrac{x}{1+x}$ 展开成 $x-1$ 的幂级数.

第六节　幂级数的应用

一、函数值的近似计算

函数值的计算常常是一件困难的事情，如果能获得函数的幂级数展开式，那么可以用幂级数的部分和序列的值来近似计算函数值.幂级数的部分和序列是由多项式构成的，

它的计算在利用计算机的前提下是非常简单的.当用 $s_n(x)$ 近似 $f(x)$ 时,误差可以用 $r_n(x)$ 或者 $\dfrac{\left|f^{(n+1)}(x_0)(x-x_0)^{n+1}\right|}{(n+1)!}$ 来估计.

例 1　利用 $\sin x \approx x-\dfrac{x^3}{3!}$，求 $\sin 9°$ 的近似值，并估计误差.

解　利用所给近似公式可得

$$\sin 9° = \sin\frac{\pi}{20} \approx \frac{\pi}{20}-\frac{1}{3!}\left(\frac{\pi}{20}\right)^3,$$

将 $x=\dfrac{\pi}{20}$ 代入 $\sin x$ 的展开式可得

$$\sin\frac{\pi}{20}=\frac{\pi}{20}-\frac{1}{3!}\left(\frac{\pi}{20}\right)^3+\frac{1}{5!}\left(\frac{\pi}{20}\right)^5-\frac{1}{7!}\left(\frac{\pi}{20}\right)^7+\cdots,$$

等式右端是一个满足莱布尼茨判别法的交错级数，其余项也是满足莱布尼茨判别法的交错级数.所以整个余项的绝对值小于余项首项的绝对值，即

$$\left|r_2\left(\frac{\pi}{20}\right)\right| \leqslant |u_3| = \frac{1}{5!}\left(\frac{\pi}{20}\right)^5 \leqslant \frac{1}{120}(0.2)^5 < \frac{1}{300\,000} < 10^{-5},$$

故取 $\dfrac{\pi}{20}\approx 0.157\,080$，$\left(\dfrac{\pi}{20}\right)^3 \approx 0.003\,876$，于是得 $\sin 9° \approx 0.156\,434$，其误差不超过 10^{-5}.

例 2　计算 $\sqrt[5]{240}$ 的近似值，要求误差不超过 0.0001.

解　由于 $\sqrt[5]{240}=\left(3^5-3\right)^{\frac{1}{5}}=3\left(1-\dfrac{1}{3^4}\right)^{\frac{1}{5}}$，在二项展开式中取 $\alpha=\dfrac{1}{5}$，$x=\dfrac{-1}{3^4}$，有

$$\sqrt[5]{240}=3\left(1-\frac{1}{5}\cdot\frac{1}{3^4}-\frac{1\cdot 4}{5^2\cdot 2!}\cdot\frac{1}{3^8}-\frac{1\cdot 4\cdot 9}{5^3\cdot 3!}\cdot\frac{1}{3^{12}}-\frac{1\cdot 4\cdot 9\cdot 14}{5^4\cdot 4!}\cdot\frac{1}{3^{16}}-\cdots\right),$$

如果取前两项的和为 $\sqrt[5]{240}$ 的近似值，其误差(也称为**截断误差**)为

$$\begin{aligned}\left|r_2\left(-3^{-4}\right)\right| &= 3\left(\frac{1\cdot 4}{5^2\cdot 2!}\cdot 3^{-8}+\frac{1\cdot 4\cdot 9}{5^3\cdot 3!}\cdot 3^{-12}+\frac{1\cdot 4\cdot 9\cdot 14}{5^4\cdot 4!}\cdot 3^{-16}+\cdots\right)\\ &< 3\cdot\frac{1\cdot 4}{5^2\cdot 2!}\cdot 3^{-8}\left(1+3^{-4}+3^{-8}+3^{-12}+\cdots\right)\\ &= \frac{2}{3^7\cdot 5^2}\cdot\frac{1}{1-3^{-4}}=\frac{1}{2^3\cdot 3^3\cdot 5^3}<10^{-4}.\end{aligned}$$

于是 $\sqrt[5]{240}$ 的误差不超过 0.0001 的近似值为 $\sqrt[5]{240}\approx 3\left(1-\dfrac{1}{405}\right)\approx 2.9926$.

二、定积分的近似计算

许多函数$\left(\text{如}e^{-x^2},\dfrac{\sin x}{x}\text{等}\right)$的原函数不能用初等函数表示，但若被积函数在积分区间上能展开成幂级数，则可通过展开式的逐项积分，用积分后的级数近似计算出定积分的值.

例 3 计算$\int_0^1 \frac{\sin x}{x}dx$的近似值，精确到$10^{-4}$.

解 利用$\sin x$的幂级数展开式，有

$$\frac{\sin x}{x}=1-\frac{1}{3!}x^2+\frac{1}{5!}x^4-\frac{1}{7!}x^6+\cdots \quad (-\infty<x<+\infty),$$

所以

$$\int_0^1 \frac{\sin x}{x}dx=1-\frac{1}{3\cdot 3!}+\frac{1}{5\cdot 5!}-\frac{1}{7\cdot 7!}+\cdots,$$

这是一个满足莱布尼茨判别法条件的交错级数，因为它的第四项$u_4=\dfrac{1}{7\cdot 7!}<10^{-4}$，所以取前三项作为定积分$\int_0^1 \frac{\sin x}{x}dx$近似值时，截断误差可以精确到$10^{-4}$.于是

$$\int_0^1 \frac{\sin x}{x}dx\approx 1-\frac{1}{3\cdot 3!}+\frac{1}{5\cdot 5!}\approx 0.9461.$$

习题 8-6

1. 利用函数的幂级数展开式求下列各数的近似值.

(1) $\sqrt[3]{1050}$ (精确到10^{-4})；　　(2) $\sin 18°$ (精确到10^{-5}).

2. 利用函数的幂级数展开式求下列各数的近似值.

(1) $\int_0^{\frac{1}{2}} \frac{dx}{1+x^4}$ (精确到10^{-3})；　　(2) $\int_0^{\frac{1}{2}} \frac{\arctan x}{x}dx$ (精确到10^{-3}).

总 习 题 八

(A)

1. 填空题

(1) 对于级数$\sum_{n=1}^{\infty}u_n$，$\lim_{n\to\infty}u_n=0$是$\sum_{n=1}^{\infty}u_n$收敛的________条件，不是它收敛的________条件.

(2) 部分和数列$\{s_n\}$有界是正项级数$\sum_{n=1}^{\infty}u_n$收敛的________条件.

(3) 若级数 $\sum_{n=1}^{\infty}u_n$ 绝对收敛，则级数 $\sum_{n=1}^{\infty}u_n$ 必定________；若级数 $\sum_{n=1}^{\infty}u_n$ 条件收敛，则级数 $\sum_{n=1}^{\infty}|u_n|$ 必定________.

(4) 幂级数 $\sum_{n=1}^{\infty}\frac{(x-1)^n}{n}$ 的收敛域是________，和函数是________.

(5) 幂级数 $\sum_{n=0}^{\infty}a_n(x+1)^n$ 在 $x=-3$ 处发散，而在 $x=1$ 处收敛，则它的收敛半径是________，收敛域是________.

(6) 如果函数 $f(x)=\sum_{n=0}^{\infty}a_nx^n\ (-R<x<R)$，则 $\varphi(x)=\frac{f(x)+f(-x)}{2}$ 的麦克劳林级数是________.

2. 判定下列级数的敛散性.

(1) $\sum_{n=1}^{\infty}\frac{1}{n\sqrt[n]{n}}$； (2) $\sum_{n=1}^{\infty}\frac{n\cos^2\frac{n\pi}{3}}{2^n}$； (3) $\sum_{n=1}^{\infty}\frac{\sqrt{n+1}-\sqrt{n}}{n^{\alpha}}$；

(4) $\sum_{n=1}^{\infty}\frac{10^n}{n!}$； (5) $\sum_{n=1}^{\infty}\frac{4^n}{5^n-3^n}$； (6) $\sum_{n=1}^{\infty}\left(\frac{3n^2}{n^2+3}\right)^n$.

3. 指出下列级数是绝对收敛还是条件收敛.

(1) $\sum_{n=1}^{\infty}(-1)^n\left(1-\cos\frac{\pi}{n}\right)$； (2) $\sum_{n=2}^{\infty}\sin\left(n\pi+\frac{1}{\ln n}\right)$；

(3) $\sum_{n=1}^{\infty}\frac{(-1)^{n-1}(n+1)!}{n^{n+1}}$； (4) $\sum_{n=1}^{\infty}\frac{(-1)^{n-1}\ln\left(2+\frac{1}{n}\right)}{\sqrt{(n+1)(n+2)}}$.

4. 已知 $\lim_{n\to\infty}nu_n$ 存在，级数 $\sum_{n=1}^{\infty}n(u_n-u_{n-1})$ 收敛，证明级数 $\sum_{n=1}^{\infty}u_n$ 收敛.

5. 设正项数列 $\{u_n\}$ 单调减少，且 $\sum_{n=1}^{\infty}(-1)^nu_n$ 发散，证明级数 $\sum_{n=1}^{\infty}\left(\frac{1}{u_n+1}\right)^n$ 收敛.

6. 求下列幂级数的收敛半径、收敛区间与收敛域.

(1) $\sum_{n=1}^{\infty}\frac{3^n+5^n}{n}x^n$； (2) $\sum_{n=0}^{\infty}(-1)^n\frac{(x-2)^{2n+1}}{2n+1}$.

7. 求下列幂级数的和函数及其收敛域.

(1) $\sum_{n=1}^{\infty}n(x-1)^{n-1}$； (2) $\sum_{n=0}^{\infty}(-1)^n\frac{x^{2n+1}}{2n+1}$.

8. 求下列数项级数的和.

(1) $\sum_{n=1}^{\infty}(-1)^{n-1}\frac{1}{n}$； (2) $\sum_{n=0}^{\infty}(-1)^n\frac{1}{2n+1}$.

9. 将下列函数展开成 x 的幂级数，并指出其收敛域.

(1) $f(x)=\arctan\dfrac{1-2x}{1+2x}$； (2) $f(x)=\dfrac{e^{x}-e^{-x}}{2}$.

10. 将下列函数展开成 $x-x_0$ 的幂级数，并指出其收敛域.

(1) $f(x)=\dfrac{1}{x^2+3x+2}$，$x_0=-4$； (2) $f(x)=\cos x$，$x_0=-\dfrac{\pi}{3}$.

(B)

1. 填空题

(1) 设幂级数 $\sum\limits_{n=0}^{\infty}a_nx^n$ 的收敛半径为 8，和函数为 $s(x)$，则幂级数 $\sum\limits_{n=0}^{\infty}a_nx^{3n+1}$ 的收敛半径是________，和函数是________；幂级数 $\sum\limits_{n=0}^{\infty}\dfrac{a_n}{n+1}x^n$ 的收敛半径是________，和函数是________；幂级数 $\sum\limits_{n=1}^{\infty}na_nx^n$ 的收敛半径是________，和函数是________.

(2) 幂级数 $\sum\limits_{n=1}^{\infty}\dfrac{(x+2)^n}{n}$ 的收敛域是________，和函数是________；级数 $\sum\limits_{n=1}^{\infty}\left(x^n+\dfrac{1}{2^nx^n}\right)$ 的收敛域是________，和函数是________.

(3) 假设 $f(x)=\ln(1+x)$，则 $f^{(27)}(0)=$________.

(4) 级数 $\sum\limits_{n=1}^{\infty}\dfrac{n+1}{n!}$ 的和 $s=$________.

2. 用比较判别法或比较判别法的极限形式判别下列级数的敛散性

(1) $\sum\limits_{n=1}^{\infty}\sin\dfrac{\pi}{2^n}$； (2) $\sum\limits_{n=1}^{\infty}\dfrac{1}{na+b}\ (a>0,b>0)$； (3) $\sum\limits_{n=1}^{\infty}\ln\left(1+\dfrac{a}{n}\right)\ (a>0)$；

(4) $\sum\limits_{n=1}^{\infty}\dfrac{1}{\ln n}$； (5) $\sum\limits_{n=1}^{\infty}\dfrac{1+n}{1+n^3}$； (6) $\sum\limits_{n=1}^{\infty}\dfrac{2+(-1)^n}{2^n}$；

(7) $\sum\limits_{n=1}^{\infty}\dfrac{1}{\sqrt{n+1}}$； (8) $\sum\limits_{n=1}^{\infty}\dfrac{1}{(n+1)(n+4)}$.

3. 用比值判别法或根值判别法判别下列级数的敛散性.

(1) $\sum\limits_{n=1}^{\infty}\dfrac{n!}{10^{3n}}$； (2) $\sum\limits_{n=1}^{\infty}\dfrac{3^n}{n\cdot 2^n}$； (3) $\sum\limits_{n=1}^{\infty}\dfrac{3^n}{(2n+1)!}$； (4) $\sum\limits_{n=1}^{\infty}n\tan\dfrac{\pi}{2^{n+1}}$；

(5) $\sum\limits_{n=1}^{\infty}\dfrac{n}{2^n}$； (6) $\sum\limits_{n=1}^{\infty}\dfrac{\left(\dfrac{n+1}{n}\right)^{n^2}}{2^n}$； (7) $\sum\limits_{n=1}^{\infty}\left(\dfrac{n}{2n+1}\right)^n$； (8) $\sum\limits_{n=1}^{\infty}\dfrac{1}{[\ln(1+n)]^n}$.

4. 判别下列级数的敛散性.

(1) $\sum\limits_{n=1}^{\infty}n\left(\dfrac{2}{5}\right)^n$； (2) $\sum\limits_{n=1}^{\infty}\dfrac{\sin\dfrac{\pi}{n}}{n+1}$； (3) $\sum\limits_{n=1}^{\infty}\dfrac{(n!)^2}{(2n)!}$；

(4) $\sum_{n=1}^{\infty}\frac{2^n\cdot n!}{n^n}$；　(5) $\sum_{n=1}^{\infty}\frac{\ln n}{n^{\frac{4}{3}}}$；　(6) $\sum_{n=1}^{\infty}\frac{1}{1+a^n}(a>0)$.

5. 判别下列级数是否收敛?如果收敛是绝对收敛还是条件收敛?

(1) $\sum_{n=1}^{\infty}\frac{(-1)^n}{\sqrt{n}}$；　(2) $\sum_{n=1}^{\infty}\frac{\sin na}{n^2}$；　(3) $\sum_{n=1}^{\infty}(-1)^{n+1}\frac{n}{2n+1}$；

(4) $\sum_{n=1}^{\infty}(-1)^{n-1}\frac{n^2}{3^n}$；　(5) $\sum_{n=1}^{\infty}(-1)^n(\sqrt{n+1}-\sqrt{n})$.

6. 证明:若级数$\sum_{n=1}^{\infty}u_n^2$和级数$\sum_{n=1}^{\infty}v_n^2$都收敛，则级数$\sum_{n=1}^{\infty}|u_nv_n|$，$\sum_{n=1}^{\infty}(u_n+v_n)^2$，$\sum_{n=1}^{\infty}\frac{|u_n|}{n}$都收敛.

7. 设级数$\sum_{n=1}^{\infty}u_n$收敛，且$\lim_{n\to\infty}\frac{u_n}{v_n}=1$，问$\sum_{n=1}^{\infty}v_n$是否收敛?

8. 求幂级数$\sum_{n=1}^{\infty}\frac{(-1)^{n-1}x^{2n+1}}{n(2n-1)}$的收敛域及和函数.

9. 将下列函数展开为x的幂级数，并指出收敛域.

(1) $f(x)=\frac{x}{2+x-x^2}$；　(2) $f(x)=\frac{1+2x}{5+3x}$.

10. 求数项级数$\sum_{n=1}^{\infty}\frac{n^2}{2^n}$的和.

第九章 微分方程与差分方程

学习数学是为了借助数学这样一种方法和工具来了解和认知我们所面对的现实世界，微分方程和差分方程就是以微积分载体建立起对现实世界的数量化描述，这种量化的数学描述方法通常称为数学模型.含有微分或导数的等式构成的数学模型称为微分方程，含有差分的等式构成的数学模型称为差分方程.

本章主要介绍微分方程与差分方程的基本概念，以及几类常见的微分方程和线性差分方程的求解方法.

第一节 微分方程的概念

微分方程是利用微积分描述现实世界的最直接和应用最广泛的途径，先来看两个实际问题.

一、两个实例

例 1 已知曲线通过坐标原点，且曲线上任一点处的切线斜率等于该点横坐标的平方，求该曲线方程.

解 设所求曲线方程为 $y=y(x)$，根据导数的几何意义可知未知函数应满足关系式

$$y'=x^2\,, \tag{1}$$

并且还应满足条件

$$y(0)=0\,. \tag{2}$$

将式(1)两端对 x 作不定积分，得

$$y=\int x^2\mathrm{d}x=\frac{1}{3}x^3+C\,, \tag{3}$$

其中 C 是任意常数.将条件(2)代入式(3)，得 $C=0$.于是所求曲线方程为

$$y=\frac{1}{3}x^3\,. \tag{4}$$

从几何上看，$y=\frac{1}{3}x^3+C$ 是一族曲线(图 9.1)，这一族曲线可以看成是过原点的那条曲线 $y=\frac{1}{3}x^3$ 沿 y 轴平行移动形成的.在这族曲线上，所有横坐标相同点处的切线斜率都是相等的.

例 2 在宏观经济研究中，发现某地区的国民收入 $y(t)$、国民储蓄 $S(t)$ 和国民投资

$I(t)$之间有一定的内在联系，往往国民储蓄额$S(t)$约为国民收入$y(t)$的$\frac{1}{10}$，而国民收入的增长率$\frac{dy}{dt}$是国民投资额的3倍.如果某时刻国民收入为5亿元，储蓄额的$\frac{1}{2}$用于投资，试求国民收入函数$y(t)$.

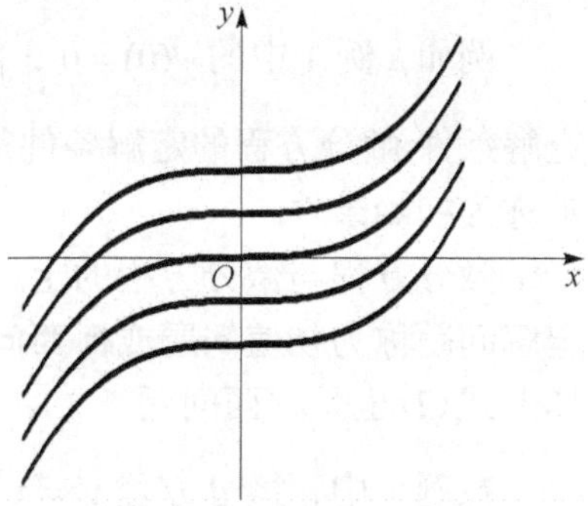

图 9.1

解　假设开始时刻为$t=0$，由题设$10S(t)=y(t)$，$\frac{dy}{dt}=3I(t)$，$S(t)=2I(t)$，$y(0)=5$知

$$\begin{cases}\frac{dy}{dt}=\frac{3}{20}y,\\ y(0)=5,\end{cases} \tag{5}$$

将$\frac{dy}{dt}=\frac{3}{20}y$变形化为

$$\frac{dy}{y}=\frac{3}{20}dt, \tag{6}$$

再将式(6)两端分别对y与t积分，得

$$\ln|y|=\frac{3}{20}t+C_1. \tag{7}$$

式(7)可变形为$y=Ce^{\frac{3}{20}t}$，将$y(0)=5$代入，得$C=5$.于是国民收入函数$y(t)$为

$$y=5e^{\frac{3}{20}t}. \tag{8}$$

二、微分方程的基本概念

由上述例题可以看到，无论是几何问题还是经济问题，都可以通过其自身的内在联系，列出包括变量、未知函数、未知函数导数或微分的等式.这种含有未知函数导数或微分的等式就是所谓的微分方程.

定义 1　含有一元未知函数导数或微分的等式，称为**常微分方程**，简称**微分方程**.等式中所含未知函数导数或微分的最高阶数称为微分方程的**阶**.

例如，例题中的式(1)、式(6)都是一阶微分方程，$y''+3y'-4y=xe^x$是二阶微分方程，$(3x+1)dy+(5y-6)dx=0$是一阶微分方程，$F(x,y,y',\cdots,y^{(n)})=0$是$n$阶微分方程.

定义 2　使微分方程成为恒等式的函数称为微分方程的**解**，含有(独立的)任意常数的个数与微分方程独立的任意常数的解称为微分方程的**通解**，不含任意常数的微分方程的解称为微分方程的**特解**.

例如，例 1 中$y=\frac{1}{3}x^3+C$是微分方程$y'=x^2$的通解，$y=\frac{1}{3}x^3$是微分方程$y'=x^2$满足条件$y(0)=0$的特解.

定义 3　确定微分方程通解中任意常数的条件称为微分方程的**定解条件**.

例如，例 1 中的 $y(0)=0$，例 2 中的 $y(0)=5$，分别是微分方程 $y'=x^2$ 与 $\frac{\mathrm{d}y}{\mathrm{d}t}=\frac{3}{20}y$ 的定解条件.微分方程的定解条件往往依据实际问题的初始情况给出，所以定解条件常常也被称为**初始条件**.

微分方程与微分方程的定解条件一起构成微分方程的**定解问题**，通常将微分方程的定解问题称为**初值问题或柯西问题**. 例如，例 2 中的式(5)就是柯西问题，例 1 中的式(1)加上式(2)也是柯西问题.

在例 1 中，微分方程 $y'=x^2$ 满足条件 $y(0)=0$ 的特解 $y=\frac{1}{3}x^3$ 是一条通过积分获得的曲线，通常称曲线 $y=\frac{1}{3}x^3$ 为微分方程 $y'=x^2$ 满足条件 $y(0)=0$ 的**积分曲线**.而微分方程的通解是由一族积分曲线构成的，通常称为微分方程的**积分曲线族**，如 $y=\frac{1}{3}x^3+C$ 就是微分方程 $y'=x^2$ 的积分曲线族.

例 3 验证函数 $y=C_1\mathrm{e}^x+C_2\mathrm{e}^{-4x}$ 是微分方程 $y''+3y'-4y=0$ 的通解，其中 C_1，C_2 是任意常数. 并利用通解求柯西问题

$$\begin{cases} y''+3y'-4y=0, \\ y(0)=0, \\ y'(0)=5 \end{cases}$$

的特解.

解 由函数 $y=C_1\mathrm{e}^x+C_2\mathrm{e}^{-4x}$，得

$$y'=C_1\mathrm{e}^x-4C_2\mathrm{e}^{-4x},$$

$$y''=C_1\mathrm{e}^x+16C_2\mathrm{e}^{-4x},$$

代入微分方程 $y''+3y'-4y=0$，知 $y=C_1\mathrm{e}^x+C_2\mathrm{e}^{-4x}$ 是解.

由于函数 e^x 与 e^{-4x} 不成比例，所以 $y=C_1\mathrm{e}^x+C_2\mathrm{e}^{-4x}$ 中的任意常数是独立的，故

$$y=C_1\mathrm{e}^x+C_2\mathrm{e}^{-4x}$$

是微分方程 $y''+3y'-4y=0$ 的通解.

将初值条件 $\begin{cases} y(0)=0, \\ y'(0)=5 \end{cases}$ 代入通解 $y=C_1\mathrm{e}^x+C_2\mathrm{e}^{-4x}$，得

$$\begin{cases} C_1+C_2=0, \\ C_1-4C_2=5, \end{cases}$$

解得 $C_1=C_2=1$，即柯西问题的特解为

$$y=\mathrm{e}^x+\mathrm{e}^{-4x}.$$

例 4 求以函数 $y=\frac{1}{x+C}$ 为通解的一阶微分方程，其中 C 是任意常数.

解　将函数 $y=\dfrac{1}{x+C}$ 变形，化为 $x+C=\dfrac{1}{y}$. 对等式 $x+C=\dfrac{1}{y}$ 两端求导并整理，得

$$y'=-y^2.$$

显然，$y=\dfrac{1}{x+C}$ 满足一阶微分方程 $y'=-y^2$，并含有一个任意常数，故 $y'=-y^2$ 是以函数 $y=\dfrac{1}{x+C}$ 为通解的一阶微分方程.

注意　微分方程的通解不一定是微分方程的"全部解"，如 $y=0$ 是 $y'=-y^2$ 的解，但 $y=0$ 不在 $y=\dfrac{1}{x+C}$ 中.

习题 9-1

1. 指出下列微分方程的阶数.

(1) $x(y')^2-4yy'+3xy=0$；　(2) $x^2y''+7xy'-8y=x\ln x$；

(3) $(3x+4y)\mathrm{d}y=xy\mathrm{d}x$；　(4) $yy'''-2x(y')^4=0$.

2. 指出下列各题中的函数是否为所给微分方程方程的解，当是解时，是通解还是特解？

(1) $y'=2y$，$y=\mathrm{e}^{-2x}$，$y=4\mathrm{e}^{2x}$，$\ln y+C=x$；

(2) $xy'=y(1+\ln y-\ln x)$，$y=x$，$y=x\mathrm{e}^x$，$y=Cx\mathrm{e}^x$；

(3) $y''-2y'+y=0$，$y=\mathrm{e}^x$，$y=x\mathrm{e}^x$，$y=(x+C)\mathrm{e}^x$；

(4) $y''+y=1$，$y=\sin x+1$，$y=\cos x+1$，$y=C_1\sin x+C_2\cos x+1$.

3. 验证函数 $y=Cx^3$ 是微分方程 $3y-xy'=0$ 的通解，并求满足初始条件 $y(1)=3$ 的特解.

4. 求解下列柯西问题.

(1) $\begin{cases} y'=3\mathrm{e}^{-x}, \\ y(0)=1; \end{cases}$　(2) $\begin{cases} y''=\sin x, \\ y\big|_{x=0}=y'\big|_{x=0}=1. \end{cases}$

5. 求以下列积分曲线族为通解的微分方程.

(1) $y=Cx^2+1$（C 为常数）；

(2) $y=Cx+C^3$（C 为常数）；

(3) $y=C_1\mathrm{e}^x+C_2\mathrm{e}^{-x}$（$C_1,C_2$ 为常数）.

6. 求由下列条件确定的曲线所满足的微分方程.

(1) 曲线在点 (x,y) 处的切线斜率等于该点横坐标的平方；

(2) 曲线上任意点 (x,y) 处的切线都垂直于该点与原点的连线.

第二节　一阶微分方程

微分方程的核心问题之一是求解微分方程，但是一般的微分方程求解是一个十分困

难的问题，至今仍然是世界性难题.这里，我们只对若干常见的微分方程给出求解方法，这些常见的微分方程往往都有一个独有的名称，并有特有的解法.这对于我们的课程学习是至关重要的.

一阶微分方程的一般形式为

$$F(x,y,y')=0 \tag{1}$$

求解时往往变形为

$$y'=f(x,y) \tag{2}$$

或

$$P(x,y)\mathrm{d}x+Q(x,y)\mathrm{d}y=0 . \tag{3}$$

通常式(1)称为显式微分方程，式(2)称为对称式微分方程.

一、可分离变量的微分方程

形如

$$y'=f(x)g(y) \tag{4}$$

的一阶微分方程称为**可分离变量的微分方程**，其中 $f(x)$ ， $g(y)$ 是已知的连续函数.

若 $g(y)\neq 0$ ，方程(4)可变形为

$$\frac{\mathrm{d}y}{g(y)}=f(x)\mathrm{d}x . \tag{5}$$

方程(5)将方程(4)中的变量分在等式的两边，这种变形称为**分离变量**，方程(5)称为**分离变量的微分方程**.将方程(5)的两端分别对各自的变量积分，得

$$\int\frac{\mathrm{d}y}{g(y)}=\int f(x)\mathrm{d}x+C . \tag{6}$$

过程(6)称为**积分微分方程**，等式(6)是微分方程(4)的通解.在积分微分方程的过程中，“不定积分”仅仅表示被积函数的一个原函数(不含任意常数).作为方程(4)的通解的等式(6)，在分离变量的过程中，往往丢失了使 $g(y)=0$ 的、方程(4)的常数解 $y=y_0$.

例 1　求微分方程 $\dfrac{\mathrm{d}y}{\mathrm{d}x}=\dfrac{y}{x}$ 的通解.

解　当 $y\neq 0$ 时，将方程分离变量

$$\frac{\mathrm{d}y}{y}=\frac{\mathrm{d}x}{x} ,$$

两端分别积分，得

$$\ln|y|=\ln|x|+C_1 ,$$

消去对数和绝对值，得

$$y=\pm \mathrm{e}^{C_1}x .$$

因为 e^{C_1} 可以取到 $(0,+\infty)$ 内的一切值，所以 $\pm\mathrm{e}^{C_1}$ 可以取到 $(-\infty,0)\cup(0,+\infty)$ 内的一切值.加上分离变量时丢失的特解 $y=0$ ，于是方程的通解为

$$y=Cx .$$

在利用分离变量通过积分微分方程的方法(亦称为初等积分法)求解微分方程时，在微分方程的通解中大量出现对数函数是否要加绝对值的问题是必须要解决的.例 1 的求解过程从一个侧面告诉我们，如果在最后的通解中，对数函数被消去，在求解的过程中可以不加绝对值；如果在最后的通解中，保留对数函数，那么在求解的过程中对数函数的真数要加绝对值.

例 2　求微分方程 $\frac{dy}{dx}=-\frac{\sqrt{1-y^2}}{x^2y}$ 的通解.

解　当 $\sqrt{1-y^2}\neq 0$ 时，将方程分离变量，得

$$-\frac{ydy}{\sqrt{1-y^2}}=\frac{dx}{x^2},$$

两端分别积分，得微分方程的通解

$$\sqrt{1-y^2}=-\frac{1}{x}+C.$$

例 3　求解柯西问题 $\begin{cases}x(1+y^2)dx-y(1+x^2)dy=0,\\ y|_{x=0}=1.\end{cases}$

解　将方程分离变量，得

$$\frac{xdx}{1+x^2}=\frac{ydy}{1+y^2},$$

两端分别积分，得

$$\frac{1}{2}\ln(1+y^2)=\frac{1}{2}\ln(1+x^2)+\frac{1}{2}\ln C,$$

即

$$1+y^2=C(1+x^2),$$

利用定解条件 $y|_{x=0}=1$，得

$$C=2$$

而 $y>0$，所以柯西问题的解为

$$y=\sqrt{2x^2+1}.$$

二、齐次微分方程

形如

$$y'=f\left(\frac{y}{x}\right) \tag{7}$$

的一阶微分方程称为**齐次微分方程**，其中 $f(u)$ 是已知的连续函数.

一般齐次微分方程不能直接分离变量，可以通过换元实现变量分离.通常可以令

$u=\dfrac{y}{x}$，即 $y=xu$，代入方程(7)，有

$$y'=u+x\frac{\mathrm{d}u}{\mathrm{d}x}=f(u). \tag{8}$$

方程(8)是关于变量u与x的可分离变量的微分方程.

当$f(u)\neq u$时，分离变量可得

$$\frac{\mathrm{d}u}{f(u)-u}=\frac{\mathrm{d}x}{x}, \tag{9}$$

两边积分，得

$$\int\frac{\mathrm{d}u}{f(u)-u}=\ln x-\ln C,$$

于是，方程(7)的通解可表示为

$$x=C\mathrm{e}^{\int\frac{\mathrm{d}u}{f(u)-u}}\Bigg|_{u=\frac{y}{x}}. \tag{10}$$

例 4 求解方程 $x^2\dfrac{\mathrm{d}y}{\mathrm{d}x}=xy-y^2$.

解 将此方程化为

$$\frac{\mathrm{d}y}{\mathrm{d}x}=\frac{y}{x}-\left(\frac{y}{x}\right)^2,$$

令 $u=\dfrac{y}{x}$，$\dfrac{\mathrm{d}y}{\mathrm{d}x}=u+x\dfrac{\mathrm{d}u}{\mathrm{d}x}$ 代入上式，得

$$u+x\frac{\mathrm{d}u}{\mathrm{d}x}=u-u^2,$$

即

$$x\frac{\mathrm{d}u}{\mathrm{d}x}=-u^2.$$

显然$u=0$是方程 $x\dfrac{\mathrm{d}u}{\mathrm{d}x}=-u^2$ 的解，即$y=0$是原方程的解.

当$u\neq 0$时，分离变量得

$$-\frac{\mathrm{d}u}{u^2}=\frac{\mathrm{d}x}{x},$$

两边积分，得

$$\frac{1}{u}=\ln|x|+C,$$

即

$$u=\frac{1}{\ln|x|+C},$$

将$u=\frac{y}{x}$代入，得到原方程的通解

$$y=\frac{x}{\ln|x|+C}.$$

例 5　求微分方程$\frac{\mathrm{d}y}{\mathrm{d}x}=\frac{y}{x}+\tan\frac{y}{x}$满足条件$y(1)=\frac{\pi}{6}$的特解.

解　令$y=xu$，有

$$y'=u+x\frac{\mathrm{d}u}{\mathrm{d}x}=u+\tan u,$$

分离变量，有

$$\cot u\mathrm{d}u=\frac{\mathrm{d}x}{x},$$

两边积分，得

$$\ln\sin u=\ln x+\ln C,$$

即方程的通解为

$$\sin\frac{y}{x}=Cx.$$

因为$y(1)=\frac{\pi}{6}$，所以$C=\sin\frac{\pi}{6}=\frac{1}{2}$.故所求特解为

$$\sin\frac{y}{x}=\frac{x}{2}.$$

例 6　求微分方程$\left(1+\mathrm{e}^{\frac{x}{y}}\right)\mathrm{d}x+\left(1-\frac{x}{y}\right)\mathrm{e}^{\frac{x}{y}}\mathrm{d}y=0$的通解.

解　将微分方程变形为

$$\frac{\mathrm{d}x}{\mathrm{d}y}=\frac{\left(\frac{x}{y}-1\right)\mathrm{e}^{\frac{x}{y}}}{1+\mathrm{e}^{\frac{x}{y}}},$$

令$x=yu$，则

$$\frac{\mathrm{d}x}{\mathrm{d}y}=u+y\frac{\mathrm{d}u}{\mathrm{d}y}=\frac{(u-1)\mathrm{e}^u}{1+\mathrm{e}^u},$$

分离变量，有

$$\frac{\mathrm{e}^u+1}{\mathrm{e}^u+u}\mathrm{d}u=-\frac{\mathrm{d}y}{y},$$

两边积分，得

$$\ln\left(\mathrm{e}^u+u\right)=-\ln y+\ln C,$$

即

$$y(e^u+u)=C,$$

故原微分方程的通解为

$$x+ye^{\frac{x}{y}}=C.$$

注意　在微分方程的求解中，变量 x 与 y 往往需要平等对待.在具体的解题过程中，自变量的选择要依题目的具体形式而定.例如，在例 6 中，如果仍然选择 x 作自变量，那么在解题过程中，分离变量和积分都会遇到一些麻烦.

三、一阶线性微分方程

形如

$$y'+P(x)y=Q(x) \tag{11}$$

的微分方程称为**一阶线性微分方程**，其中 $P(x)$，$Q(x)$ 是已知的连续函数.

当 $Q(x)=0$ 时，方程(11)可表示为

$$y'+P(x)y=0 \tag{12}$$

方程(12)称为方程(11)对应的**一阶线性齐次微分方程**.当 $Q(x)\neq 0$ 时，方程(11)称为**一阶线性非齐次微分方程**.

一阶线性齐次微分方程 $y'+P(x)y=0$ 是可分离变量的微分方程，其通解为

$$y=Ce^{-\int P(x)dx}. \tag{13}$$

对于一阶线性非齐次微分方程 $y'+P(x)y=Q(x)$，假设 $y=y(x)$ 是它的一个解，则代入方程可变形为

$$\frac{dy}{y}=\left(\frac{Q(x)}{y(x)}-P(x)\right)dx,$$

两端积分，得

$$\ln y=\int\frac{Q(x)}{y(x)}dx-\int P(x)dx+\ln C,$$

即

$$y=Ce^{\int\frac{Q(x)}{y(x)}dx}e^{-\int P(x)dx}.$$

于是，我们只需找到带有任意常数的函数 $C(x)=Ce^{\int\frac{Q(x)}{y(x)}dx}$，就可以获得非齐次方程的通解

$$y=e^{-\int P(x)dx}C(x) \tag{14*}$$

在形式上，非齐次方程的通解 $y=e^{-\int P(x)dx}C(x)$ 仅仅是将齐次方程通解 $y=Ce^{-\int P(x)dx}$ 中的任意常数 C 变成了待定函数 $C(x)$.在微分方程的求解中，这种将解中任意常数变为待定函数求取所需解的方法称为**常数变异法**.

将 $y=\mathrm{e}^{-\int P(x)\mathrm{d}x}C(x)$ 代入方程 $y'+P(x)y=Q(x)$.因为

$$y'=-P(x)\mathrm{e}^{-\int P(x)\mathrm{d}x}C(x)+\mathrm{e}^{-\int P(x)\mathrm{d}x}C'(x),$$

所以

$$\begin{aligned}&y'+P(x)y\\&=-P(x)\mathrm{e}^{-\int P(x)\mathrm{d}x}C(x)+\mathrm{e}^{-\int P(x)\mathrm{d}x}C'(x)+P(x)\mathrm{e}^{-\int P(x)\mathrm{d}x}C(x)\\&=\mathrm{e}^{-\int P(x)\mathrm{d}x}C'(x)=Q(x),\end{aligned}$$

即

$$C'(x)=Q(x)\mathrm{e}^{\int P(x)\mathrm{d}x},$$

所以

$$C(x)=\int Q(x)\mathrm{e}^{\int P(x)\mathrm{d}x}\mathrm{d}x+C,$$

故一阶线性非齐次微分方程的通解为

$$y=\mathrm{e}^{-\int P(x)\mathrm{d}x}\left(\int Q(x)\mathrm{e}^{\int P(x)\mathrm{d}x}\mathrm{d}x+C\right). \tag{14}$$

当我们确认一阶线性非齐次微分方程的形式为 $y'+P(x)y=Q(x)$ 时，利用式(14)求取通解的方法称为公式法.

例 7　求方程 $\dfrac{\mathrm{d}y}{\mathrm{d}x}-y\cot x=2x\sin x$ 的通解.

解　方法 1　先求对应的齐次方程 $\dfrac{\mathrm{d}y}{\mathrm{d}x}-y\cot x=0$ 的通解.

将对应的齐次方程分离变量

$$\frac{\mathrm{d}y}{y}=\cot x\,\mathrm{d}x,$$

等式两端分别积分

$$\ln y=\ln\sin x+\ln C,$$

即通解为

$$y=C\sin x.$$

再利用常数变异法，令 $y=C(x)\sin x$ 代入原方程，得

$$C'(x)\sin x+C(x)\cos x-C(x)\cos x=2x\sin x,$$

整理得 $C'(x)=2x$，即 $C(x)=x^2+C$,则原方程 $\dfrac{\mathrm{d}y}{\mathrm{d}x}-y\cot x=2x\sin x$ 的通解为

$$y=C\sin x+x^2\sin x.$$

方法 2　因为原方程是一阶线性非齐次微分方程，$P(x)=-\cot x$，$Q(x)=2x\sin x$，所以由公式法，通解为

$$y = e^{\int \cot x dx}\left(\int 2x\sin x e^{-\int \cot x dx} dx + C\right) = \sin x\left(x^2 + C\right).$$

例 8 求微分方程 $y^3 dx + (2xy^2 - 1)dy = 0$ 的通解.

解 将 x 看作 y 的函数，则方程化为

$$\frac{dx}{dy} + \frac{2}{y}x = \frac{1}{y^3},$$

故微分方程 $y^3 dx + (2xy^2 - 1)dy = 0$ 的通解为

$$x = e^{-2\int \frac{dy}{y}}\left(\int y^{-3} e^{2\int \frac{dy}{y}} dy + C\right) = y^{-2}\left(\ln|y| + C\right),$$

即

$$y = C^* e^{xy^2}.$$

例 9 求解柯西问题 $\begin{cases} xy' + y = e^x, \\ y\big|_{x=1} = 0. \end{cases}$

解 将原方程化为标准形式

$$y' + x^{-1}y = x^{-1}e^x,$$

则通解为

$$y = e^{-\int \frac{dx}{x}}\left(\int x^{-1}e^x e^{\int \frac{dx}{x}} dx + C\right) = x^{-1}\left(e^x + C\right).$$

将 $y\big|_{x=1} = 0$ 代入通解，得 $C = -e$.故柯西问题的解为

$$y = \frac{e^x - e}{x}.$$

微分方程的求解，一般要求将原方程化为一个我们认识的标准形式.譬如在例 8 中，选择了合适的自变量，将方程化为了我们认识的一阶线性微分方程.有时，也可以通过变换，将原方程化为我们熟识的或更简单的微分方程.譬如在例 9 中，可以将原方程化为

$$xy' + y = (xy)' = e^x,$$

则方程的通解 $xy = e^x + C$ 可以更容易地获得.

*四、伯努利方程

形如

$$y' + P(x)y = Q(x)y^\alpha \quad (\alpha \neq 0,1) \tag{15}$$

的一阶微分方程称为**伯努利(Bernoulli)方程**，其中 $P(x)$ ，$Q(x)$ 是已知的连续函数.

当 $y \neq 0$ 时，令 $z = y^{1-\alpha}$ ，则伯努利方程化为

$$z' + (1-\alpha)P(x)z = (1-\alpha)Q(x). \tag{16}$$

其通解为

$$z=\mathrm{e}^{(\alpha-1)\int P(x)\mathrm{d}x}\left((1-\alpha)\int Q(x)\mathrm{e}^{(1-\alpha)\int P(x)\mathrm{d}x}\mathrm{d}x+C\right). \tag{17}$$

最后，将 $z=y^{1-\alpha}$ 代入(17)式，得方程(16)的通解

$$y^{1-\alpha}=\mathrm{e}^{(\alpha-1)\int P(x)\mathrm{d}x}\left((1-\alpha)\int Q(x)\mathrm{e}^{(1-\alpha)\int P(x)\mathrm{d}x}\mathrm{d}x+C\right). \tag{18}$$

例 10　求微分方程 $y'+\dfrac{1}{x}y=x^2y^3$ 的通解.

解　方程 $y'+\dfrac{1}{x}y=x^2y^3$ 是伯努利方程，$\alpha=3$，则方程的通解为

$$y^{-2}=\mathrm{e}^{2\int\frac{\mathrm{d}x}{x}}\left(-2\int x^2\mathrm{e}^{-2\int\frac{\mathrm{d}x}{x}}\mathrm{d}x+C\right)=x^2(C-2x)$$

或

$$2x^3y^2+1=Cx^2y^2.$$

习题 9-2

1. 求下列微分方程的通解.

(1) $y\mathrm{d}y=x\mathrm{d}x$；　　(2) $\dfrac{\mathrm{d}y}{\mathrm{d}x}=y\ln y$；

(3) $\dfrac{\mathrm{d}y}{\mathrm{d}x}=\mathrm{e}^{x-y}$；　　(4) $\tan y\mathrm{d}x-\cot x\mathrm{d}y=0$.

2. 求下列方程满足给定初始条件的特解.

(1) $\begin{cases}\dfrac{\mathrm{d}y}{\mathrm{d}x}=y(y-1),\\ y(0)=1;\end{cases}$　　(2) $\begin{cases}(x^2-1)y'+2xy^2=0,\\ y(0)=1;\end{cases}$

(3) $\begin{cases}xy'-y\ln y=0,\\ y\big|_{x=1}=\mathrm{e};\end{cases}$　　(4) $\begin{cases}(y^2+xy^2)\mathrm{d}x-(x^2+yx^2)\mathrm{d}y=0,\\ y\big|_{x=1}=-1.\end{cases}$

3. 求下列方程的通解.

(1) $(x+2y)\mathrm{d}x-x\mathrm{d}y=0$；　　(2) $(y^2-2xy)\mathrm{d}x+x^2\mathrm{d}y=0$；

(3) $(x^2+y^2)\dfrac{\mathrm{d}y}{\mathrm{d}x}=2xy$；　　(4) $xy'-y=x\tan\dfrac{y}{x}$；

(5) $xy'-y=(x+y)\ln\dfrac{x+y}{x}$；　　(6) $xy'=\sqrt{x^2-y^2}+y$.

4. 求下列方程的特解.

(1) $\begin{cases}y'=\dfrac{y}{x}+\dfrac{x}{y},\\ y\big|_{x=1}=2;\end{cases}$　　(2) $\begin{cases}y'=\dfrac{xy}{x^2-y^2},\\ y\big|_{x=0}=1.\end{cases}$

5. 求下列微分方程的通解.

(1) $y'-\frac{1}{x}y=x^2$;　　(2) $xy'-2y=-\frac{3}{x}$;

(3) $(1+x^2)y'-xy-1=0$;　　(4) $xy'-y=2x^2e^x$;

(5) $y'\left(y^2-x\right)=y$;　　(6) $\left(2e^y-x\right)y'=1$;

(7) $y\mathrm{d}x-x\mathrm{d}y+x^3e^{-x^2}\mathrm{d}x=0$;　　(8) $\left(1+y^2\right)\mathrm{d}x+\left(x-\arctan y\right)\mathrm{d}y=0$.

6. 求下列微分方程满足初始条件的特解.

(1) $\begin{cases} y'+3y=8, \\ y\big|_{x=0}=2; \end{cases}$　　(2) $\begin{cases} xy'+y=\sin x, \\ y\big|_{x=\pi}=1; \end{cases}$

(3) $\begin{cases} y'+y\cos x=\sin x\cos x, \\ y\big|_{x=0}=1; \end{cases}$　　(4) $\begin{cases} (1+y^2)\mathrm{d}x+(xy-\sqrt{1+y^2}\cos y)\mathrm{d}y=0, \\ y\big|_{x=2}=0; \end{cases}$

(5) $\begin{cases} y'\cos x+y\sin x=\cos^2 x, \\ y\big|_{x=\pi}=1; \end{cases}$　　(6) $\begin{cases} y'+3y=e^{-2x}, \\ y\big|_{x=0}=0. \end{cases}$

7. 有一连接两点 $A(0,1),B(1,0)$ 的一条凸曲线，它位于弦 AB 的上方，$P(x,y)$ 为曲线上任意一点，已知曲线与弦 AP（介于0与 x）之间的面积为 x^3，求此曲线的方程.

8. 求下列方程的通解.

(1) $xy'+y=xy^2$;　　(2) $xy'-4y=x^2\sqrt{y}$;

(3) $xy'-y=y^3\ln x$;　　(4) $y'+y=y^2(\cos x-\sin x)$.

9. 用适当的变量代换将下列方程化为可分离变量的方程，然后求出通解.

(1) $y'=\cos(x-y)$;

(2) $xy'+y=y\ln(xy)$;

(3) $y'=y^2+2(\sin x-1)y+\sin^2 x-2\sin x-\cos x+1$.

第三节　可降阶的二阶微分方程

一般二阶微分方程可以表示为

$$F(x,y,y',y'')=0, \tag{1}$$

当方程中某些项不出现时，将这样方程称为缺项的微分方程.本节只介绍三种常见的缺项微分方程，分别具有形式：

(1) $y''=f(x)$;

(2) $F(x,y',y'')=0$;

(3) $F(y,y',y'')=0$.

一、$y''=f(x)$ 型微分方程

$y''=f(x)$ 型方程的求解只需不断地对等式两端积分.譬如对等式两端分别积分一次，

得

$$y' = \int f(x)\mathrm{d}x + C_1,$$

再积分一次，得

$$y = \int\left(\int f(x)\mathrm{d}x\right)\mathrm{d}x + C_1 x + C_2. \tag{2}$$

式(2)就是方程 $y'' = f(x)$ 的通解.

例 1　求 $y'' = \mathrm{e}^{-x} + \sin 2x$ 的通解.

解　对方程 $y'' = \mathrm{e}^{-x} + \sin 2x$ 两端积分，得

$$y' = -\mathrm{e}^{-x} - \frac{1}{2}\cos 2x + C_1,$$

对上式两端再积分，得方程的通解

$$y = \mathrm{e}^{-x} - \frac{1}{4}\sin 2x + C_1 x + C_2.$$

二、$F(x, y', y'') = 0$ 型微分方程

$F(x, y', y'') = 0$ 型微分方程中 y 不出现，通常称为**缺 y 项的二阶微分方程**.

令 $y' = P$，则 $y'' = \frac{\mathrm{d}P}{\mathrm{d}x}$，代入原方程，得

$$F\left(x, P, \frac{\mathrm{d}P}{\mathrm{d}x}\right) = 0. \tag{3}$$

方程(3)是一阶微分方程.上述方法称为**降阶法**.

例 2　求二阶微分方程 $xy'' + y' = x^2 + 1$ 的通解.

解　因为微分方程 $xy'' + y' = x^2 + 1$ 缺 y 项，所以令 $P = y'$，则 $y'' = \frac{\mathrm{d}P}{\mathrm{d}x}$，方程化为

$$\frac{\mathrm{d}P}{\mathrm{d}x} + \frac{1}{x}P = x + \frac{1}{x},$$

由此，方程的通解为

$$P = \mathrm{e}^{-\int\frac{\mathrm{d}x}{x}}\left(\int\left(x + \frac{1}{x}\right)\mathrm{e}^{\int\frac{\mathrm{d}x}{x}}\mathrm{d}x + C_1\right) = \frac{1}{x}\left(\frac{x^3}{3} + x + C_1\right) = \frac{x^2}{3} + 1 + \frac{C_1}{x},$$

即

$$y' = \frac{x^2}{3} + 1 + \frac{C_1}{x},$$

所以原方程的解为

$$y = \frac{x^3}{9} + x + C_1 \ln|x| + C_2.$$

例 3　求方程 $x^2 y'' - (y')^2 = 0$ 过点 $(1,0)$ 并且在该点与直线 $y = x + 1$ 相切的积分曲线.

解　由题设知，所求为方程 $x^2y''-(y')^2=0$ 满足条件 $y|_{x=1}=0$，$y'|_{x=1}=1$ 的特解.因为方程缺 y 项，所以令 $P=y'$，则 $y''=\dfrac{\mathrm{d}P}{\mathrm{d}x}$，方程化为

$$x^2\frac{\mathrm{d}P}{\mathrm{d}x}=P^2,$$

分离变量，得

$$\frac{\mathrm{d}P}{P^2}=\frac{\mathrm{d}x}{x^2},$$

两边分别积分，得

$$-\frac{1}{P}=-\frac{1}{x}+C_1,$$

即

$$\frac{1}{y'}=\frac{1}{x}-C_1.$$

将条件 $y'|_{x=1}=1$ 代入，得 $C_1=0$.有

$$y'=x,$$

再积分，得

$$y=\frac{x^2}{2}+C_2,$$

将条件 $y|_{x=1}=0$ 代入，得 $C_2=-\dfrac{1}{2}$.所以，所求积分曲线为

$$y+\frac{1}{2}=\frac{1}{2}x^2.$$

三、$F(y,y',y'')=0$ 型微分方程

$F(y,y',y'')=0$ 型微分方程中 x 不出现，通常称为**缺 x 项的二阶微分方程**.

令 $y'=P$，则 $y''=\dfrac{\mathrm{d}P}{\mathrm{d}x}=\dfrac{\mathrm{d}P}{\mathrm{d}y}\cdot\dfrac{\mathrm{d}y}{\mathrm{d}x}=P\dfrac{\mathrm{d}P}{\mathrm{d}y}$，代入原方程，得

$$F\left(y,P,P\frac{\mathrm{d}P}{\mathrm{d}x}\right)=0. \tag{4}$$

方程(4)是一阶微分方程.

例 4　求微分方程 $yy''=(y')^2$ 的通解.

解　因为方程 $yy''=(y')^2$ 缺 x 项，所以令 $P=y'$，则 $y''=P\dfrac{\mathrm{d}P}{\mathrm{d}y}$，方程化为

$$yP\frac{\mathrm{d}P}{\mathrm{d}y}-P^2=P\left(y\frac{\mathrm{d}P}{\mathrm{d}y}-P\right)=0,$$

即

$$P=0\text{或}y\frac{\mathrm{d}P}{\mathrm{d}y}-P=0.$$

当$P=0$时，即$y'=0$，故解为$y=C$.

当$y\frac{\mathrm{d}P}{\mathrm{d}y}-P=0$时，方程可化为

$$\frac{\mathrm{d}P}{P}=\frac{\mathrm{d}y}{y},$$

两边分别积分，得

$$\ln P=\ln y+\ln C_1,$$

即

$$y'=C_1y,$$

分离变量并分别积分，得

$$\ln y=C_1x+\ln C_2,$$

所以原方程的通解为

$$y=C_2\mathrm{e}^{C_1x}.$$

特别地，解$y=C$是通解中$C_1=0$的特殊情况.

例 5　求微分方程$2yy''=(y')^2+y^2$满足条件$y(0)=1$，$y'(0)=-1$的特解.

解　因为方程$2yy''=(y')^2+y^2$缺x项，所以令$P=y'$，则$y''=P\frac{\mathrm{d}P}{\mathrm{d}y}$，方程化为

$$2yP\frac{\mathrm{d}P}{\mathrm{d}y}=P^2+y^2,$$

即

$$\frac{\mathrm{d}P}{\mathrm{d}y}=\frac{1}{2}\left(\frac{P}{y}+\frac{y}{P}\right),$$

再令$P=yu$，则

$$\frac{\mathrm{d}P}{\mathrm{d}y}=u+y\frac{\mathrm{d}u}{\mathrm{d}y}=\frac{1}{2}\left(u+\frac{1}{u}\right),$$

即

$$y\frac{\mathrm{d}u}{\mathrm{d}y}=\frac{1-u^2}{2u},$$

分离变量并分别积分，得

$$\ln y+\ln\left(1-u^2\right)=\ln C_1,$$

去对数并将$P=yu$，$P=y'$代入，得

$$y\left[1-\left(\frac{y'}{y}\right)^2\right]=C_1,$$

将条件 $y(0)=1$ ，$y'(0)=-1$ 代入，得 $C_1=0$ ，$y=0$（舍去）和 $y'=-y$.

由 $y'=-y$ ，分离变量并积分，得

$$y=C_2\mathrm{e}^{-x},$$

再将条件 $y(0)=1$ 代入，得 $C_2=1$.所以所求特解为

$$y=\mathrm{e}^{-x}.$$

习题 9-3

1. 求解下列微分方程的通解.

(1) $y''=6x+x\mathrm{e}^{-x}$ ； (2) $xy''=x\cos(x+1)-x5^x+1$ ；

(3) $xy''+y'=(x+1)$ ； (4) $(1-x^2)y''-xy'=0$ ；

(5) $y''+(y')^2=2\mathrm{e}^{-y}$ ； (6) $yy''=y'-(y')^2$.

2. 求下列微分方程在给定初始条件下的特解.

(1) $y''=2^x+3\sin x$ ，$y(0)=1$ ，$y'(0)=2$ ；

(2) $x^2y''=(y')^2+2xy'$ ，$y(1)=1$ ，$y'(1)=2$ ；

(3) $y''+\sqrt{1+(y')^2}=0$ ，$y(1)=-1$ ，$y'(1)=0$.

3. 试求 $(1+x^2)y''=2xy'$ 经过点 $(0,1)$ 且与直线 $y=3x+1$ 相切的积分曲线.

4. 求 $y^2y''+1=0$ 的积分曲线,使积分曲线通过点 $(0,0.5)$,且在该点处切线的斜率为 2 .

第四节 二阶线性微分方程

二阶线性微分方程的一般形式为

$$y''+P(x)y'+Q(x)y=f(x), \tag{1}$$

其中 $P(x)$ ，$Q(x)$ 和 $f(x)$ 是已知连续函数.当 $f(x)=0$ 时，方程(1)变为

$$y''+P(x)y'+Q(x)y=0. \tag{2}$$

我们称方程(1)为**二阶线性非齐次微分方程**,方程(2)为方程(1)对应的**二阶线性齐次微分方程**.

线性方程(无论是微分方程还是代数方程)的解都有着相同的性质与结构，本节以二阶线性微分方程为例，介绍线性方程解的性质与结构.

一、二阶线性微分方程解的性质

性质 1 若 $y_1=y_1(x)$ ，$y_2=y_2(x)$ 是二阶线性齐次微分方程(2)的解，则

$$y=C_1y_1(x)+C_2y_2(x)$$

也是方程(2)的解，其中C_1，C_2是任意常数.

性质 2　若$y_1^*=y_1^*(x)$，$y_2^*=y_2^*(x)$是二阶线性非齐次微分方程(1)的解，则

$$y=y_1^*(x)-y_2^*(x)$$

是方程(2)的解.

性质 3　若y^*是二阶线性非齐次微分方程(1)的解，Y是二阶线性齐次微分方程(2)的解，则

$$y=y^*+Y$$

是方程(1)的解.

性质 4　若y_i^*是二阶线性非齐次微分方程$y''+P(x)y'+Q(x)y=f_i(x)$的解，$i=1,2$，则

$$y^*=y_1^*+y_2^*$$

是方程$y''+P(x)y'+Q(x)y=f_1(x)+f_2(x)$的解.

上述四个性质是线性方程(包括线性方程组)所具有的一般性质，把性质的结论代入方程就能验证结论的正确性.

二、二阶线性微分方程解的结构

利用线性方程解的性质，可以像线性代数方程组一样，得到线性微分方程的解结构与形式.

首先，我们给出函数在区间上线性独立的概念.

定义　设$y_1(x)$，$y_2(x)$，…，$y_n(x)$是定义在区间I上的函数，若存在不全为零的常数k_1，k_2，…，k_n，使得

$$k_1y_1(x)+k_2y_2(x)+\cdots+k_ny_n(x)\equiv 0,\quad x\in I,$$

则称函数组$y_1(x)$，$y_2(x)$，…，$y_n(x)$在区间I上**线性相关**，否则称**线性独立**(无关).

由定义我们不难得到，一个函数线性独立的充要条件是

$$y_1(x)\neq 0;$$

两个函数线性独立的充要条件是

$$\frac{y_1(x)}{y_2(x)}\neq C;$$

三个函数线性独立的充要条件是

$$\begin{vmatrix} y_1 & y_2 & y_3 \\ y_1' & y_2' & y_3' \\ y_1'' & y_2'' & y_3'' \end{vmatrix}\neq 0.$$

例 1　判断下列函数组是否线性相关.

(1) $y_1=1$在整个数轴上；

(2) $y_1=\sin x$，$y_2=\cos x$在区间$[0,\pi]$上；

(3) $y_1=1$，$y_2=x$，$y_3=\mathrm{e}^x$在整个数轴上.

解　(1) 因为 $y_1 = 1 \neq 0$，所以 $y_1 = 1$ 在整个数轴上线性独立.

(2) 因为 $\dfrac{y_1}{y_2} = \tan x \neq C \ x \in [0, \pi]$，所以 $y_1 = \sin x$，$y_2 = \cos x$ 在区间 $[0, \pi]$ 上线性独立.

(3) 因为 $\begin{vmatrix} y_1 & y_2 & y_3 \\ y_1' & y_2' & y_3' \\ y_1'' & y_2'' & y_3'' \end{vmatrix} = \begin{vmatrix} 1 & x & \mathrm{e}^x \\ 0 & 1 & \mathrm{e}^x \\ 0 & 0 & \mathrm{e}^x \end{vmatrix} = \mathrm{e}^x \neq 0, \quad x \in R$，所以 $y_1 = 1$，$y_2 = x$，$y_3 = \mathrm{e}^x$ 在整个数轴上线性独立.

利用线性方程解的性质以及函数组线性独立的概念，我们可以得到二阶线性微分方程通解的结构.

定理 1　若 $y_1(x)$，$y_2(x)$ 是二阶线性齐次微分方程 (2) 的线性独立解 (称为方程 (2) 的**基本解组**)，则

$$Y = C_1 y_1(x) + C_2 y_2(x)$$

是方程 (2) 的通解.

定理 2　若 y^* 是二阶线性非齐次微分方程 (1) 的特解，$Y = C_1 y_1(x) + C_2 y_2(x)$ 是方程 (1) 对应的齐次微分方程 (2) 的通解，则

$$y = y^* + Y = y^* + C_1 y_1(x) + C_2 y_2(x)$$

是非齐次方程 (1) 的通解.

例 2　设二阶线性非齐次微分方程 $y'' + P(x)y' + Q(x)y = f(x)$ 有解 $y_1 = x + \mathrm{e}^{-x} + 1$，$y_2 = \mathrm{e}^{-x} + 1$，$y_3 = x + 1$，求该方程的通解.

解　因为 y_1，y_2，y_3 都是非齐次方程的解，由性质 2 知 $y_1 - y_2 = x$ 和 $y_1 - y_3 = \mathrm{e}^x$ 是对应的齐次方程 $y'' + P(x)y' + Q(x)y = 0$ 的解.因为 $\dfrac{x}{\mathrm{e}^x} = x\mathrm{e}^{-x} \neq C$，所以 x，e^x 是齐次方程的基本解组.由定理 1 知，齐次方程的通解为

$$Y = C_1 x + C_2 \mathrm{e}^x .$$

因为 y_1 非齐次方程 $y'' + P(x)y' + Q(x)y = f(x)$ 的解，由定理 2 知，非齐次方程的通解为

$$y = y_1 + Y = 1 + C_1' x + C_2' \mathrm{e}^x .$$

其中，$C_1' = 1 + C_1$，$C_2' = 1 + C_2$ 是任意常数.

例 3　求 $(x^2 + 1)y'' - 2xy' + 2y = (x^2 - 2x + 3)\mathrm{e}^x$ 的通解.

解　先求对应的齐次方程 $(x^2 + 1)y'' - 2xy' + 2y = 0$ 的基本解组.

由观察法，显然 $y_1 = x$ 是齐次方程 $(x^2 + 1)y'' - 2xy' + 2y = 0$ 的一个解，因为二阶线性方程的基本解组是由两个线性独立的解函数构成的，利用常数变易法，令 $y_2 = xC(x)$，并代入方程得

$$\begin{aligned} &(x^2 + 1)y_2'' - 2xy_2' + 2y_2 \\ &= (x^2 + 1)(xC'' + 2C') - 2x(xC' + C) + 2xC \\ &= (x^3 + x)C'' + 2C' = 0, \end{aligned}$$

分离变量，得

$$-\frac{2\mathrm{d}x}{x(x^2+1)}=\frac{\mathrm{d}C'}{C'},$$

两端积分，得

$$\ln C'=\ln(x^2+1)-\ln x^2+\ln C_1,$$

去对数并令 $C_1=1$，得

$$C'=\frac{x^2+1}{x^2}=1+\frac{1}{x^2},$$

再两端积分，得

$$C=x-\frac{1}{x}+C_2,$$

再令 $C_2=0$，得

$$C(x)=x-\frac{1}{x},$$

于是

$$y_2=xC(x)=x^2-1.$$

从而 $y_1=x$， $y_2=x^2-1$ 是齐次方程 $(x^2+1)y''-2xy'+2y=0$ 的基本解组，进而通解为

$$Y=C_1x+C_2(x^2-1).$$

再求非齐次方程 $(x^2+1)y''-2xy'+2y=(x^2-2x+3)\mathrm{e}^x$ 的特解.

观察方程 $(x^2+1)y''-2xy'+2y=(x^2-2x+3)\mathrm{e}^x$ 的两端，能使等式成立的函数 y 应该是多项式 $Q(x)$ 与 e^x 的乘积.令 $y^*=Q(x)\mathrm{e}^x$，代入方程得

$$\begin{aligned}&(x^2+1)(y^*)''-2x(y^*)'+2y^*\\&=[(x^2+1)(Q''+2Q'+Q)-2x(Q'+Q)+2Q]\mathrm{e}^x\\&=[(x^2+1)Q''+2(x^2-x+1)Q'+(x^2-2x+3)Q]\mathrm{e}^x\\&=(x^2-2x+3)\mathrm{e}^x,\end{aligned}$$

即

$$(x^2+1)Q''+2(x^2-x+1)Q'+(x^2-2x+3)Q=(x^2-2x+3),$$

显然，$Q(x)=1$ 即 $y^*=\mathrm{e}^x$ 是方程 $(x^2+1)y''-2xy'+2y=(x^2-2x+3)\mathrm{e}^x$ 的一个特解.所以原方程的通解为

$$y=\mathrm{e}^x+C_1x+C_2(x^2-1).$$

习题 9-4

1. 判断下列函数组是否线性相关.

(1) $\mathrm{e}^{\lambda_1 x},\mathrm{e}^{\lambda_2 x}\quad(\lambda_1\neq\lambda_2)$；　　(2) $\ln\frac{1}{x^2},\ln x^3$；

(3) $\cos 2x, \sin^2 x$；　　　　(4) $1, e^x$.

2. (1) 验证 $y = \ln x$ 是非齐次方程 $x^2 y'' + xy' + y = \ln x$ 的一个特解；

(2) $y_1 = \cos(\ln x)$，$y_2 = \sin(\ln x)$ 是齐次方程 $x^2 y'' + xy' + y = 0$ 的基本解组；

(3) 求微分方程 $x^2 y'' + xy' + y = \ln x$ 的通解.

3. 已知 $y_1 = e^x$，$y_2 = e^{-x}$ 是微分方程 $y'' + P(x)y' + Q(x)y = 0$ 的两个特解，(1) 求方程的通解；(2) 求满足条件 $y(0) = 1$，$y'(0) = 2$ 的方程的特解；(3) 求微分方程.

4. 设 $y_1 = x^2$，$y_2 = x + x^2$，$y_3 = x^2 + e^x$ 都是微分方程 $y'' + P(x)y' + Q(x)y = f(x)$ 的解，求方程的通解.

5. 设 $y = e^{2x} + (x+1)e^x$ 是微分方程 $y'' + ay' + by = ce^x$ 的一个特解，求常数 a，b，c 的值及该方程的通解.

第五节　二阶线性常系数微分方程

二阶线性常系数线性微分方程的一般形式为

$$y'' + py' + qy = f(x), \tag{1}$$

其中，p，q 是已知常数，$f(x)$ 是已知的连续函数.当 $f(x) = 0$ 时，方程(1)变为

$$y'' + py' + qy = 0. \tag{2}$$

我们称方程(1)为**二阶线性常系数非齐次微分方程**,方程(2)为方程(1)对应的**二阶线性常系数齐次微分方程**.

由第四节我们知道，求解二阶线性常系数微分方程可以分两步完成——求二阶线性常系数齐次微分方程的通解与求二阶线性常系数非齐次微分方程的特解.本节将通过代数的方法，在一定范围内，完成上述步骤.

一、二阶线性常系数齐次微分方程

以 e 为底的指数函数 e^{rx}，在求导过程中，有下述特殊现象

$$(e^{rx})' = re^{rx}，\ (e^{rx})'' = r^2 e^{rx}.$$

利用 $e^x \neq 0$，将其代入方程(2)，得 $(r^2 + pr + q)e^{rx} = 0$，即

$$r^2 + pr + q = 0. \tag{3}$$

显然，若 r 是方程(3)的根，则 $y = e^{rx}$ 是方程(2)的解.我们称代数方程 $r^2 + pr + q = 0$ 为微分方程 $y'' + py' + qy = 0$ 的**特征方程**，特征方程的根称为**特征根**或**特征值**.

特征方程 $r^2 + pr + q = 0$ 是二次代数方程，利用根与系数关系，有

(1) 当 $p^2 - 4q > 0$ 时，特征方程 $r^2 + pr + q = 0$ 有两个相异实根

$$r_{1,2} = \frac{-p \pm \sqrt{p^2 - 4q}}{2}.$$

因为 $r_1 \neq r_2$，故 $\frac{e^{r_1 x}}{e^{r_2 x}} = e^{(r_1 - r_2)x} \neq C$，所以 $y_1 = e^{r_1 x}$，$y_2 = e^{r_2 x}$ 是方程 $y'' + py' + qy = 0$ 的基本解组，所以方程的通解为

$$Y = C_1 e^{r_1 x} + C_2 e^{r_2 x}. \tag{4}$$

(2) 当 $p^2 - 4q = 0$ 时，特征方程 $r^2 + pr + q = 0$ 有两个相同实根

$$r_1 = r_2 = -\frac{p}{2}.$$

显然 $y_1 = e^{r_1 x}$ 是方程 $y'' + py' + qy = 0$ 的一个解，为求方程的另一个线性独立解，利用常数变异法，令 $y_2 = C(x)y_1 = C(x)e^{r_1 x}$，代入方程，得

$$\left[C''(x) + (2r_1 + p)C'(x) + (r_1^2 + pr_1 + q)C(x)\right]e^{r_1 x} = 0,$$

即

$$C''(x) = 0.$$

于是，取 $C(x) = x$，则 $y_2 = xe^{r_1 x}$. 因为 $\frac{y_1}{y_2} = x^{-1} \neq C$，所以 $y_1 = e^{r_1 x}$，$y_2 = xe^{r_1 x}$ 是方程 $y'' + py' + qy = 0$ 的基本解组，所以方程的通解为

$$Y = (C_1 + C_2 x)e^{r_1 x}. \tag{5}$$

(3) 当 $p^2 - 4q < 0$ 时，特征方程 $r^2 + pr + q = 0$ 有一对相异复根

$$r_1 = \overline{r_2} = \alpha \pm \beta i = -\frac{p}{2} \pm \frac{\sqrt{4q - p^2}}{2} i,$$

则 $\tilde{y}_1 = e^{\alpha x}(\cos\beta x + i\sin\beta x)$，$\tilde{y}_2 = e^{\alpha x}(\cos\beta x - i\sin\beta x)$ 是方程 $y'' + py' + qy = 0$ 的复数解，利用线性方程解的性质，取 $y_1 = \frac{\tilde{y}_1 + \tilde{y}_2}{2} = e^{\alpha x}\cos\beta x$，$y_2 = \frac{\tilde{y}_1 - \tilde{y}_2}{2i} = e^{\alpha x}\sin\beta x$，则 $y_1 = e^{\alpha x}\cos\beta x$，$y_2 = e^{\alpha x}\sin\beta x$ 是方程 $y'' + py' + qy = 0$ 的实数解. 因为 $\frac{y_1}{y_2} = \cot\beta x \neq C$，所以 $y_1 = e^{\alpha x}\cos\beta x$，$y_2 = e^{\alpha x}\sin\beta x$ 是方程 $y'' + py' + qy = 0$ 的基本解组，所以方程的通解为

$$Y = e^{\alpha x}(C_1\cos\beta x + C_2\sin\beta x). \tag{6}$$

例 1　求下列微分方程的通解.

(1) $y'' - 2y' - 3y = 0$；　(2) $y'' + y' = 0$；　(3) $y'' + 4y' + 4y = 0$；

(3) $y'' - y = 0$；　(4) $y'' + y = 0$；　(6) $y'' - 6y' + 13y = 0$.

解　(1) 因为特征方程 $r^2 - 2r - 3 = (r-3)(r+1) = 0$，所以微分方程 $y'' - 2y' - 3y = 0$ 有两个相异实根 $r_1 = 3$，$r_2 = -1$，所以方程的通解为

$$Y = C_1 e^{3x} + C_2 e^{-x}.$$

(2) 因为特征方程 $r^2 + r = r(r+1) = 0$，所以微分方程 $y'' + y' = 0$ 有两个相异实根 $r_1 = 0$，$r_2 = -1$，所以方程的通解为

$$Y = C_1 + C_2 e^{-x}.$$

(3) 因为特征方程 $r^2+4r+4=(r+2)^2=0$，所以微分方程 $y''+4y'+4y=0$ 有两个相同实根 $r_1=r_2=-2$，所以方程的通解为

$$Y=(C_1+C_2x)\mathrm{e}^{-2x}.$$

(4) 因为特征方程 $r^2-1=(r-1)(r+1)=0$，所以微分方程 $y''-y=0$ 有两个相异实根 $r_1=1$，$r_2=-1$，所以方程的通解为

$$Y=C_1\mathrm{e}^{x}+C_2\mathrm{e}^{-x}.$$

(5) 因为特征方程 $r^2+1=0$，所以微分方程 $y''+y=0$ 有一对共轭复根 $r_1=\overline{r_2}=\pm\mathrm{i}$，所以方程的通解为

$$Y=C_1\cos x+C_2\sin x.$$

(6) 因为特征方程 $r^2-6r+13=(r-3)^2+2^2=0$，所以微分方程 $y''-6y'+13y=0$ 有一对共轭复根 $r_1=\overline{r_2}=3\pm2\mathrm{i}$，所以方程的通解为

$$Y=\mathrm{e}^{3x}(C_1\cos2x+C_2\sin2x).$$

例 2　求方程 $y''-4y'+13y=0$ 满足 $y(0)=0$，$y'(0)=3$ 的特解.

解　因为特征方程 $r^2-4r+13=(r-2)^2+3^2=0$，得方程的特征值为 $r_1=\overline{r_2}=2\pm3\mathrm{i}$，故方程的通解为

$$Y=\mathrm{e}^{2x}(C_1\cos3x+C_2\sin3x),$$

由条件 $y(0)=0$，$y'(0)=3$，解得 $C_1=0$，$C_2=1$.于是，所求特解为

$$y=\mathrm{e}^{2x}\sin3x.$$

二、二阶线性常系数非齐次微分方程

根据线性非齐次方程解的性质，线性非齐次方程的通解等于它对应的齐次方程的通解加上非齐次方程的一个特解.由上一部分，我们已经知道齐次方程通解的求法，下面只考虑非齐次项 $f(x)$ 是两种特殊形式时，二阶线性常系数非齐次微分方程

$$y''+py'+qy=f(x) \tag{1}$$

的特解的求法.

1. $f(x)=P_n(x)\mathrm{e}^{\lambda x}$，其中 $P_n(x)$ 是 x 的 n 次多项式

借助导数的知识，我们知道，通过函数自身与其导数、二阶导数的线性组合，能成为 $f(x)=P_n(x)\mathrm{e}^{\lambda x}$ 形式的函数，应该是由多项式 $Q(x)$ 与 $\mathrm{e}^{\lambda x}$ 的乘积构成的.令 $y^*=Q(x)\mathrm{e}^{\lambda x}$，其中 $Q(x)$ 是待定系数多项式，代入方程(1)得

$$\begin{aligned}&(y^*)''+p(y^*)'+qy^*\\=&[(\lambda^2+p\lambda+q)Q(x)+(2\lambda+p)Q'(x)+Q''(x)]\mathrm{e}^{\lambda x}\\=&P_n(x)\mathrm{e}^{\lambda x},\end{aligned}$$

即

$$(\lambda^2+p\lambda+q)Q(x)+(2\lambda+p)Q'(x)+Q''(x)=P_n(x). \tag{7}$$

(1) 当 $\lambda^2+p\lambda+q\neq 0$ 时，要式(7)两端多项式次数相同，则取

$$Q(x)=a_0x^n+a_1x^{n-1}+\cdots+a_{n-1}x+a_n=Q_n(x),$$

此时，λ 不是特征方程 $r^2+pr+q=0$ 的根(称为零重根).特解 y^* 在形式上表现为

$$y^*=Q_n(x)e^{\lambda x}.$$

(2) 当 $\lambda^2+p\lambda+q=0$，$2\lambda+p\neq 0$ 时，式(7)化为 $(2\lambda+p)Q'(x)+Q''(x)=P_n(x)$，则取

$$Q(x)=a_0x^{n+1}+a_1x^n+\cdots+a_{n-1}x^2+a_nx=x\cdot Q_n(x).$$

此时，λ 是特征方程 $r^2+pr+q=0$ 的单根(称为一重根).特解 y^* 在形式上表现为

$$y^*=x\cdot Q_n(x)e^{\lambda x}.$$

(3) 当 $\lambda^2+p\lambda+q=0$，$2\lambda+p=0$ 时，式(7)化为 $Q''(x)=P_n(x)$，则取

$$Q(x)=a_0x^{n+2}+a_1x^{n+1}+\cdots+a_{n-1}x^3+a_n{}^2=x^2\cdot Q_n(x).$$

此时，λ 是特征方程 $r^2+pr+q=0$ 的二重根.特解 y^* 在形式上表现为

$$y^*=x^2\cdot Q_n(x)e^{\lambda x}.$$

综上所述，当非齐次项 $f(x)=P_n(x)e^{\lambda x}$ 时，特解 y^* 在形式上表现为

$$y^*=x^k\cdot Q_n(x)e^{\lambda x}, \tag{8}$$

其中，k 是 λ 作为特征方程 $r^2+pr+q=0$ 的根的重数，$Q_n(x)$ 是与 $P_n(x)$ 同次的待定系数多项式.

例 3　写出下列非齐次方程特解的形式.

(1) $y''+5y'+6y=e^{3x}$；　　(2) $y''+5y'+6y=xe^{-2x}$；

(3) $y''+2y'+y=(x^2-1)e^{-x}$；　　(4) $y''+2y'+y=x^2-1+e^{-x}$.

解　(1) 因为特征方程 $r^2+5r+6=(r+2)(r+3)=0$，所以特征值 $r_1=-2$，$r_2=-3$.因为 $\lambda=3$ 不是特征值，$P(x)=1$ 是 0 次多项式，所以非齐次方程特解的形式为

$$y^*=a\cdot e^{3x}.$$

(2) 由(1)知，$\lambda=-2$ 是单特征值，$P(x)=x$ 是一次多项式，所以非齐次方程特解的形式为

$$y^*=x\cdot(ax+b)\cdot e^{-2x}=(ax^2+bx)\cdot e^{-2x}.$$

(3) 因为特征方程 $r^2+2r+1=(r+1)^2=0$，所以特征值 $r_1=r_2=-1$ 是二重特征值.因为 $\lambda=-1$ 是二重特征值，$P(x)=x^2-1$ 是二次多项式，所以非齐次方程特解的形式为

$$y^*=x^2\cdot(ax^2+bx+c)\cdot e^{-x}=(ax^4+bx^3+cx^2)\cdot e^{-x}.$$

(4) 因为 $f(x)=x^2-1+e^{-x}=f_1(x)+f_2(x)$，对于 $f_1(x)=x^2-1$，$\lambda_1=0$ 不是特征值，$P_1(x)=x^2-1$ 是二次多项式，所以 $y_1^*=ax^2+bx+c$；对于 $f_2(x)=e^{-x}$，$\lambda_2=-1$ 是二重特征值，$P_2(x)=1$ 是零次多项式，所以 $y_2^*=dx^2e^{-x}$，所以非齐次方程特解的形式为

$$y^* = y_1^* + y_2^* = ax^2 + bx + c + \mathrm{d}x^2\mathrm{e}^{-x}.$$

例 4　求方程 $y'' - 3y' + 2y = x\mathrm{e}^{2x}$ 的通解.

解　先求对应的齐次方程的通解.因为特征方程

$$r^2 - 3r + 2 = (r-1)(r-2) = 0,$$

故特征值为 $r_1 = 1$，$r_2 = 2$，进而齐次方程的通解为

$$Y = C_1\mathrm{e}^x + C_2\mathrm{e}^{2x}.$$

再求非齐次的特解.因为 $\lambda = 2$ 是单特征值，$P(x) = x$ 是一次多项式，所以非齐次方程特解的形式为

$$y^* = x\cdot(ax+b)\cdot\mathrm{e}^{2x} = (ax^2+bx)\cdot\mathrm{e}^{2x} = Q(x)\cdot\mathrm{e}^{2x},$$

将 $Q(x) = ax^2 + bx$ 代入公式(7)，即

$$(2\lambda + p)Q'(x) + Q''(x) = P_n(x),$$

得

$$2ax + b + 2a = x.$$

由 $\begin{cases}2a = 1,\\ 2a + b = 0,\end{cases}$ 解得 $a = \dfrac{1}{2}$，$b = -1$.于是，$y^* = \dfrac{x^2 - 2x}{2}\mathrm{e}^{2x}$ 是非齐次方程的一个特解，所以，所求方程的通解为

$$y = C_1\mathrm{e}^x + \left(\frac{1}{2}x^2 - x + C_2\right)\mathrm{e}^{2x}.$$

例 5　求微分方程 $y'' + 4y' + 4y = 2e^{-2x}$ 满足 $y|_{x=0} = y'|_{x=0} = 1$ 的特解.

解　由特征方程

$$r^2 + 4r + 4 = (r+4)^2 = 0,$$

解得 $r_1 = r_2 = -2$，所以齐次方程的通解为

$$Y = (C_1 + C_2x)\mathrm{e}^{-2x}.$$

又因为 $\lambda = -2$ 是二重特征值，所以非齐次方程的特解形式为 $y^* = ax^2\mathrm{e}^{-2x}$.将 $Q(x) = ax^2$ 代入等式

$$Q''(x) = P(x),$$

解得 $a = 1$，即非齐次方程的特解为 $y^* = x^2\mathrm{e}^{-2x}$.所以原方程的通解为

$$y = (C_1 + C_2x + x^2)\mathrm{e}^{-2x}.$$

将条件 $y|_{x=0} = y'|_{x=0} = 1$ 代入通解 $y = (C_1 + C_2x + x^2)\mathrm{e}^{-2x}$，解得 $C_1 = 1$，$C_2 = 3$.所以方程的特解为

$$y = (1 + 3x + x^2)\mathrm{e}^{-2x}.$$

2. $f(x)=\mathrm{e}^{\lambda x}\left[(P_l(x)\cos\omega x+P_n(x)\sin\omega x\right]$，其中$P_l(x)$，$P_n(x)$是$x$的$l$次与$n$次多项式利用导数的知识，形如

$$y''+py'+qy=\mathrm{e}^{\lambda x}\left[(P_l(x)\cos\omega x+P_n(x)\sin\omega x\right]$$

的二阶线性非齐次微分方程的特解在形式上应该为

$$y^*=x^k\mathrm{e}^{\lambda x}\left[Q_m(x)\cos\omega x+R_m(x)\sin\omega x\right]$$

其中，$k=\begin{cases}0,\lambda\pm\omega\mathrm{i}\text{ 不是特征值}\\1,\lambda\pm\omega\mathrm{i}\text{ 是特征值},\end{cases}$ $Q_m(x)$，$R_m(x)$是$m=\max\{l,n\}$次待定系数多式.

例 6　求微分方程$y''-5y'+6y=3\cos 4x$的通解.

解　因为特征方程

$$r^2-5r+6=(r-2)(r-3)=0,$$

所以特征值$r_1=2$，$r_2=3$，对应的齐次方程的通解为

$$Y=C_1\mathrm{e}^{2x}+C_2\mathrm{e}^{3x}.$$

因为$\lambda=0$，$\omega=4$，所以$\lambda\pm\omega\mathrm{i}$不是特征值，故非齐次方程特解的形式为

$$y^*=a\cos 4x+b\sin 4x,$$

代入微分方程$y''-5y'+6y=3\cos 4x$得

$$\begin{aligned}(y^*)''-5(y^*)'+6y^*&=(-10a-20b)\cos 4x+(20a-16b)\sin 4x\\&=3\cos 4x,\end{aligned}$$

于是，得线性方程组

$$\begin{cases}-10a-20b=3,\\20a-10b=0,\end{cases}$$

解得$a=-\dfrac{3}{50}$，$b=-\dfrac{3}{25}$，所以非齐次方程的特解为

$$y^*=-\frac{3}{50}\cos 4x-\frac{3}{25}\sin 4x.$$

所以原方程的通解为

$$y=C_1\mathrm{e}^{2x}+C_2\mathrm{e}^{3x}-\frac{3}{50}\cos 4x-\frac{3}{25}\sin 4x.$$

例 7　求微分方程$y''+y=\sin x$的一个特解.

解　由特征方程$r^2+1=0$知$\lambda\pm\omega\mathrm{i}=\pm\mathrm{i}$是特征值，所以非齐次方程特解的形式为

$$y^*=ax\cos x+bx\sin x.$$

将y^*代入方程，得

$$(y^*)''+y^*=2b\cos x-2a\sin x=\sin x,$$

解得$a=-\dfrac{1}{2}$，$b=0$.于是

$$y^* = -\frac{x}{2}\sin x$$

是方程 $y'' + y = \sin x$ 的一个特解.

习题 9-5

1. 求下列微分方程的通解.

(1) $y'' - y = 0$； (2) $y'' - y' = 0$； (3) $y'' + 5y' + 6y = 0$；

(4) $16y'' - 24y' + 9y = 0$； (5) $y'' + 8y' + 25y = 0$； (6) $y'' + 6y' - 36y = 0$.

2. 求下列微分方程的特解.

(1) $4y'' + 4y' + y = 0$， $y(0) = 2$， $y'(0) = 0$；

(2) $y'' + 4y' + 29y = 0$， $y(0) = 0$， $y'(0) = -15$.

3. 求微分方程 $y'' + 9y = 0$ 过点 $(\pi, 1)$ 且在该点与直线 $x - y = \pi + 1$ 相切的积分曲线.

4. 写出下列微分方程特解的形式.

(1) $y'' + 4y' - 5y = x$； (2) $y'' + y' = 3x^2 - 7$；

(3) $y'' + y = 2xe^x$； (4) $y'' + y = x^2e^{-x}$；

(5) $y'' - 6y' + 9y = e^x\cos x$； (6) $y'' + y' = e^x + \cos x$.

5. 求下列微分方程的通解.

(1) $y'' + y' + 2y = x^2 - 3$； (2) $y'' + 4y = e^x$；

(3) $y'' + y' = 2xe^{-x}$； (4) $y'' - 2y' + y = 12x^2e^x$；

(5) $y'' - 6y' + 9y = e^x\cos x$； (6) $y'' - y' = e^x + \cos x$.

6. 求下列微分方程的特解.

(1) $y'' - 3y' + 2y = 5$， $y(0) = 1$， $y'(0) = 2$；

(2) $y'' - y = 4xe^x$， $y(0) = 0$， $y'(0) = 1$.

7. 设函数 $f(x)$ 连续，且满足

$$f(x) = e^x - \int_0^x (x - t)f(t)dt,$$

求 $f(x)$.

第六节 线性常系数差分方程

在经济管理或其他实际问题中，大多数变量都有最小计量单位，变量的取值为最小计量单位的整数倍.例如，银行的存款依据不同的种类有不同的计息单位，有一天、七天、一个月、半年等，通常此类变量称为离散型变量.对于离散型变量，我们可以通过不同取值点上离散型变量之间的相互关系，用类似于针对连续型变量的方法，来研究离散型变量的变化规律.差分方程就是此类方法之一.

一、差分概念与性质

定义　设 $y_x = f(x), x \in N$，称 $y_{x+1} - y_x = f(x+1) - f(x)$ 为函数 $y_x = f(x)$ 的**差分**，亦称为函数 $y_x = f(x)$ 的**一阶差分**，记为 Δy_x，即

$$\Delta y = y_{x+1} - y_x = f(x+1) - f(x). \tag{1}$$

一阶差分的差分 $\Delta(\Delta y_x) = \Delta^2 y_x$ 称为**二阶差分**，即

$$\begin{aligned}\Delta^2 y_x &= \Delta(\Delta y_x) = \Delta[f(x+1) - f(x)] = \Delta f(x+1) - \Delta f(x)\\ &= f(x+2) - f(x+1) - [f(x+1) - f(x)]\\ &= f(x+2) - 2f(x+1) + f(x) = y_{x+2} - 2y_{x+1} + y_x.\end{aligned}$$

类似地，依据定义，有三阶差分、四阶差分等.

$$\Delta^3 y_x = y_{x+3} - 3y_{x+2} + 3y_{x+1} - y_x,\quad \Delta^4 y_x = y_{x+4} - 4y_{x+3} + 6y_{x+2} - 4y_{x+1} + y_x,\quad \cdots.$$

一般地，函数 $y_x = f(x)$ 的 $n-1$ 阶差分的差分称为函数 $y_x = f(x)$ 的 n 阶差分，记为 $\Delta^n y_x$，即

$$\Delta^n y_x = \sum_{k=0}^{n} \mathrm{C}_n^k y_{x+n-k}. \tag{2}$$

二阶及二阶以上的差分称为**高阶差分**.

依据差分的定义，差分运算有以下运算法则：

(1) $\Delta(Cy_x) = C\Delta y_x$；

(2) $\Delta(y_x + z_x) = \Delta y_x + \Delta z_x$；

(3) $\Delta(y_x \cdot z_x) = z_{x+1} \cdot \Delta y_x + y_x \cdot \Delta z_x = y_{x+1}\Delta z_x + z_x \Delta y_x$；

(4) $\Delta\left(\dfrac{y_x}{z_x}\right) = \dfrac{z_x \cdot \Delta y_x - y_x \cdot \Delta z_x}{z_{x+1} \cdot z_x}$.

这里仅对商的差分法则给出推导，其余的请读者自行推演.

$$\begin{aligned}\Delta\left(\frac{y_x}{z_x}\right) &= \frac{y_{x+1}}{z_{x+1}} - \frac{y_x}{z_x} = \frac{y_{x+1} \cdot z_x - y_x \cdot z_{x+1}}{z_{x+1} \cdot z_x}\\ &= \frac{(y_{x+1} - y_x) \cdot z_x + y_x \cdot z_x - y_x \cdot (z_{x+1} - z_x) - y_x \cdot z_x}{z_{x+1} \cdot z_x}\\ &= \frac{\Delta y_x \cdot z_x - y_x \cdot \Delta z_x}{z_{x+1} \cdot z_x} = \frac{z_x \cdot \Delta y_x - y_x \cdot \Delta z_x}{z_{x+1} \cdot z_x}.\end{aligned}$$

例 1　设 $y_x = 2x^3 - 1$，求 Δy_x，$\Delta^2 y_x$，$\Delta^3 y_x$.

解　利用差分的定义与差分运算法则，

$$\begin{aligned}\Delta y_x &= \Delta(2x^3 - 1) = 2\Delta(x^3) - \Delta(1)\\ &= 2\left[(x+1)^3 - x^3\right] - 0 = 6x^2 + 6x + 2,\\ \Delta^2 y_x &= \Delta(\Delta y) = \Delta(6x^2 + 6x + 2)\\ &= 6\left[(x+1)^2 - x^2)\right] + 6\left[(x+1) - x\right] + 0 = 12x + 12,\end{aligned}$$

$$\Delta^3 y_x = \Delta(\Delta^2 y) = \Delta(12x+12) = 12.$$

例 2　设 $y_x = \lambda^x$，求 $\Delta^n y_x$ 与 y_{x+n}.

解　因为

$$\Delta\lambda^x = \lambda^{x+1} - \lambda^x = (\lambda-1)\lambda^x,$$

$$\Delta^2\lambda^x = \Delta[(\lambda-1)\lambda^x] = (\lambda-1)\Delta\lambda^x = (\lambda-1)^2\lambda^x,$$

由数学归纳法

$$\Delta^n\lambda^x = \Delta(\Delta\lambda^x) = (\lambda-1)^{n-1}\Delta\lambda^x = (\lambda-1)^n\lambda^x;$$

$$y_{x+n} = \lambda^{x+n} = \lambda^n\lambda^x = \lambda^n y_x.$$

例 3　设 $y_x = x^3\cdot 2^x$，求 Δy_x.

解　利用乘积的差分运算法则，

$$\begin{aligned}\Delta y_x &= 2^{x+1}\cdot\Delta(x^3) + x^3\cdot\Delta(2^x)\\ &= 2(3x^2+3x+1)2^x + x^3(2-1)2^x\\ &= (x^3+6x^2+6x+2)2^x.\end{aligned}$$

二、差分方程

含有未知函数 $y_x = f(x)$ 的差分的方程称为差分方程.差分方程的一般形式为

$$F(x, y_x, \Delta y_x, \Delta^2 y_x, \cdots, \Delta^n y_x) = 0 \tag{3}$$

或

$$G(x, y_x, y_{x+1}, y_{x+2}, \cdots, y_{x+n}) = 0. \tag{3$'$}$$

差分方程中所含有未知函数 $y_x = f(x)$ 的差分的最高阶数称为差分方程的阶，例如

$$\Delta^3 y_x - 2x(\Delta y_x)^2 + x^3 y_x = \mathrm{e}^x$$

是三阶差分方程，

$$y_{x+2} - 4y_{x+1} + 3y_x = 3^x$$

是二阶差分方程.

差分方程的不同形式(3)与(3′)是可以相互转化的，如

$$y_{x+2} - 4y_{x+1} + 3y_x = 3^x \quad\Leftrightarrow\quad \Delta^2 y_x - 2\Delta y_x = 3^x.$$

满足差分方程的函数称为差分方程的**解**，含有与差分方程阶数相同个独立的任意常数的解称为差分方程的**通解**，确定通解中任意常数的条件称为**定解条件**(亦称为**初始条件**)，不含任意常数(满足定解条件)的解，称为差分方程(满足定解条件)的特解.

如果差分方程中所含未知函数以及未知函数的差分都是一次的，则称该差分方程为**线性差分方程**.线性差分方程的一般形式为

$$\Delta^n y_x + \alpha_1(x)\Delta^{n-1} y_x + \cdots + \alpha_{n-1}(x)\Delta y_x + \alpha_n(x) y_x = \beta(x) \tag{4}$$

或

$$y_{x+n} + \alpha_1(x) y_{x+n-1} + \cdots + \alpha_{n-1}(x) y_{x+1} + \alpha_n(x) y_x = \beta(x). \tag{4$'$}$$

线性差分方程也具有通常线性方程所具有的一般性质，如线性方程的解结构(齐次方程解的线性组合是齐次方程的解、齐次方程解与非齐次方程解之和是非齐次方程的解)等.

例 4　将差分方程 $y_{x+2}-4y_{x+1}+3y_x=3^x$ 与 $\Delta^2 y_x-2\Delta y_x=3^x$ 相互转化.

解　(1)将 $y_{x+2}-4y_{x+1}+3y_x=3^x$ 化为 $\Delta^2 y_x-2\Delta y_x=3^x$.

$$\begin{aligned}y_{x+2}-4y_{x+1}+3y_x&=y_{x+2}-2y_{x+1}+y_x-2y_{x+1}+2y_x\\&=\Delta^2 y_x-2\Delta y_x=3^x.\end{aligned}$$

(2) $\Delta^2 y_x-2\Delta y_x=3^x$ 化为 $y_{x+2}-4y_{x+1}+3y_x=3^x$.

$$\begin{aligned}\Delta^2 y_x-2\Delta y_x&=(y_{x+2}-2y_{x+1}+y_x)-2(y_{x+1}-y_x)\\&=y_{x+2}-4y_{x+1}+3y_x=3^x.\end{aligned}$$

三、一阶线性常系数差分方程

一阶线性常系数差分方程的一般形式为

$$\Delta y_x+py_x=f(x), \tag{5}$$

其中，$p\neq 1$ 为常数，$f(x)$ 为已知函数.方程(5)亦可表示为

$$y_{x+1}-qy_x=f(x). \tag{5'}$$

其中，$q=1-p\neq 0$ 为常数.当 $f(x)\neq 0$ 时，方程(5)或(5′)称为**一阶线性常系数非齐次差分方程**.当 $f(x)=0$ 时，方程变为

$$\Delta y_x+py_x=0 \tag{6}$$

或

$$y_{x+1}-qy_x=0. \tag{6'}$$

方程(6)或(6′)称为对应于(5)或(5′)的**一阶线性常系数齐次差分方程**.

下面以方程(5′)与(6′)的形式来讨论一阶线性常系数差分方程解的方法.

1. 一阶线性常系数齐次差分方程

利用例 2 的结果，令 $y_x=\lambda^x,\lambda\neq 0$，代入方程 $y_{x+1}-qy_x=0$，得

$$y_{x+1}-qy_x=(\lambda-q)\lambda^x=0.$$

因为 $\lambda^x\neq 0$，所以 $(\lambda-q)\lambda^x=0$ 等价于

$$\lambda-q=0. \tag{7}$$

方程(7)称为方程(6′)的**特征方程**，方程(7)的根 $\lambda=q$ 称为**特征根**或**特征值**.与线性常系数齐次微分方程一样，方程 $y_{x+1}-qy_x=0$ 的通解为

$$Y_x=Cq^x, \tag{8}$$

其中 C 是任意常数.

例 5　求差分方程 $\Delta y_x-4y_x=0$ 的通解.

解 将方程 $\Delta y_x - 4y_x = 0$ 化为 $y_{x+1} - 5y_x = 0$，则特征方程为 $\lambda - 5 = 0$，所以特征值 $\lambda = 5$.于是，差分方程的通解为 $Y_x = C5^x$.

例 6 求差分方程 $y_{x+1} + y_x = 0$ 满足 $y_0 = 2$ 的解.

解 因为特征方程为 $\lambda + 1 = 0$，故特征值 $\lambda = -1$，于是方程的通解为 $Y_x = C(-1)^x$.将 $y_0 = 2$ 代入通解，得 $C = 2$.因此，所求解为 $y_x = 2(-1)^x$.

2. 一阶线性常系数非齐次差分方程

由线性方程解的性质知，线性非齐次方程的通解是由对应的齐次方程的通解与非齐次方程的特解之和构成的.下面仅对特殊形式的非齐次项 $f(x) = P_n(x)\mu^x$ 讨论一阶线性常系数差分方程

$$y_{x+1} - qy_x = P_n(x)\mu^x \tag{9}$$

的特解形式与求法.

由于方程的非齐次项是由多项式 $P_n(x)$ 与指数函数 μ^x 的乘积构成，由差分运算知方程(9)的特解应具有形式：$y_x^* = Q_m(x)\mu^x$，其中 $Q_m(x) = a_0x^m + a_1x^{m-1} + \cdots + a_{m-1}x + a_m$ 是 m 次待定系数多项式.将 $y_x^* = Q_m(x)\mu^x$ 代入方程(9)，得

$$\begin{aligned} y_{x+1}^* - qy_x^* &= [\mu Q_m(x+1) - qQ_m(x)]\mu^x \\ &= \{a_0(\mu - q)x^m + [ma_0\mu + a_1(\mu - q)]x^{m-1} + \cdots + a_m(\mu - q)\}\mu^x \\ &= P_n(x)\mu^x, \end{aligned}$$

即

$$a_0(\mu - q)x^m + [ma_0\mu + a_1(\mu - q)]x^{m-1} + \cdots + a_m(\mu - q) = P_n(x). \tag{10}$$

若 μ 不是特征值（$\mu \neq q$），则 $m = n$；若 μ 是特征值（$\mu = q$），则 $m = n+1$，$a_m = 0$.即特解形式为

$$y_x^* = x^kQ_n(x)\mu^x, \tag{11}$$

其中，$k = \begin{cases} 0, \mu \neq q, \\ 1, \mu = q, \end{cases}$ $Q_n(x)$ 是与 $P_n(x)$ 同次的待定系数多项式.

例 7 求差分方程 $y_{x+1} - 2y_x = 3x^2$ 的通解.

解 先解齐次方程的通解.因为对应的齐次方程的特征方程为 $\lambda - 2 = 0$，故特征值为 $\lambda = 2$，所以齐次方程的通解为

$$Y_x = C2^x.$$

再求非齐次方程的特解.因为 $\mu = 1$ 不是特征值，特解的形式为

$$y_x^* = ax^2 + bx + c,$$

代入非齐次方程 $y_{x+1} - 2y_x = 3x^2$，得

$$y_{x+1}^* - 2y_x^* = a(x^2+2x+1)+b(x+1)+c-2(ax^2+bx+c)$$
$$= -ax^2+(2a-b)x+a+b-c = 3x^2,$$

比较等式两端系数，得 $a=-3$，$b=-6$，$c=-9$，所以非齐次方程的特解为

$$y_x^* = -3x^2-6x-9.$$

综上所述，差分方程 $y_{x+1}-2y_x=3x^2$ 的通解为

$$y_x = C2^x - 3x^2-6x-9.$$

例 8 求差分方程 $y_{x+1}+y_x = x2^x$ 的通解.

解 因为对应的齐次方程的特征方程为 $\lambda+1=0$，故特征值为 $\lambda=-1$，齐次的通解为 $Y_x = C(-1)^x$.又因为 $\mu=2$ 不是特征值，故非齐次方程特解的形式为 $y_x^*=(ax+b)2^x$，代入方程 $y_{x+1}+y_x=x2^x$，得

$$y_{x+1}^*+y_x^* = [2(ax+a+b)+ax+b]2^x = (3ax+2a+3b)2^x = x2^x.$$

比较等式两端系数，得 $a=\frac{1}{3}$，$b=-\frac{2}{9}$，所以非齐次方程的特解为

$$y_x = C(-1)^x + \frac{3x-2}{9}2^x.$$

例 9 求差分方程 $y_{t+1}-y_t = t+1$ 满足 $y_0=1$ 的特解.

解 因为特征方程 $\lambda-1=0$，所以特征值 $\lambda=1$.所以齐次方程的通解

$$Y_t = C,$$

又因为 $\mu=1$ 是单特征值，所以非齐次方程特解的形式为 $y_t^*=at^2+bt$，代入原方程得

$$y_{t+1}^*-y_t^* = 2at+a+b = t+1,$$

比较等式两端系数，得 $a=\frac{1}{2}$，$b=-\frac{1}{2}$，所以非齐次方程的特解为

$$y_t^* = \frac{1}{2}t^2-\frac{1}{2}t,$$

进而方程的通解为

$$y_t = \frac{1}{2}t^2-\frac{1}{2}t+C.$$

最后，将 $y_0=1$ 代入通解，解得 $C=1$.所以所求通解为

$$y_t = \frac{1}{2}t^2-\frac{1}{2}t+1.$$

3. 二阶线性常系数差分方程简介

二阶线性常系数差分方程形如

$$y_{x+2}+py_{x+1}+qy_x = f(x), \tag{12}$$

其中，p，q 是常数，$f(x)$ 是已知函数，非齐次方程(12)对应的齐次方程为

$$y_{x+2}+py_{x+1}+qy_x = 0. \tag{13}$$

我们称

$$\lambda^2 + p\lambda + q = 0. \tag{14}$$

为齐次方程(13)的特征方程.与二阶线性常系数齐次微分方程一样，若特征方程(14)有两个相异实根 $\lambda_1 \neq \lambda_2 \in \mathrm{R}$ ，则齐次方程(13)有通解

$$y_x = C_1\lambda_1^x + C_2\lambda_2^x;$$

若特征方程(14)有两个相同实根 $\lambda_1 = \lambda_2 \in \mathrm{R}$ ，则齐次方程(13)有通解

$$y_x = (C_1 + C_2x)\lambda^x;$$

若特征方程(14)有一对共轭复根 $\lambda_1 = \overline{\lambda}_2 = r\mathrm{e}^{\pm\theta\mathrm{i}} \in \mathbf{C}$ ，则齐次方程(13)有通解

$$y_x = r^x(C_1\cos\theta x + C_2\sin\theta x).$$

若非齐次项 $f(x) = P_n(x)\mu^x$ ，则非齐次方程(12)的特解形式

$$y_x^* = x^k Q_n(x)\mu^x, \tag{15}$$

其中，k 是 μ 作为特征方程(14)的根的重数，$Q_n(x)$ 是与 $P_n(x)$ 同次的待定系数多项式.

例 10 求下列差分方程的通解

(1) $y_{x+2} - y_{x+1} - 6y_x = 0$;

(2) $y_{x+2} - 4y_{x+1} + 4y_x = 0$;

(3) $y_{x+2} - 4y_{x+1} + 16y_x = 0$.

解 (1)因为特征方程 $\lambda^2 - \lambda - 6 = (\lambda-3)(\lambda+2) = 0$ ，所以特征值 $\lambda_1 = 3$ ，$\lambda_2 = -2$ ，所以差分方程 $y_{x+2} - y_{x+1} - 6y_x$ 的通解为

$$y_x = C_1 3^x + C_2(-2)^x;$$

(2)因为特征方程 $\lambda^2 - 4\lambda + 4 = (\lambda-2)^2 = 0$ ，所以特征值 $\lambda_1 = \lambda_2 = 2$ ，所以差分方程 $y_{x+2} - 4y_{x+1} + 4y_x = 0$ 的通解为

$$y_x = (C_1 + C_2x)2^x;$$

(3)因为特征方程 $\lambda^2 - 4\lambda + 16 = (\lambda-2)^2 + (2\sqrt{3})^2 = 0$ ，所以特征值 $\lambda_1 = \overline{\lambda}_2 = 4\mathrm{e}^{\pm\frac{\pi}{3}\mathrm{i}}$ ，所以差分方程 $y_{x+2} - 4y_{x+1} + 16y_x = 0$ 的通解为

$$y_x = 4^x\left(C_1\cos\frac{\pi}{3}x + C_2\sin\frac{\pi}{3}x\right).$$

例 11 求差分方程 $y_{x+2} - y_{x+1} - 6y_x = (2x+1)3^x$ 的通解.

解 由例 10 知，$y_{x+2} - y_{x+1} - 6y_x = (2x+1)3^x$ 对应的齐次方程 $y_{x+2} - y_{x+1} - 6y_x = 0$ 的通解为 $y_x = C_1 3^x + C_2(-2)^x$.又 $\mu = 3$ 是单特征值，所以非齐次方程的特解形式为

$$y_x^* = (ax^2 + bx)3^x.$$

将 y_x^* 代入原方程得

$$y_{x+2}^* - y_{x+1}^* - 6y_x^* = (30ax + 33a + 16b)3^x = (2x+1)3^x,$$

解得 $a=\dfrac{1}{15}$，$b=-\dfrac{2}{25}$.所以原方程的通解为

$$y_x=\left(\frac{1}{15}x^2-\frac{2}{25}x+C_1\right)3^x+C_2(-2)^x.$$

习题 9-6

1. 求下列函数的一阶差分与二阶差分.

(1) $y_x=3x^2-2x+1$；　(2) $y_x=\mathrm{e}^x$；

(3) $y_x=\ln x$；　(4) $y_x=x\cdot 3^x$.

2. 证明下列差分运算法则.

(1) $\Delta(ay_x+bz_x)=a\Delta y_x+b\Delta z_x$；

(2) $\Delta(y_x\cdot z_x)=z_{x+1}\cdot\Delta y_x+y_x\cdot\Delta z_x$.

3. 转换下列差分方程的形式.

(1) $\Delta y_x=2^x$；　(2) $\Delta^2 y_x-3\Delta y_x-2y_x=x^2-1$.

4. 求下列一阶差分方程的通解.

(1) $2y_{x+1}-3y_x=0$；　(2) $y_{x+1}+y_x=0$；

(3) $y_{x+1}-3y_x=5$；　(4) $y_{x+1}+4y_x=2x^2+x+1$；

(5) $y_{x+1}+3y_x=2^x$；　(6) $y_{x+1}-y_x=x\mathrm{e}^x$.

5. 求下列一阶差分方程的特解.

(1) $2y_{x+1}+5y_x=0$，$y_0=3$；

(2) $y_{x+1}-2y_x=3^x$，$y_0=0$；

(3) $y_{x+1}+4y_x=2x^2+x-1$，$y_0=1$.

6. 求下列二阶差分方程的通解.

(1) $y_{x+2}-5y_{x+1}+6y_x=0$；　(2) $y_{x+2}+10y_{x+1}+25y_x=0$；

(3) $y_{x+2}-4y_{x+1}+13y_x=0$；　(4) $y_{x+2}+3y_{x+1}-4y_x=x$；

(5) $y_{x+2}-3y_{x+1}+2y_x=3\cdot 5^x$；　(6) $\Delta^2 y_x-3\Delta y_x=1$.

7. 求下列二阶差分方程的特解.

(1) $y_{x+2}-2y_{x+1}+2y_x=0$，$y_0=2$，$y_1=2$；

(2) $y_{x+2}+y_{x+1}-2y_x=12$，$y_0=0$，$y_1=0$.

第七节　微分方程、差分方程在经济学中的应用

微分方程、差分方程在经济学、管理学第学科中具有广泛的应用，本节通过例题介绍部分简单应用.

例 1　某商品的需求量 Q（千克）关于价格 P（元）的弹性为 $-P\ln 3$，若该商品的最大需求量为 1200 千克，(1)求需求量 Q 与价格 P 的函数关系；(2)求价格 $P=1$ 时，市场对

该商品的需求量；(3)讨论当 $P \to +\infty$ 时，Q 的变化趋势.

解 (1)由题设知

$$\frac{P}{Q}\frac{\mathrm{d}Q}{\mathrm{d}P} = -P\ln 3,$$

即

$$\frac{\mathrm{d}Q}{Q} = -\ln 3\mathrm{d}P,$$

两端积分得

$$Q(P) = C\mathrm{e}^{-P\ln 3},$$

由 $Q|_{P=0} = 1200$，得 $C = 1200$，所以需求量 Q 与价格 P 的函数关系为

$$Q(P) = 1200\mathrm{e}^{-P\ln 3}.$$

(2)价格 $P=1$ 时，需求量为 $Q(1) = 1200\mathrm{e}^{-\ln 3} = 400$（千克）.

(3)因为

$$\lim_{P\to+\infty} Q(P) = \lim_{P\to+\infty} 1200\mathrm{e}^{-P\ln 3} = 0,$$

所以当价格 P 趋于无穷时，需求量 Q 趋于 0 .

例 2 某林区实行封山育林，现有木材 10 万立方米，若木材在时刻 t 的变化率与木材数量成正比，且经过 10 年林区的木材量可以达到 20 万立方米，规定要求林区木材量达到 40 万立方米时才能采伐，问要多少年后方能采伐?

解 设 t 以年为单位，t 时刻林区的木材量为 $P(t)$ 万立方米，由题设知

$$\frac{\mathrm{d}P}{\mathrm{d}t} = kP \quad (k \text{ 为比例系数}),$$

且 $P|_{t=0} = 10$，$P|_{t=10} = 20$.

可分离变量的一阶微分方程 $\frac{\mathrm{d}p}{\mathrm{d}t} = kP$ 的通解为

$$P = C\mathrm{e}^{kt},$$

将 $P|_{t=0} = 10$ 代入，解得 $C = 10$，即 $P(t) = 10\mathrm{e}^{kt}$.再将 $P|_{t=10} = 20$ 代入 $P(t) = 10\mathrm{e}^{kt}$，解得 $k = 0.1\ln 2$，即林区木材量 P 关于时刻 t 的函数为

$$P = 10 \cdot 2^{0.1t}.$$

将 $P = 40$ 代入上式，解得 $t = 20$，故要 40 年后才能采伐木材.

例 3 在宏观经济研究中发现，某地区的国民收入 y 、国民储蓄 S 和投资 I 都是时间 t 的函数.在 t 时刻，储蓄额 $S(t)$ 是国民收入 $y(t)$ 的 $\frac{1}{10}$ 倍，投资额 $I(t)$ 是国民收入增长率的 $\frac{1}{3}$ 倍.若 $t = 0$ 时，国民收入为 5（亿元），且储蓄额全部用于投资，试求国民收入函数.

解 由题设知

$$y(t)=10S(t)\,,\qquad \frac{\mathrm{d}y}{\mathrm{d}t}=3I(t)\,,\qquad y\big|_{t=0}=5\,.$$

由于储蓄额全部用于投资，即 $S(t)=I(t)$，故

$$\frac{\mathrm{d}y}{\mathrm{d}t}=\frac{3}{10}y\,,$$

由此解得

$$y=C\mathrm{e}^{\frac{3}{10}t}\,,$$

将 $y\big|_{t=0}=5$ 代入上式，得 $C=5$.所以国民收入函数为

$$y=5\mathrm{e}^{\frac{3}{10}t}\,.$$

例 4(复利差分模型)　设 S_t 为 t 年年末存款总额，r 为年利率，且初始存款为 S_0，求 t 年年末的本利之和.

解　由题设知 S_t 满足差分方程 $S_{t+1}=S_t+rS_t=(1+r)S_t$，即

$$S_{t+1}-(1+r)S_t=0\,,$$

其特征方程为

$$\lambda-(1+r)=0\,,$$

所以特征根为 $\lambda=1+r$，于是差分方程的通解为

$$S_t=C(1+r)^t\,.$$

将初始值 S_0 代入，得 $C=S_0$.因此，t 年年末的本利之和为

$$S_t=S_0(1+r)^t\,.$$

例 5(消费差分模型)　设 y_t 是 t 期国民收入，C_t 是 t 期消费，I_t 是 t 期投资，它们满足关系

$$\begin{cases}C_t=\alpha y_t+a\,,\\ I_t=\beta y_t+b\,,\\ y_t-y_{t-1}=\theta(y_{t-1}-C_{t-1}-I_{t-1})\,,\end{cases}$$

其中 α，β，a，b 和 θ 都是常数，$0<\alpha<1$，$0<\beta<1$，$0<a+b<1$，$a\geqslant 0$，$b\geqslant 0$.若基期的国民收入 y_0 已知，试求国民收入函数 y_t.

解　将 $C_t=\alpha y_t+a$，$I_t=\beta y_t+b$ 代入方程 $y_t-y_{t-1}=\theta(y_{t-1}-C_{t-1}-I_{t-1})$，得差分方程

$$y_t-[1+\theta(1-\alpha-\beta)]y_{t-1}=-\theta(a+b)\,.$$

由上述差分方程对应的齐次方程的特征方程为

$$\lambda-[1+\theta(1-\alpha-\beta)]=0\,,$$

故特征值 $\lambda=1+\theta(1-\alpha-\beta)$，齐次方程的通解为

$$Y_t=C[1+\theta(1-\alpha-\beta)]^t\,.$$

因为 $\mu=1$ 不是特征值，所以非齐次方程特解的形式为

$$y_t^* = a_0 .$$

将 $y_t^* = a_0$ 代入差分方程 $y_t - [1+\theta(1-\alpha-\beta)]y_{t-1} = -\theta(a+b)$，解得

$$y_t^* = a_0 = \frac{a+b}{1-\alpha-\beta},$$

所以原方程的通解为

$$y_t = C[1+\theta(1-\alpha-\beta)]^t + \frac{a+b}{1-\alpha-\beta}.$$

将初值 y_0 代入方程的通解，得 $C = y_0 - \dfrac{a+b}{1-\alpha-\beta}$.于是，国民收入函数 y_t 为

$$y_t = \left(y_0 - \frac{a+b}{1-\alpha-\beta}\right)[1+\theta(1-\alpha-\beta)]^t + \frac{a+b}{1-\alpha-\beta}.$$

例 6(加速数差分方程)　设 y_t 是 t 期国民收入，C_t 是 t 期消费，I_t 是 t 期投资，G 是政府支出(各期相同)，萨缪尔森(Paul A Samuelson，诺贝尔经济学奖获得者)建立了经济学模型

$$\begin{cases} y_t = C_t + I_t + G, \\ C_t = \alpha y_{t-1} (0<\alpha<1), \\ I_t = \beta(C_t - C_{t-1})(0<\beta), \end{cases}$$

其中，α 是边际消费倾向(常数且 $\alpha \neq 1$)，β 是加速数(常数)，试求国民收入函数 y_t.

解　将 $I_t = \beta(C_t - C_{t-1})$，$C_t = \alpha y_{t-1}$ 代入方程 $y_t = C_t + I_t + G$，得二阶线性常系数非齐次差分方程

$$y_{t+2} - \alpha(1+\beta)y_{t+1} + \alpha\beta y_t = G .$$

其对应的齐次差分方程为

$$y_{t+2} - \alpha(1+\beta)y_{t+1} + \alpha\beta y_t = 0 .$$

齐次差分方程的特征方程为

$$\lambda^2 - \alpha(1+\beta)\lambda + \alpha\beta = 0 .$$

特征方程的判别式为

$$\Delta = \alpha^2(1+\beta)^2 - 4\alpha\beta .$$

(1)若 $\Delta > 0$，则特征方程有两个互异的实根

$$\lambda_1 = \frac{\alpha(1+\beta)+\sqrt{\Delta}}{2},\quad \lambda_2 = \frac{\alpha(1+\beta)-\sqrt{\Delta}}{2},$$

于是，齐次方程有通解

$$Y_t = C_1\lambda_1^t + C_2\lambda_2^t ;$$

(2)若 $\Delta = 0$，则特征方程有两个相同的实根

$$\lambda_1 = \lambda_2 = \frac{\alpha(1+\beta)}{2},$$

于是，齐次方程有通解

$$Y_t=(C_1+C_2t)\lambda_1^t.$$

(3)若$\Delta<0$，则特征方程有一对共轭复根

$$\lambda_{1,2}=\frac{\alpha(1+\beta)\pm\mathrm{i}\sqrt{-\Delta}}{2}=r\mathrm{e}^{\pm\theta\mathrm{i}},$$

其中$r=\sqrt{\alpha\beta}$，$\theta=\arctan\dfrac{\sqrt{-\Delta}}{\alpha(1+\beta)}\in(0,\pi)$.于是，齐次方程有通解

$$Y_t=r^t(C_1\cos\theta t+C_2\sin\theta t).$$

由于$\alpha\neq1$，G为常数，故$\mu=1$不是特征值，进而非齐次方程的特解形式为

$$y_t^*=a,$$

将$y_t^*=a$代入非齐次差分方程$y_{t+2}-\alpha(1+\beta)y_{t+1}+\alpha\beta y_t=G$，得

$$a=\frac{G}{1-\alpha},$$

即非齐次差分方程的特解为

$$y_t^*=\frac{G}{1-\alpha}.$$

综上所述，差分方程$y_{t+2}-\alpha(1+\beta)y_{t+1}+\alpha\beta y_t=G$的通解为

$$y_t=Y_t+y_t^*=\begin{cases}C_1\lambda_1^t+C_2\lambda_2^t+\dfrac{G}{1-\alpha}, & \Delta>0,\\ (C_1+C_2t)\lambda_1^t+\dfrac{G}{1-\alpha}, & \Delta=0,\\ r^t(C_1\cos\theta t+C_2\sin\theta t)+\dfrac{G}{1-\alpha}, & \Delta<0.\end{cases}$$

习题 9-7

1. 已知某商品的需求价格弹性为$\dfrac{EQ}{EP}=-P(\ln P+1)$，且当$P=1$时，需求量$Q=1$.

(1)求商品对价格的需求函数；

(2)当$P\to+\infty$时，需求是否趋于稳定?

2. 某银行账户，以连续复利方式计息，年利率为5%，希望连续20年以每年12000元的速度用该账户支付养老金.若t以年为单位，写出余额$B=f(t)$所满足的微分方程，且问初始存入的金额B_0为多少时，才能使20年后账户中的余额精确地减至0.

3. 已知某地区在一个已知的时期内国民收入的增长率为$\dfrac{1}{10}$，国民债务的增长率为国民收入的$\dfrac{1}{20}$.若$t=0$时，国民收入为5亿元，国民债务为0.1亿元，试分别求出国民收入与国民债务关于时间的函数.

4. 某汽车公司的小汽车运行成本 y 与小汽车转卖值 S 都是时间 t 的函数，若已知 $\dfrac{\mathrm{d}y}{\mathrm{d}t}=\dfrac{2}{S}$，$\dfrac{\mathrm{d}S}{\mathrm{d}t}=-\dfrac{S}{3}$，且 $t=0$ 时，$y=0$，$S=4.5$(万元/辆)，试求小汽车的运行成本与转卖值关于时间的函数.

5. 设 y_t 是 t 期国民收入，C_t 是 t 期消费，I 是投资(各期相同)，若三者关系如下:

$$\begin{cases} y_t=C_t+I, \\ C_t=\alpha y_{t-1}+\beta, \\ y_t\big|_{t=0}=y_0, \end{cases}$$

其中，$0<\alpha<1$，$0<\beta$，试求 y_t 与 C_t.

6. 设某商品在 t 时期的供给量为 S_t 与需求量 D_t 都是这一时期该商品的价格 P_t 的函数，已知 $S_t=3P_t-2$，$D_t=-5P_t+4$，且在 t 时期的价格 P_t 由 $t-1$ 时期的价格 P_{t-1} 及供给量与需求量之差 $S_{t-1}-D_{t-1}$ 按关系 $\Delta P_t=-\dfrac{S_{t-1}-D_{t-1}}{16}$ 确定，试求商品价格随时间变化的规律.

7. 设某商品的供需方程为

$$\begin{cases} S_t=-\Delta P_{t-1}+3P_{t-1}+12, \\ D_t=-4P_t+40, \end{cases}$$

该商品的计量单位为箱.若 P_{t-1} 与 P_{t-2} 分别为 $t-1$ 期与 $t-2$ 期的价格(百元/箱)，供给方在 t 期售价为 $P_{t-1}-\dfrac{\Delta P_{t-1}}{3}$，需求方以价格 P_t 就可使该商品在 t 期售完，已知 $P_0=4$，$P_1=\dfrac{13}{4}$，试求 P_t 的表达式.

总 习 题 九

(A)

1. 求下列微分方程的通解.

(1) $(xy^2+x)\mathrm{d}x+(y-x^2y)\mathrm{d}y=0$；

(2) $(\mathrm{e}^{x+y}-\mathrm{e}^x)\mathrm{d}x+(\mathrm{e}^{x+y}+\mathrm{e}^y)\mathrm{d}y=0$；

(3) $(1+2\mathrm{e}^{\frac{x}{y}})\mathrm{d}x+\dfrac{2(y-x)}{y}\mathrm{e}^{\frac{x}{y}}\mathrm{d}y=0$；

(4) $\dfrac{\mathrm{d}y}{\mathrm{d}x}=-\dfrac{4x+3y}{x+y}$；

(5) $xy'\ln x+y=x(\ln x+1)$；

(6) $xy'+2y=3x^3y^{\frac{4}{3}}$.

2. 求下列微分方程的特解.

(1) $\cos y\,\mathrm{d}x+(1+\mathrm{e}^{-x})\sin y\,\mathrm{d}y=0$，$y\big|_{x=0}=\dfrac{\pi}{4}$；

(2) $(x^2+2xy-y^2)\mathrm{d}x+(y^2+2xy-x^2)\mathrm{d}y=0$，$y\big|_{x=1}=1$；

(3) $xy'+(1-x)y=\mathrm{e}^{2x}(x>0)$，$\lim\limits_{x\to0^+}y(x)=1$.

3. 若曲线 $y=f(x)$ ($f(x)\geqslant0$) 以 $[0,x]$ 为底围成的曲边梯形，其面积与纵坐标 y 的 4

次幂成正比，已知 $f(0)=0$，$f(1)=1$，求此曲线方程.

4. 设某商品的需求量 D 和供给量 S 对价格 P 的函数为 $D(P)=\dfrac{a}{P^2}$ 和 $S(P)=bP$，且 P 是时间 t 的函数，并满足 $\dfrac{\mathrm{d}P}{\mathrm{d}t}=k[D(P)-S(P)]$，其中 a，b，k 均为常数.求

(1)需求量与供给量相等时的均衡价格 P_{e}；

(2)当 $P(0)=1$ 时的价格函数 $P(t)$；

(3) $\lim\limits_{t\to+\infty}P(t)$.

5. 求下列微分方程的通解.

(1) $y''=\dfrac{1+y'}{2y}$；　　(2) $x^2y''=(y')^2+2xy'$.

6. 求下列微分方程的特解.

(1) $y''-3y'-4y=0$，$y|_{x=0}=0$，$y'|_{x=0}=-5$；

(2) $y''-4y'+13y=0$，$y|_{x=0}=0$，$y'|_{x=0}=3$.

7. 求下列微分方程的通解

(1) $2y''+5y'=5x^2-2x-1$；　　(2) $y''+3y'+2y=3x\mathrm{e}^{-x}$；

(3) $y''-2y'+5y=\mathrm{e}^x+5$；　　(4) $y''-y'=\sin^2x$.

8. 求微分方程 $y''-2y'+y=(x-1)\mathrm{e}^x$ 满足条件 $y(1)=y'(1)=1$ 的解.

9. 求以 $(x+C)^2+y^2=1$ 为通解的一阶微分方程，其中 C 为任意常数.

10. 设微分方程 $y''+py'+qy=f(x)$ 有三个解：$y_1=x$，$y_2=x-\mathrm{e}^x$，$y_3=x+2\mathrm{e}^{-2x}$，其中 p，q 为常数.求

(1)微分方程 $y''+py'+qy=f(x)$ 的通解；

(2) p，q 与 $f(x)$，并写出微分方程.

11. 求差分方程 $y_{x+1}+3y_x=x\mathrm{e}^x$ 的通解.

12. 求差分方程 $y_{x+2}+2y_{x+1}-3y_x=0$ 的通解.

13. 设 $f(x)$ 可微，对任意的 x，y 有

$$f(x+y)=\mathrm{e}^xf(y)+\mathrm{e}^yf(x),$$

且 $f'(0)=\mathrm{e}$，试求 $f(x)$.

(B)

1. 已知一阶线性微分方程 $y'+P(x)y=\mathrm{e}^x$ 有特解 $y=x\mathrm{e}^x$，试求方程的通解.

2. 设 $f(x)$ 是可微函数，求解方程：$f(x)=\mathrm{e}^x+\mathrm{e}^x\int_0^x f^2(t)\mathrm{d}t$.

3. 试求 $xy''=y'+x^2$ 经过点 $(1,0)$ 且在此点的切线与直线 $y=3x-2$ 垂直的积分曲线.

4. 设有某种耐用的新商品在某地区进行摊销，最初商家会采取各种宣传活动以打开销路.假设该商品确实受欢迎，则消费者会相互宣传，使购买人数逐渐增加，销售率逐渐增大.但由于该地区潜在消费总量有限，所以当购买者占到潜在消费总量的一定比例时销

售速率又会逐渐下降，且该销售比例越接近于1，销售速率越低，这时商家就应更新商品了.

(1)假设潜在消费者总量为 N，任一时刻 t 已经出售的新商品总量为 $x(t)$，试建立 $x(t)$ 所应满足的微分方程；

(2)假设 $t=0$ 时，$x(t)=x_0$，求出 $x(t)$；

(3)分析 $x(t)$ 的性态，给出商品宣传和生产策略.

部分习题答案与提示

第六章

习题 6-1

1. Ⅷ；$\sqrt{62}$；$\sqrt{58}$；2；$(2,0,-7)$.

2. $(-3,1,-5)$；$(3,1,-5)$；$(3,-1,-5)$.

3. $(0,-4,0)$.

4. (C).

5. (B).

6. (B).

7. $5(x^2+z^2)=3+y^2$；$x^2-3(y^2+z^2)=4$.

8. (A).

9. $y^2-2z^2=10$；z.

10. (1)平行于 y 轴；(2)平行于 yOz 平面；(3)过 z 轴；(4)截距分别为 $\frac{3}{2}$，$\frac{3}{2}$，3.

习题 6-2

1. $\dfrac{2xy}{x^2+y^2}$；$\dfrac{4x(x-y)}{5x^2-2xy+y^2}$.

2. (C).

3. (1) $\{(x,y)|x-y>1, x+2y\geqslant 1\}$；(2) $\{(x,y)|x^2+y^2>1, x^2+y^2\leqslant 4\}$；
   (3) $\{(x,y)|x^2\geqslant y\}$；(4) $\{(x,y)|2k\pi\leqslant x^2+y^2\leqslant(2k+1)\pi, k\in\mathbf{N}_+\}$；
   (5) $\{(x,y)|-x\leqslant y\leqslant x\}$；(6) $\{(x,y,z)|-x^2+y^2+z^2>1\}$.

4. $f(x)=x$，$z(x,y)=x+y-1$.

5. $\dfrac{3x^2-6xy+5y^2-2y}{9}$.

习题 6-3

1. (1)不能；(2)能.

2. (1) 1；(2) e^{-9}；(3) $\ln 2$；(4) -4；(5) e.

4. (1) $x+y=0$；(2) $x^2=2y$；(3) $z=xy$.

5. 连续.

习题 6-4

1. (1) $-\dfrac{2y}{(x-y)^2}, \dfrac{2x}{(x-y)^2}$；(2) $-\dfrac{1}{y}e^{-\frac{x}{y}}, \dfrac{x}{y^2}e^{-\frac{x}{y}}$；(3) $\dfrac{2}{y\sin\dfrac{2x}{y}}, -\dfrac{2x}{y^2\sin\dfrac{2x}{y}}$；

(4) $ye^{xy}\sin y, e^{xy}(x\sin y+\cos y)$；(5) $\dfrac{1}{\sqrt{x^2+y^2}},\dfrac{y}{x\sqrt{x^2+y^2}+x^2+y^2}$；

(6) $\sqrt{y}-\dfrac{y}{3x\sqrt[3]{x}},\dfrac{x}{2\sqrt{y}}+\dfrac{1}{\sqrt[3]{x}}$；(7) $\dfrac{1}{2t}+\dfrac{t}{2v^2},-\dfrac{v}{2t^2}-\dfrac{1}{2v}$；

(8) $-\dfrac{3y^2}{(2x-3y)^2},\dfrac{2x^2}{(2x-3y)^2}$.

2. (1) $\dfrac{1}{y}\cos\dfrac{x}{y}\cos\dfrac{y}{z},-\dfrac{z}{y^2}\cos\dfrac{x}{y}\cos\dfrac{y}{z}-\dfrac{1}{z}\sin\dfrac{x}{y}\sin\dfrac{y}{z},\dfrac{\partial z}{\partial x}=\dfrac{y}{z^2}\sin\dfrac{x}{y}\sin\dfrac{y}{z}$；

(2) $-\dfrac{x}{(x^2+y^2+z^2)^{\frac{3}{2}}},-\dfrac{y}{(x^2+y^2+z^2)^{\frac{3}{2}}},-\dfrac{z}{(x^2+y^2+z^2)^{\frac{3}{2}}}$；

(3) $(3x^2+y^2+z^2)e^{x(x^2+y^2+z^2)},2xye^{x(x^2+y^2+z^2)},2xze^{x(x^2+y^2+z^2)}$；

(4) $y^z x^{y^z-1},zy^{z-1}x^{y^z}\ln x,y^z x^{y^z}\ln x\cdot\ln y$.

3. (1) $3\ln 2, e^2$；(2) $\dfrac{4}{\sqrt{15}},1$；(3) $\dfrac{1}{2},1+\dfrac{\pi}{6}$.

4. (1) $\dfrac{xy^3}{(1-x^2y^2)^{\frac{3}{2}}},\dfrac{1}{(1-x^2y^2)^{\frac{3}{2}}},\dfrac{x^3y}{(1-x^2y^2)^{\frac{3}{2}}}$；

(2) $y(y-1)x^{y-2},x^{y-1}+yx^{y-1}\ln x,x^y\ln^2 x$；

(3) $\dfrac{1}{x^2}y^{\ln x}(\ln y-1)\ln y,\dfrac{1}{x}y^{\ln x-1}(\ln x\ln y+1),y^{\ln x-2}(\ln x-1)\ln x$；

(4) $\dfrac{1}{x},\dfrac{1}{y},-\dfrac{x}{y^2}$.

5. $(1+3xyz+x^2y^2z^2)e^{xyz}$.

8. $f_x(0,0)=f_y(0,0)=0$；不连续.

9. 连续；$f_y(0,0)=0$，$f_x(0,0)$不存在.

习题 6-5

1. (1) $\dfrac{1}{2}(x^2+y^2)$；(2) xy；(3) $\dfrac{\ln y}{x}$；(4) $\sin(x+y)$.

2. (1) $-\dfrac{\sin x}{y^2}dx-\dfrac{2\cos x}{y^3}dy$；(2) $\left[2x\ln(x^2+y^2)+\dfrac{2x^3}{x^2+y^2}\right]dx+\dfrac{2x^2y}{x^2+y^2}dy$；

(3) $\ln\dfrac{y}{z}\cdot dx+\dfrac{x}{y}dy-\dfrac{x}{z}dz$；(4) $\dfrac{2(xdx+ydy+zdz)}{x^2+y^2+z^2}$.

3. (1) dy；(2) $\dfrac{2}{n}(dx_1+dx_2+\cdots+dx_n)$.

4. (1) $-\dfrac{y}{x^2}dx+\dfrac{1}{x}dy$；(2) $-\dfrac{1}{4}dx+\dfrac{1}{2}dy$；(3) $-0.1078,-0.11$.

5. 不可微.

6. 3.14.

7. -0.05.

习题 6-6

1.(1) $e^{3t}(3\sin 2t+2\cos 2t)$；(2) $(e^{\sin t}-2t^3)\cos t-6t^2\sin t$.

2.(1) $3x^2\sin y\cos y(\cos y-\sin y)$, $-2x^3\sin y\cos y(\cos y+\sin y)+x^3(\sin^3 y+\cos^3 y)$；

(2) $2(2x+y)^{2x+y}[\ln(2x+y)+1]$, $(2x+y)^{2x+y}[\ln(2x+y)+1]$.

(3) $2xf_1+ye^{xy}f_2$, $-2yf_1+xe^{xy}f_2$；

(4) yf_1-2f_3, xf_1+f_2, $-f_2+f_3$；

(5) $yf+xf_1-\dfrac{y^2}{x}f_2$, $xf-\dfrac{x^2}{y}f_1+yf_2$.

4. $\dfrac{25000}{3}\pi \text{cm}^3/\text{s}$.

5. $\left(-\dfrac{y^2}{2x^2}+y\varphi'\right)dx+\left(\dfrac{y}{x}+x\varphi'\right)dy$.

7. $\dfrac{e^x-y^2}{2xy-\cos y}$.

8.(1) $\dfrac{yz-x^2}{z^2-xy},\dfrac{xz-y^2}{z^2-xy}$；　(2) $\dfrac{yz-\sqrt{xyz}}{\sqrt{xyz}-xy},\dfrac{xz-2\sqrt{xyz}}{\sqrt{xyz}-xy}$；

(3) $\dfrac{z^2}{2y-3xz},\dfrac{z}{3xz-2y}$；　(4) $\dfrac{f_1}{1-f_2},\dfrac{f_1+f_2}{1-f_2}$.

9.(1) $\dfrac{2xyz^2-2xz^2-z}{2x^2z+2xz^2+x}dx+\dfrac{2xyz^2-z}{2xyz+2yz^2+y}dy$；

(2) $-\dfrac{(1+y+yz)dx+(x^2+xz)dy}{xy}$；

(3) $-\dfrac{(f_1+yf_2+yzf_3)dx+(xf_2+xzf_3)dy}{xyf_3}$.

10.(1) -2；(2) $2\csc 1-2$.

11. $f_1+\dfrac{y}{1+z^4}f_3$.

12.(1) $\dfrac{1}{1+\ln z-\ln y},\dfrac{z}{y(1+\ln z-\ln y)},\dfrac{\ln z-\ln y}{y(1+\ln z-\ln y)^3}$；

(2) $\dfrac{-e^z}{(1+e^z)^3}$；(3) $\dfrac{2y^2ze^z-2xy^3z-y^2z^2e^z}{(e^z-xy)^3}$.

13.(1) $f_1+xyf_{11}+yf_{12}$；(2) $4xyf''$；(3) $f_1+xyf_{11}+(x+y)f_{12}+f_{22}$；

(4) $e^x\cos yf_1+\dfrac{1}{2}e^{2x}\sin 2yf_{11}+2e^x(y\sin y+x\cos y)f_{12}+4xyf_{22}$.

14.(1) $\dfrac{6z^2+4x}{(3z^2-2x)^3}$；(2) $\dfrac{(2-z)^2+x^2}{(2-z)^3}$；(3) $\dfrac{2ye^z}{(1-e^z)^3}$.

15. $f_{11}+2xyf_{12}+yf_2+xy^2zf_{22}$.

16. $\dfrac{y-x}{z-y};\dfrac{x-z}{z-y}$.

习题 6-7

1.(1)极大值 $z=1$；(2)极小值 $z\left(\dfrac{1}{2},-1\right)=-\dfrac{\mathrm{e}}{2}$；(3)极大值 $f(2,-2)=8$.

2.(1)极大值 $z\left(\dfrac{1}{2},\dfrac{1}{2}\right)=\dfrac{1}{4}$；(2)极大值 $u\left(\dfrac{1}{3},-\dfrac{2}{3},\dfrac{2}{3}\right)=3$，极小值 $u\left(-\dfrac{1}{3},\dfrac{2}{3},-\dfrac{2}{3}\right)=-3$.

3. $\dfrac{7\sqrt{2}}{8}$.

4. $\dfrac{2\sqrt{3}}{3}a,\dfrac{2\sqrt{3}}{3}a,\dfrac{\sqrt{3}}{3}a$.

5. $x=8\text{cm},\alpha=\dfrac{\pi}{3}$.

6. 一边为 $\dfrac{2}{3}p$，另一边为 $\dfrac{1}{3}p$.

7. $x_1=6\left(\dfrac{qx}{P\beta}\right)^{\beta},x_2=6\left(\dfrac{P\beta}{qx}\right)^{\alpha}$.

8. 最大值为 $6+4\sqrt{2}$，最小值为 0.

9. $\dfrac{\sqrt{21}}{6}$.

10.(1) $x=1.5,y=1$；(2) $x=0,y=1.5$.

11. $\left(\dfrac{4A}{7}\right)^2,\left(\dfrac{3A}{7}\right)^2,\dfrac{12}{7}A^2$.

12. $y=-\dfrac{177}{35}x+\dfrac{596}{3}$.

总习题六

(A)

1. -1.
2. Ⅷ，$(-1,-2,-3)$.
3. $3x^2+5y^2+5z^2=1$.
4. $[-4,-1]\cup(1,2]$.
5. y.
6. $\mathrm{e}^y f_1+y\mathrm{e}^x f_2$.
7. $\mathrm{d}x+2\mathrm{d}y$.
8. $\mathrm{e}^3(\mathrm{d}x+2\mathrm{d}y+3\mathrm{d}z)$.
9. $-\dfrac{2F_1}{yF_2}$.
10. (B).

11.(C).

12.(B).

13.(C).

14.(A).

(B)

4. $a+ab+ab^2+b^3$.

5. $f_1+\dfrac{g_3h_1-g_1h_2}{g_2h_2}f_2$.

6. $\ln(3\sqrt{3}r^5)$.

7. (2, 3).

第七章

习题 7-1

1.(1) 10；(2) 2；(3) $\dfrac{2}{3}\pi$.

2.(1) $\iint\limits_D (x+y)\mathrm{d}\sigma > \iint\limits_D (x+y)^2\mathrm{d}\sigma$；(2) $\iint\limits_D (x+y)\mathrm{d}\sigma < \iint\limits_D (x+y)^2\mathrm{d}\sigma$.

习题 7-2

1.(1) $\int_0^1 \mathrm{d}x\int_x^1 f(x,y)\mathrm{d}y$；(2) $\int_0^1 \mathrm{d}y\int_{\mathrm{e}^y}^{\mathrm{e}} f(x,y)\mathrm{d}x$；(3) $\int_0^4 \mathrm{d}x\int_{\frac{x}{2}}^{\sqrt{x}} f(x,y)\mathrm{d}y$；

(4) $\int_1^2 \mathrm{d}x\int_{\frac{1}{x}}^{x} f(x,y)\mathrm{d}y$；(5) $\int_0^1 \mathrm{d}y\int_{\sqrt{y}}^{3-2y} f(x,y)\mathrm{d}x$；(6) $\int_0^1 \mathrm{d}y\int_{2-y}^{1+\sqrt{1-y^2}} f(x,y)\mathrm{d}x$；

(7) $\int_0^1 \mathrm{d}y\int_{\frac{y}{2}}^{y} f(x,y)\mathrm{d}x+\int_1^2 \mathrm{d}y\int_{\frac{y}{2}}^{1} f(x,y)\mathrm{d}x$.

2.(1) $\dfrac{8}{3}$；(2) $14a^4$；(3) 0；(4) $\mathrm{e}-\dfrac{1}{\mathrm{e}}$；(5) $\dfrac{5}{6}$；

(6) $\dfrac{1}{24}$；(7) $-\dfrac{3\pi}{2}$；(8) $\dfrac{13}{6}$；(9) $\dfrac{1}{6}(1-\cos1)$；(10) $\dfrac{1}{3}(1-\cos1)$；

(11) $\dfrac{1}{2}$；(12) 4π；(13) $\dfrac{\pi}{2}$；(14) $\dfrac{1}{2}\left(1-\dfrac{1}{\mathrm{e}}\right)$；(15) $\dfrac{58}{27}-\ln3$；(16) $\dfrac{128}{105}$.

3.(1) $\dfrac{1}{3}(\sqrt{2}-1)$；(2) 2；(3) $\dfrac{\mathrm{e}}{2}-1$；(4) $\dfrac{\pi}{4}(\mathrm{e}^4-\mathrm{e})$；(5) $\dfrac{32}{9}$.

4.(1) $\int_0^{\frac{\pi}{2}} \mathrm{d}\theta\int_0^1 r\cdot f(r\cos\theta,r\sin\theta)\mathrm{d}r$；(2) $\int_0^{\frac{\pi}{2}} \mathrm{d}\theta\int_0^{\cos\theta} r\cdot f(r^2)\mathrm{d}r$.

5.(1) $\dfrac{2\pi}{3}(5\sqrt{5}-2\sqrt{2})$；(2) $\pi(\sin1-\cos1)$；(3) $\dfrac{3}{64}\pi^2$；

(4) $\dfrac{4}{3}(\sqrt{2}+\ln(1+\sqrt{2}))$；(5) $\dfrac{\pi}{4}[(1+R^2)\ln(1+R^2)-R^2]$；(6) $\dfrac{20}{9}\sqrt{2}$；

(7) $\dfrac{41}{4}\pi$；(8) $\dfrac{\pi}{4}-\dfrac{1}{2}$.

6. (1) 6π；　(2) $\frac{1}{6}$；　(3) $\frac{32}{3}\pi$；　(4) $\frac{64}{35}\sqrt{2}$.

7. (1) $\frac{3}{2}\pi a^2$；　(2) $\frac{5}{8}\pi a^2$；　(3) $\frac{4}{3}\pi a^2$.

习题 7-3

1. (1) $\sqrt{2}\pi$；　(2) $\frac{1}{6}(5\sqrt{5}-1)\pi$；　(3) $\frac{2}{3}(2\sqrt{2}-1)\pi$；　(4) $2R^2(\pi-2)$.

2. (1) $\left(\frac{4R}{3\pi},\frac{4R}{3\pi}\right)$；　(2) $\left(0,\frac{28}{9\pi}\right)$；　(3) $\left(\frac{3}{5}p,\frac{3\sqrt{2}}{8}p\right)$；　(4) $\left(\frac{7}{6},0\right)$.

总习题七

(A)

1. $(1-x)f(x)$.

2. $\int_{-1}^{0}\mathrm{d}y\int_{-1}^{y}f(x,y)\mathrm{d}x$.

3. $\int_{0}^{1}\mathrm{d}y\int_{1-\sqrt{1-y^2}}^{y}f(x,y)\mathrm{d}x$.

4. $\int_{0}^{4}\mathrm{d}x\int_{\frac{x}{2}}^{2}f(x,y)\mathrm{d}y$.

5. $\int_{0}^{1}\mathrm{d}x\int_{0}^{\sqrt{x}}f(x,y)\mathrm{d}y+\int_{1}^{2}\mathrm{d}x\int_{0}^{2-x}f(x,y)\mathrm{d}y$.

6. 2.

7. $2ab\pi$.

8. (B).

9. (A).

10. (C).

11. (A).

(B)

2. $A\pi$.

3. (1) $\frac{4(\pi+2)}{\pi^3}$；(2) $\frac{R^3}{3}\left(\pi-\frac{4}{3}\right)$；(3) $2-\frac{\pi}{2}$.

4. $\int_{\frac{\pi}{4}}^{\frac{\pi}{3}}\mathrm{d}\theta\int_{0}^{\frac{2}{\cos\theta}}\rho\cdot f(\rho\cos\theta,\rho\sin\theta)\mathrm{d}\rho$.

5. $-\frac{2}{5}$.

6. (1) $xy+\frac{1}{8}$；(2) $\frac{\pi}{4}\left(\frac{1}{a^2}+\frac{1}{b^2}\right)R^4$.

8. $\left(\pi a,\frac{5}{6}a\right)$.

第八章

习题 8-1

1. (1) $\frac{(-1)^{n-1}(n+1)}{n}$； (2) $\frac{(-1)^{n-1}a^{n+1}}{2n+1}$； (3) $n^{(-1)^{n-1}}$； (4) $\frac{2^n x^n}{n^2+1}$.

2. (1) $u_n=\frac{2}{(n+1)(n+2)}$； (2) $u_n=\frac{2}{3^n}$.

3. (1) 收敛；(2) 发散；(3) 收敛；(4) 发散.

5. 8.

6. 0.

7. (1) 发散；(2) 收敛；(3) 发散；(4) 发散.

8. (1) $s_{2n+1}=s_{2n}+u_{2n+1}$；(2) s_n 收敛，则 s_{2n} 、 s_{2n+1} 收敛.反之不然.

习题 8-2

1. (1) 发散；(2) 收敛；(3) 收敛；(4) 发散；(5) 收敛；(6) $0<a\leqslant 1$ 发散，$1<a$ 收敛.

2. (1) 收敛；(2) 收敛；(3) 发散；(4) 收敛；(5) 收敛；(6) 收敛；(7) 发散；(8) 收敛.

3. (1) 发散；(2) 发散；(3) 收敛；(4) 发散；(5) 收敛；(6) 收敛；(7) 发散；(8) 收敛.

4. $a<b$ 发散，$a>b$ 收敛，$a=b$ 不一定.

5. $0\leqslant u_n^2<u_n, n\geqslant N$.

习题 8-3

1. (1) 发散；(2) 条件收敛；(3) 绝对收敛；(4) 条件收敛；(5) 绝对收敛；(6) 绝对收敛.

2. $0<a<1$ 发散，$a=1$ 条件收敛，$a>1$ 绝对收敛.

3. $p\leqslant 0$ 发散，$0<p\leqslant 1$ 条件收敛，$p>1$ 绝对收敛.

4. $\left|\frac{u_n}{n}\right|\leqslant\frac{u_n^2+\frac{1}{n^2}}{2}$.

5. 条件收敛.

习题 8-4

1. (1) $1, (-1,1), (-1,1]$； (2) $+\infty, (-\infty,+\infty), (-\infty,+\infty)$；

(3) $3, (-3,3), [-3,3]$； (4) $0.5, (-0.5,0.5), (-0.5,0.5)$；

(5) $1, (-1,1), (-1,1)$； (6) $0, \phi, \{-1\}$；

(7) $1, (1,3), [1,3)$； (8) $0.5, (-0.5,0.5), [-0.5,0.5]$.

2. (1) $s(x)=-\ln(1+x)\quad x\in(-1,1]$； (2) $s(x)=\frac{x^2}{(1-x)^2}, x\in(-1,1)$；

(3) $s(x)=\begin{cases}x+(1-x)\ln(1-x), & x[-1,1),\\ 1, & x=1.\end{cases}$

3. $s(x)=1+\ln\sqrt{1-x^2}, x\in(-1,1)$， $x=0$ 是极大值点，极大值 $f_{\max}=f(0)=1$.

4. $s(x)=\ln\sqrt{\frac{1+x}{1-x}}, x\in(-1,1)$， $\sum\limits_{n=0}^{\infty}\frac{1}{(2n+1)\cdot 3^n}=\frac{\sqrt{3}}{2}\ln\frac{\sqrt{3}+1}{\sqrt{3}-1}$.

5. $\dfrac{a}{(a-1)^2}$.

习题 8-5

1. $f(x)=\sum_{n=0}^{\infty}\dfrac{(-1)^n 4^n}{3^{n+1}}x^n$, $x\in\left(-\dfrac{3}{4},\dfrac{3}{4}\right)$;

$f(x)=\sum_{n=0}^{\infty}\dfrac{(-1)^n 4^n}{7^{n+1}}(x-1)^n$, $x\in\left(-\dfrac{7}{4},\dfrac{7}{4}\right)$.

2.(1) $\sum_{n=0}^{\infty}\dfrac{(-1)^n}{n!}x^{2n}$, $x\in(-\infty,+\infty)$; (2) $1+\sum_{n=1}^{\infty}\dfrac{(-1)^n 2^{2n-1}}{(2n)!}x^{2n}$, $x\in(-\infty,+\infty)$;

(3) $\ln 3+\sum_{n=1}^{\infty}\dfrac{(-1)^{n-1}}{n\cdot 3^n}x^n$, $x\in(-3,3]$; (4) $\dfrac{1}{4}\left(\sum_{n=0}^{\infty}(-1)^n x^n-\sum_{n=0}^{\infty}\dfrac{1}{3^n}x^n\right)$, $x\in(-1,1)$;

(5) $x+\sum_{n=1}^{\infty}\dfrac{(-1)^n(2n-1)!!}{(2n)!!}x^{2n+1}$, $x\in(-1,1)$; (6) $\sum_{n=1}^{\infty}\dfrac{(-1)^{n-1}x^{2n-1}}{(2n-1)\cdot(2n-1)!}$, $x\in(-\infty,+\infty)$.

3. $f(x)=\sum_{n=0}^{\infty}\dfrac{(-1)^n}{2n-1}x^{2n-1}$, $x\in[-1,1]$.

4. $f(x)=\dfrac{\sqrt{2}}{2}\left(\sum_{n=1}^{\infty}\dfrac{(-1)^{n-1}}{(2n-1)!}x^{2n-1}+\sum_{n=0}^{\infty}\dfrac{(-1)^n}{(2n)!}x^{2n}\right)$, $x\in(-\infty,+\infty)$.

5. $f(x)=-\ln 2+\sum_{n=1}^{\infty}\dfrac{(-1)^{n-1}(2^n-1)}{n\cdot 2^n}(x-1)^n$, $x\in(0,2]$.

总习题八

(A)

1.(1) 必要，充分； (2) 充分； (3) 收敛，发散； (4) $[0,2)$，$-\ln(2-x)$, $x\in[0,2)$;

(5) 2，$(-3,1]$； (6) $\varphi(x)=\sum_{n=0}^{\infty}a_{2n}x^{2n}$ $(-R<x<R)$.

2.(1) 发散；(2) 收敛；(3) $\alpha\leqslant 0$ 发散，$\alpha>0$ 收敛；(4) 收敛；(5) 收敛；(6) 发散.

3.(1) 绝对收敛；(2) 条件收敛；(3) 绝对收敛；(4) 条件收敛.

6.(1) $\dfrac{1}{5}$，$\left(-\dfrac{1}{5},\dfrac{1}{5}\right)$，$\left[-\dfrac{1}{5},\dfrac{1}{5}\right)$；(2) 1，$(1,3)$，$[1,3]$.

7.(1) $s(x)=\dfrac{1}{(2-x)^2}$, $x\in(0,2)$；(2) $s(x)=\arctan x$, $x\in[-1,1]$.

8.(1) $\ln 2$；(2) $\dfrac{\pi}{4}$.

9.(1) $\dfrac{\pi}{4}+\sum_{n=1}^{\infty}\dfrac{(-1)^n 2^{2n-1}}{n}x^n$, $-\dfrac{1}{2}<x\leqslant\dfrac{1}{2}$；(2) $\sum_{n=0}^{\infty}\dfrac{x^{2n}}{(2n)!}$, $-\infty<x<+\infty$.

10.(1) $\sum_{n=0}^{\infty}\left(\dfrac{1}{2^{n+1}}-\dfrac{1}{3^{n+1}}\right)(x+4)$, $-6<x<-2$;

(2) $\dfrac{1}{2}\sum_{n=0}^{\infty}\dfrac{(-1)^n}{(2n)!}\left(x+\dfrac{\pi}{3}\right)^{2n}+\dfrac{\sqrt{3}}{2}\sum_{n=1}^{\infty}\dfrac{(-1)^{n-1}}{(2n-1)!}\left(x+\dfrac{\pi}{3}\right)^{2n-1}$, $-\infty<x<+\infty$.

(B)

1.(1) 2 ， $xs(x^3)$ ； 8 ， $s(x)+xs'(x)$ ； 8 ， $xs'(x)$ ；

(2) $[-3,-1)$ ， $-\ln(-1-x)$ ； $\frac{1}{2}<|x|<1$ ， $\frac{x}{1-x}+\frac{1}{2x-1}$ ；

(3) $26!$ ；(4) $2\mathrm{e}-1$.

2.(1)收敛； (2)发散； (3)发散； (4)发散；

(5)收敛； (6)收敛； (7)发散； (8)收敛.

3.(1)发散； (2)发散； (3)收敛； (4)收敛；

(5)收敛； (6)发散； (7)收敛； (8)收敛.

4.(1)收敛；(2)收敛；(3)收敛；(4)收敛；

(5)收敛；(6) $0<a\leqslant 1$ 发散， $1<a$ 收敛.

5.(1)条件收敛；(2)绝对收敛；(3)发散；(4)绝对收敛；(5)条件收敛.

8. $s(x)=\begin{cases}-2\ln 2, & x=-1,\\ x[(1+x)\ln(1+x)+(1-x)\ln(1-x)], & -1<x<1,\\ 2\ln 2, & x=1.\end{cases}$

9.(1) $s(x)=\frac{1}{4}\sum\limits_{n=0}^{\infty}\left[\frac{1}{2^n}+(-1)^n\right]x^n, -1<x<1$ ；

(2) $s(x)=\frac{1}{5}+\sum\limits_{n=0}^{\infty}\frac{(-1)^n 3^n}{5^{n+2}}x^{n+1}, -\frac{5}{3}<x<\frac{5}{3}$.

10. 6 .

第九章

习题 9-1

1.(1)一阶；(2)二阶；(3)一阶；(4)三阶.

2.(1)不是解，特解，不是解；(2)特解，特解，不是解；(3)特解，特解，是解但既不是特解也不是通解；(4)特解，特解，通解.

3. $y=3x^3$.

4.(1) $y=-3\mathrm{e}^{-x}+4$ ；(2) $y=\sin x+1$.

5.(1) $xy'=2(y-1)$ ；(2) $y=xy'+(y')^3$ ；(3) $y''=y$.

6.(1) $y'=x^2$ ；(2) $yy'+x=0$.

习题 9-2

1.(1) $x^2-y^2=C$ ；(2) $\ln y=C\mathrm{e}^x$ ；(3) $\mathrm{e}^y=\mathrm{e}^x+C$ ；(4) $\cos x\cdot\sin y=C$.

2.(1) $y=1$ ；(2) $y=\frac{1}{\ln(1-x^2)+1}$ ；(3) $y=\mathrm{e}^x$ ；(4) $y=-x\mathrm{e}^{\frac{1}{y}-\frac{1}{x}+2}$.

3.(1) $y=Cx^2-x$ ；(2) $xy-y^2=Cx^3$ ；(3) $x^2-(y-C)^2=C^2$ ；(4) $\sin\frac{y}{x}=Cx$.

(5) $y=x(\mathrm{e}^{Cx}-1)$ ；(6) $x=C\mathrm{e}^{\arcsin\frac{y}{x}}$.

4.(1) $y^2=x^2(\ln x^2+4)$；(2) $y^2=\mathrm{e}^{-\frac{x^2}{y^2}}$.

5.(1) $y=\dfrac{x^3}{2}+Cx$；(2) $xy=1+Cx^3$；

(3) $y=2\sqrt{1+x^2}\ln(x+\sqrt{1+x^2})-x+C\sqrt{1+x^2}$；

(4) $y=2x\mathrm{e}^x+Cx$；(5) $x=\dfrac{y^2}{3}+\dfrac{C}{y}$；

(6) $x=\mathrm{e}^y+C\mathrm{e}^{-y}$；(7) $y=Cx-\dfrac{x}{2}\mathrm{e}^{-x^2}$；

(8) $x=\arctan y-1+C\mathrm{e}^{-\arctan y}$.

6.(1) $y=\dfrac{8}{3}-\dfrac{2}{3}\mathrm{e}^{-3x}$；(2) $y=\dfrac{\pi-1-\cos x}{x}$；(3) $y=\sin x-1+2\mathrm{e}^{-\sin x}$；

(4) $x\sqrt{1+y^2}=\sin y+2$；(5) $y=(x-1-\pi)\cos x$；(6) $y=\mathrm{e}^{-2x}-\mathrm{e}^{-3x}$.

7. $y=1+5x-6x^2$.

8.(1) $y^{-1}=Cx-x\ln x$；(2) $\sqrt{y}=x^2(\ln\sqrt{x}+C)$；(3) $y^{-2}=2^{-1}-\ln x+Cx^{-2}$；

(4) $y^{-1}=C\mathrm{e}^x-\sin x$.

9.(1) $\cot\dfrac{x-y}{2}=C-x$；(2) $xy=C\mathrm{e}^x$；(3) $x(y+\sin x-1)+1=0$.

习题 9-3

1.(1) $y=x^3+(x+2)\mathrm{e}^{-x}+C_1x+C_2$；

(2) $y=x\ln\dfrac{x}{\mathrm{e}}-\cos(x+1)-\dfrac{5^x}{(\ln 5)^2}+C_1x+C_2$；

(3) $y=\dfrac{x^2}{4}+x+C_1\ln x+C_2$；(4) $y=C_1\arcsin x+C_2$；

(5) $\sqrt{C_1+4\mathrm{e}^y}=2x+C_2$；(6) $y=\ln(y+C_1)^{C_1}+x+C_2$.

2.(1) $y=\dfrac{2^x}{(\ln 2)^2}-3\sin x+\dfrac{5\ln 2-1}{\ln 2}x+\dfrac{(\ln 2)^2-1}{(\ln 2)^2}$；

(2) $y=-\dfrac{x^2}{2}-\dfrac{3}{2}x+3-\dfrac{9}{4}\ln(3-2x)$；(3) $y=-\dfrac{1}{2}\mathrm{e}^{1-x}-\dfrac{1}{2}\mathrm{e}^{x-1}$.

3. $y=1+3x+x^3$.

4. $y^3=\dfrac{1}{2}\left(3x+\dfrac{1}{2}\right)^2$

习题 9-4

1.(1)线性独立；(2)线性相关；(3)线性独立；(4)线性独立.

2. $y=\ln x+C_1\cos(\ln x)+C_2\cos(\ln x)$.

3.(1) $y=C_1\mathrm{e}^x+C_2\mathrm{e}^{-x}$；(2) $y=\dfrac{3}{2}\mathrm{e}^x-\dfrac{1}{2}\mathrm{e}^{-x}$；(3) $y''-y=0$.

4. $y=x^2+C_1x+C_2e^x$.

5. $a=-3$ ， $b=2$ ， $c=-1$

习题 9-5

1.（1） $y=C_1e^x+C_2e^{-x}$ ；（2） $y=C_1+C_2e^x$ ；（3） $y=C_1e^{-2x}+C_2e^{-3x}$ ；

（4） $y=(C_1+C_2x)e^{\frac{3x}{4}}$ ；（5） $y=e^{-4x}(C_1\cos 3x+C_2\sin 3x)$ ；

（6） $y=e^{-3x}(C_1\cos 3\sqrt{5}x+C_2\sin 3\sqrt{5}x)$.

2.（1） $y=(2+x)e^{-\frac{x}{2}}$ ；（2） $y=3e^{-2x}\sin 5x$.

3. $y=\cos 3x-\dfrac{1}{3}\sin 3x$.

4.（1） $y^*=ax+b$ ；（2） $y^*=ax^3+bx^2+cx$ ；（3） $y^*=(ax+b)e^x$ ；

（4） $y^*=(ax^2+bx+c)e^{-x}$ （5） $y^*=e^x(a\cos x+b\sin x)$ ；

（6） $y^*=ae^x+b\cos x+c\sin x$.

5.（1） $y=e^{-\frac{x}{2}}(C_1\cos\sqrt{7}x+C_2\sin\sqrt{7}x)+\dfrac{1}{2}x^2-\dfrac{1}{2}x-\dfrac{7}{4}$ ；

（2） $y=C_1\cos 2x+C_2\sin 2x+\dfrac{1}{5}e^x$ ；

（3） $y=C_1+(C_2-2x-x^2)e^{-x}$ ；

（4） $y=(C_1+C_2x+x^4)e^x$ ；

（5） $y=(C_1+C_2x)e^{3x}+e^x\left(\dfrac{3}{25}\cos x-\dfrac{4}{25}\sin x\right)$ ；

（6） $y=C_1+(C_2+x)e^x-\dfrac{1}{2}\cos x-\dfrac{1}{2}\sin x$.

6.（1） $y=\dfrac{5}{2}-5e^x+\dfrac{7}{2}e^{2x}$ ；（2） $y=(x^2-x+1)e^x-e^{-x}$.

7. $f(x)=\dfrac{1}{2}(\cos x+\sin x+e^x)$.

习题 9-6

1.（1） $\Delta y_x=4x+1$ ， $\Delta^2 y_x=4$ ；（2） $\Delta y_x=(e-1)e^x$ ， $\Delta^2 y_x=(e-1)^2e^x$ ；

（3） $\Delta y_x=\ln(x+1)-\ln x$ ， $\Delta^2 y_x=\ln(x+2)-2\ln(x+1)+\ln x$ ；

（4） $\Delta y_x=(2x+3)e^3$ ； $\Delta^2 y_x=(4x+12)e^3$.

3.（1） $y_{x+1}-y_x=2^x$ ；（2） $y_{x+2}-5y_{x+1}+2y_x=x^2-1$.

4.（1） $y_x=C\dfrac{3^x}{2^x}$ ；（2） $y_x=C(-1)^x$ ；（3） $y_x=C\cdot 3^x-\dfrac{5}{2}$ ；

（4） $y_x=C\cdot(-4)^x-\dfrac{2}{3}x^2-\dfrac{7}{9}x-\dfrac{16}{27}$ ；（5） $y_x=C(-3)^x+\dfrac{1}{5}2^x$ ；

（6） $y_x=C+\left(\dfrac{1}{e-1}x-\dfrac{e}{(e-1)^2}\right)e^x$.

5.(1) $y_x=\left(-\frac{5}{2}\right)^x$；(2) $y_x=2^{x+1}+3^x$；(3) $y_x=\frac{43}{27}(-4)^x-\frac{2}{3}x^2-\frac{7}{9}x-\frac{16}{27}$.

6.(1) $y_x=C_1\cdot 2^x+C_2\cdot 3^x$；(2) $y_x=(C_1+C_2x)(-5)^x$；

(3) $y_x=(\sqrt{13})^x\left[C_1\cos\left(\arctan\frac{3}{2}\right)x+C_2\sin\left(\arctan\frac{3}{2}\right)x\right]$；

(4) $y_x=C_1+C_2(-4)^x+\frac{1}{10}x^2-\frac{7}{50}x$；(5) $y_x=C_1+C_2\cdot 2^x+\frac{1}{4}\cdot 5^x$；

(6) $y_x=C_1(1-\sqrt{3})^x+C_2(1+\sqrt{3})^x-\frac{1}{3}$.

7.(1) $y_x=2(\sqrt{2})^x\cos\frac{\pi\cdot x}{4}$；(2) $y_x=C_1+C_2\cdot(-2)^x+4x$.

习题 9-7

1.(1) $Q=P^{-P}$；(2) $\lim\limits_{P\to+\infty}Q=0$.

2. $\frac{dB}{dt}=0.05B-12000$；当 $B_0=240000-240000\cdot e^{-1}$ 时，余额为零.

3. $y=\frac{t}{10}+5$，$D=\frac{t^2}{400}+\frac{t}{4}+\frac{1}{10}$.

4. $S=\frac{9}{2}\cdot e^{-\frac{t}{3}}$，$y=\frac{4}{3}(e^{\frac{t}{3}}-1)$.

5. $y_t=\left(y_0-\frac{1+\beta}{1-\alpha}\right)\cdot\alpha^t+\frac{1+\beta}{1-\alpha}$，$C_t=\left(y_0-\frac{1+\beta}{1-\alpha}\right)\cdot\alpha^t+\frac{\alpha(1+\beta)}{1-\alpha}$.

6. $P_t=C\cdot\left(\frac{1}{2}\right)^t+\frac{3}{4}$.

7. 通解 $P_t=4+(2^{-1})^t\left(C_1\cos\frac{2\pi}{3}t+C_2\sin\frac{2\pi}{3}t\right)$，特解 $P_t=4+\sqrt{3}\cdot(2^{-1})^t\sin\frac{2\pi}{3}t$.

总习题九

(A)

1.(1) $1+y^2=C(1+x^2)$；(2) $(1+e^x)(1-e^y)=C$；(3) $x+2ye^{\frac{x}{y}}=C$；

(4) $\ln(y+2x)+\frac{2}{y+2x}=C$；(5) $y=x+\frac{C}{\ln x}$；(6) $y^{-\frac{1}{3}}=-\frac{3}{7}x^3+Cx^{\frac{2}{3}}$.

2.(1) $(1+e^x)\sec y=2\sqrt{2}$；(2) $x^2+y^2=x+y$；(3) $xy=e^{2x}-e^x$.

3. $y^3=x$.

4.(1) $\sqrt[3]{\frac{a}{b}}$；(2) $\sqrt[3]{\frac{a}{b}+\left(1-\frac{a}{b}\right)e^{-3bkt}}$；(3) $\sqrt[3]{\frac{a}{b}}$.

5.(1) $\frac{2}{C_1}\sqrt{C_1y-1}=\pm x+C_2$；(2) $y=C_2-\frac{(x+C_1)^2}{2}-C_1^2\ln|x-C_1|$.

6.(1) $y=e^{-x}-e^{4x}$；(2) $y=e^{2x}\sin 3x$.

7.(1) $y=C_1+C_2\mathrm{e}^{-\frac{5}{2}x}+\frac{1}{3}x^3-\frac{3}{5}x^2+\frac{7}{25}x$；(2) $y=C_1\mathrm{e}^{-2x}+\left(C_2+3x+\frac{3}{2}x^2\right)\mathrm{e}^{-x}$；

(3) $y=\mathrm{e}^x(C_1\cos 2x+C_2\sin 2x)+\frac{1}{4}\mathrm{e}^x+1$；(4) $y=C_1\mathrm{e}^x+C_2\mathrm{e}^{-x}-\frac{1}{2}+\frac{1}{10}\cos 2x$.

8. $y=\left(\frac{x^3}{6}-\frac{x^2}{2}+\frac{x}{2}+\frac{1}{\mathrm{e}}-\frac{1}{6}\right)\cdot\mathrm{e}^x$.

9. $y^2[1+(y')^2]=1$.

10.(1) $y=x+C_1\mathrm{e}^x+C_2\mathrm{e}^{-2}$；(2) $p=1$，$q=-2$，$f(x)=1-2x$，$y''+y'-2y=1-2x$.

11. $y_x=C\cdot(-3)^x+\left(\frac{x}{5}-\frac{2}{25}\right)\cdot\mathrm{e}^x$.

12. $y_x=C_1+C_2\cdot(-3)^x$.

13. $f(x)=x\mathrm{e}^{x+1}$.

(B)

1. $y=(x+C_1)\cdot\mathrm{e}^x$.

2. $f(x)=\frac{2\mathrm{e}^x}{3-\mathrm{e}^{2x}}$.

3. $3y=x^3-2x^2+1$

4.(1) $\frac{\mathrm{d}x}{\mathrm{d}t}=kx(N-x)$；(2) $x(t)=\frac{N}{1+C\mathrm{e}^{Nkt}}$，其中 $C=\frac{N}{x_0}-1>0$.

参考文献

罗庆来，郁大刚，宋柏生.2001.高等数学(下).南京：东南大学出版社.

同济大学应用数学系.2002.高等数学(下).北京：高等教育出版社.

吴赣昌.2006.微积分(下).北京：中国人民大学出版社.

张从军，王育全，李辉，等.2005.微积分.上海：复旦大学出版社.

赵显曾.2008.高等数学(下).北京：机械工业出版社.